Stefan Mey

DARKNET

WAFFEN, DROGEN, WHISTLEBLOWER

Wie die digitale
Unterwelt funktioniert

C.H.Beck

Originalausgabe

© Verlag C.H.Beck oHG, München 2017
Gesetzt im Verlag
Druck und Bindung: Pustet, Regensburg
Umschlaggestaltung: Geviert, Grafik und Typografie, Christian Otto
Umschlagabbildung: shutterstock
Gedruckt auf säurefreiem, alterungsbeständigem Papier
(hergestellt aus chlorfrei gebleichtem Zellstoff)
Printed in Germany
ISBN 978 3 406 71383 5

www.chbeck.de

Inhalt

1

Einleitung

Reise ins Darknet

Da ist dieses Versprechen. Es lautet: Das Darknet ist ein freier, wilder Ort, an dem keinerlei Regeln gelten. Eine unkontrollierbare Unterwelt, in der der Staat mit seinen Ermittlungsbehörden und Geheimdiensten ausgesperrt bleibt und auch die großen Netzkonzerne nichts gelten.

Immer wieder geistert das «Darknet» durch die Medien. Es ängstigt uns und zieht uns gleichzeitig an. Es verheißt Freiheit, Abenteuer und Anarchie und scheint dabei nicht nur Traum, sondern zugleich auch Alptraum zu sein, ein Ort für die finstersten Seiten der menschlichen Seele.

Den meisten begegnet die digitale Unterwelt in Form medialer Horrorgeschichten: Im Darknet, so lesen wir, werde mit Waffen und gefährlichen Drogen gehandelt wie anderswo mit Büchern oder CDs, Cyberkriminelle und Terrorgruppen würden sich für digitale oder ganz realweltliche Attacken rüsten.

Und doch schimmert in den Berichten über das Darknet oft auch etwas Hoffnungsvolles hindurch. In ein oder zwei Sätzen heißt es meistens, dass die Anonymität des Darknets nicht nur für düstere Zwecke genutzt werde, sondern auch mutigen Oppositionellen und Whistleblowern helfe, die geheime Dokumente über Missstände an die Öffentlichkeit bringen.

Wie sieht diese Parallelwelt aus? Ist das Darknet gut, böse

oder irgendetwas dazwischen? Wer sucht warum Schutz in der digitalen Anonymität? Und lohnt sich ein Besuch in der digitalen Unterwelt?

Mit diesem Buch gehen wir gemeinsam auf eine Reise in diese digitale Unterwelt. Wir werden erfahren, dass vieles von dem, was über das Darknet bekannt ist, eher Mythos als Realität ist. Wir wollen das Darknet mit all seinen Widersprüchen, faszinierenden Momenten und Potenzialen erforschen. Die Zeit der großen Entdeckungen ist eigentlich vorbei, kaum ein Ort auf der Welt ist noch nicht beschrieben und vermessen. Doch das Darknet ist Terra Incognita – es ist unbekanntes, digitales Land.

Die Reise beginnt

Zum Anfang des Buchs schauen wir, was es mit den verschiedenen Begriffen wie «Darknet», «Deep Web» oder «Clearnet» auf sich hat. Nachdem wir das geklärt haben, gehen wir auf unsere Reise. Sie hat einen klaren Ausgangspunkt. Auf der Seite www.torproject.org laden wir ein Programm herunter, das der Türöffner zur digitalen Unterwelt ist: den Inhalten unter der inoffiziellen Darknet-Endung .onion, basierend auf der Anonymisierungssoftware Tor.

Will jemand das Darknet mit einem Browser wie Chrome, Internet Explorer oder Firefox betreten, spuckt dieser trotzig eine Fehlermeldung aus: «Der Server konnte nicht gefunden werden.» Das Darknet öffnet sich nur für den Tor-Browser, der als eine Art digitale Tarnkappe unsere Identität verschleiert.

Auf der ersten Station unserer Reise lernen wir, dass Darknet und Internet eines gemein haben: die treibende Kraft des Kommerzes, die aus der ideologisch so umkämpften digitalen Unterwelt vor allem eine große Einkaufsmeile für Drogen aller Art gemacht hat. Hier können sich harte Junkies ihren gefährlichen «Stoff» besorgen, hier holen sich Freizeitkonsument*innen bequem ihr Gras oder ihre Partypillen für den Rausch am Wochenende. Mit wenigen Klicks lassen sich auch verschreibungspflichtige Medikamente, teilweise Waffen, gehackte Kreditkartendaten und sogar Falschgeld bestellen. Eine hoch organisierte, illegale Kommerzlandschaft hat sich entwickelt, mit hohen Tagesumsätzen und mit Skurrilitäten wie AGBs und Empfehlungsprogrammen.

Dann schauen wir auf das «böse» Darknet, wie es uns in regelmäßigen Abständen auf den Titelbildern seriöser wie halbseidener Zeitschriften begegnet: die digitale Unterwelt als Hort für alles Schlechte, zu dem der Mensch fähig ist. Wir lernen, wie die Anonymität für den Tausch von Kinderpornographie missbraucht wird, und gehen der Frage nach, ob sich dort tatsächlich international agierende Terrorgruppen mit Waffen versorgen. Gegenpol dazu ist die Erzählung vom Darknet als Schutzraum – für Oppositionelle, für Whistleblower und einfach für Leute, die im Netz nicht länger gläsern sein wollen. Während die illegale Seite der digitalen Unterwelt mittlerweile zumindest schwach ausgeleuchtet ist, ist kaum bekannt, was sich auf der «guten» Seite befindet. Bekannt ist nur, dass das Darknet zwar zur Hälfte aus illegalen Inhalten besteht, zur anderen Hälfte aber nicht. Wir erfahren, wieso dieser Ort mit all seinen Widersprüchen einige Menschen dennoch zum Träumen bringt.

Sodann schauen wir genauer darauf, wie das Darknet und die damit verbundene Anonymisierung «funktioniert»: wie durch einen genialen Trick Anonymität im ansonsten fast flächendeckend überwachbaren Internet hergestellt wird. Wir staunen über ein Netzwerk, das sich über die halbe Welt erstreckt und durch seine Architektur dem Darknet seine robuste Unzensierbarkeit verleiht. Wir sehen, wie die technologische Basis dieses Wunderwerks einst von Forschern des US-Militärs erdacht wurde und heute Staaten so viel Kopfzerbrechen bereitet. Wir lernen die Organisation kennen, die heute hinter der Anonymisierungssoftware der digitalen Unterwelt steht und die so widersprüchlich wie das Darknet selbst ist.

Schließlich schauen wir Ermittlern über die Schulter, die berufsbedingt das Darknet verstehen wollen. Wir sehen, wie sie sich in einem niemals endenden Katz-und-Maus-Spiel diesen sperrigen Ermittlungsgegenstand vornehmen und mit den technologischen und rechtlichen Grenzen ihrer Arbeit kämpfen.

Wie jede größere Reise endet unser Trip mit einem Blick in die Zukunft. Wir überlegen uns, wie sich das Darknet entwickeln könnte. Vor allem könnte es eine Antwort auf den heutigen Zustand des «normalen» Internets sein, der besorgniserregend ist: Jede Kommunikation und jede kleinste Lebensäußerung im Netz ist überwachbar und landet auf den Servern großer Netzkonzerne, die daraus profitable Profile erstellen und sie auf Anfrage bereitwillig Geheimdiensten übergeben. Die Überwachungs- und Kontrollmöglichkeiten von Regierungen haben ein Ausmaß erreicht, bei dem sich manche Menschen an Dystopien wie den Science-Fiction-Klassiker «1984» erinnert fühlen.

Wir entwerfen Szenarien für die weitere Entwicklung und stellen am Ende eine auf den ersten Blick gewagt anmutende Frage: ob sich aus der digitalen Unterwelt von heute nicht eines Tages eine freiere und bessere Variante des Internets entwickeln könnte. Und wir gehen noch einen Schritt weiter und schauen, wie eine konkrete Utopie des Darknets aussehen könnte. Dann gibt es noch einen Anhang mit unter anderem vier Kurzinterviews mit Gesprächspartner*innen aus dem Buch, einem Blick auf alternative Darknet-Technologien, einer Diskussion der Sicherheit von Tor und einem Glossar zum Darknet.

2

Was ist das Darknet?

Eine Begriffsklärung

Zuerst müssen wir klären, was das Darknet eigentlich ist. Viele kennen den emotional aufgeladenen Begriff aus Schlagzeilen, die periodisch in Medien auftauchen, meistens im Anschluss an eine Verhaftung wegen Waffen- oder Drogenhandels im Darknet.

Eine Schlacht um Begriffe

Für das «Darknet» existieren verschiedene, eher vage Definitionen. Eine sinnvolle lautet: Ein Darknet ist ein digitaler Ort, der sich mit technologischen Mitteln abschirmt und Anonymität bei der Nutzung herstellt. Verbindungsdaten und Standorte von Rechnern werden verschleiert, die Kommunikationsinhalte sind verschlüsselt. So sollen vor allem neugierige Blicke von Konzernen und Geheimdiensten ausgesperrt werden. Ein Darknet lässt sich nicht mit herkömmlichen Internet-Browsern, sondern nur mit einer speziellen Software betreten, und die üblichen Suchmaschinen listen die Inhalte nicht auf. Es gibt verschiedene Möglichkeiten, ein derart technisch abgeschirmtes Netz herzustellen. Das am meisten verbreitete ist das Darknet auf Basis der Software Tor, für das es einen speziellen Anonymisierungsbrowser gibt. Es ähnelt aber sehr dem normalen World Wide Web, deswegen wird manchmal auch von «Dark Web» gesprochen.

Gegenbegriff ist das offene Netz, das auch «Clearnet» oder «Surface Web» (Oberflächen-Web) genannt wird. Dessen Inhalte werden mit üblichen Browsern angesteuert, und sie werden von gebräuchlichen Suchmaschinen wie Google, Yandex oder Bing angezeigt. Das können Texte der Online-Enzyklopädie Wikipedia sein, Artikel auf Nachrichten-Seiten und Blogs, Foren-Diskussionen oder die Produkte von Webshops.

Dann gibt es noch das «Deep Web», um das sich ähnlich viele Mythen wie um das Darknet ranken. Für dieses «tiefe Netz» ist charakteristisch, dass es zwar theoretisch mit jedem Browser besucht werden kann, dass seine Inhalte aber dennoch nicht von Suchmaschinen erfasst und somit auch kaum von Usern gefunden werden können. Das kann verschiedene Gründe haben: Einige Webseiten verbieten Suchmaschinen, sie zu durchsuchen, und diese halten sich meistens auch daran. Gar nicht zugänglich für Google & Co. sind Webseiten, die nur nach Eingabe eines Passworts ihre Inhalte preisgeben: Magazine, Foren oder Blogs, die nur einen bestimmten Personenkreis zulassen wollen, die Inhalte in sozialen Netzwerken oder auch journalistische Angebote, deren Inhalte hinter einer Bezahlschranke stehen. Auch Intranets von Unternehmen, Behörden oder Organisationen sind «von außen» nicht zugänglich.

Die Begriffe ermöglichen eine grobe Orientierung, sie sind technisch aber nie ganz trennscharf. Neben den klassischen Webseiten gibt es im großen, weiten Internet verschiedene Inhalte, die für einen Browser nicht zugänglich sind, weil sie über eigene Programme ablaufen. Es gibt spezielle Software für Text- und Videochat, Software zum legalen oder illegalen Streaming von Musik. Auch viele Games mit ihren komplexen Spielewelten lassen sich mit Chrome, Firefox oder Internet Explorer nicht betreten. Hinzu kommen die mobilen Nutzungswelten. Auf dem Smartphone werden Inhalte oft nicht über Browser abgerufen, sondern es wird eine App installiert, ein vom jeweiligen Anbieter bereitgestelltes mobiles Programm.

Der Eisberg lockt

Die Verwirrung steigt noch dadurch, dass die Begriffe «Darknet» und «Deep Web» mitunter unbeholfen durcheinandergeworfen werden. In Berichten über das Darknet taucht oft das Bild eines Eisbergs auf. Das World Wide Web, wie wir es kennen, sei nur die Spitze, die aus einem digitalen Meer voller Informationen ragt. Und so, wie die im Meer sichtbare Spitze sehr viel kleiner als der darunter liegende Eisberg ist, sei auch das uns allen bekannte Netz winzig im Vergleich zum Deep Web (von dem das Darknet wiederum ein Teil ist). Von den «Tiefen des Internets» spricht eine Illustration des Bundeskriminalamts. Und dieses Deep Web soll, wie es wenig präzise heißt, «10- bis 100-mal größer als das Surface Web» sein. Andere Medienberichte legen sogar nahe, das Deep Web sei mindestens 400-mal so groß. Dieses Bild legt nahe, dass es irgendwo einen digitalen Kosmos an Informationen und Inhalten gibt, den noch kaum jemand betreten hat.

Das klingt spannend, gehört aber zu den Mythen, die sich in die Berichterstattung über das Darknet eingeschlichen haben. Die Eisberg-Metapher wird oft unhinterfragt verwendet – vielleicht, weil sie so einleuchtend klingt und zum gesicherten Wissen über das Darknet zu gehören scheint, vielleicht auch, weil sich digitale Phänomene schwer bebildern lassen, so dass man lieber nicht fragt, wie valide die Erkenntnis dahinter ist.

Und sie ist es in diesem Fall nicht. Die Aussage, dass das Deep Web sehr viel größer als das «bekannte» Web sei, entstammt nicht universitärer Forschung, sondern einem «Whitepaper» der Firma BrightPlanet, die sich darauf spezialisiert hat, für Kunden Inhalte und Entwicklungen im Internet zu beobachten – beispielsweise, um Urheberrechtsverletzungen aufzuspüren. Das Whitepaper wurde im Jahr 2000 veröffentlicht. Ein Forscher von BrightPlanet war durch grobe Hochrechnungen zum Schluss gekommen, dass das Deep Web 400- bis 550-mal größer als das normale World Wide Web sei.

Damals waren Suchmaschinen nur in der Lage, statische Webseiten mit fest definierten Inhalten auszulesen. Probleme hatten sie hingegen bei Datenbanken, die ihre Inhalte erst nach Eingabe eines Suchbegriffs anzeigen, etwa staatliche Geo- oder Patent-Datenbanken, aber auch Webshops oder Kleinanzeigenportale. Heute gelingt es Suchmaschinen und vor allem Google allerdings sehr gut, alle denkbaren Inhalte zu finden und mittels automatisierter Abfragen zu erschließen. Es gibt immer noch unzugängliche digitale Bereiche: Inhalte, die hinter Login-Fenstern oder Bezahlschranken stehen, Intranets von Firmen und Organisationen und Datenbanken mit allzu komplexen Eingabeformularen.

Dem steht aber ein gigantisches Reservoir an Inhalten im offenen Netz gegenüber: Millionen oder Milliarden an Youtube-Videos, die mit Textbeschreibungen versehen und somit Suchmaschinen-verständlich sind, an Blogposts und Nachrichtenartikeln, an Fotos auf Social-Media-Portalen. Seit dem Jahr 2000 hat sich sehr viel verändert. Das eingängige Bild vom Eisberg namens Deep Web, das gleichsam aus dem Frühmittelalter der Internet-Entwicklung stammt, wird trotzdem noch verwendet.

Auf ins Darknet

Auch das Darknet, das als Teil dieses Deep Webs gilt, ist nicht riesig. Es ist dennoch spannend. Mit seiner Unkontrollierbarkeit, seiner Anonymität und Unzensierbarkeit hebelt es sonst geltende Regeln des Netzes aus und hat vielleicht sogar das Potenzial, Machtverhältnisse der Gesellschaft als Ganzes in Frage zu stellen.

Ohne zu vergessen, dass es verschiedene technologische Möglichkeiten zur Errichtung eines abgeschirmten Parallelnetzes gibt, wollen wir uns in diesem Buch auf eines konzentrieren: das Tor-Darknet, unter der inoffiziellen Endung .onion, das als bisher einziges eine nennenswerte Dynamik entwickelt hat und auch jenseits von Tech-Kreisen bekannt ist.

3

Das Darknet als Einkaufsmeile

Die großen illegalen Marktplätze

Fünf Gramm Koks für 400 Euro bietet ein Händler an und verspricht «Top Qualität». Ein anderer Verkäufer hat Falschgeld im Angebot: zehn nachgemachte 50-Euro-Noten zum Preis von 100 Euro. Willkommen in der Kommerz-Welt des Darknets, scheinbar alles lässt sich hier mit wenigen Klicks bestellen. Man muss nicht mehr nachts in den Park gehen, um Zugang zu verbotenen Produkten zu bekommen. Auf den hoch illegalen Darknet-Märkten mit breiter «Produktpalette» lässt sich fast alles bequem von zu Hause aus bestellen.

Ist der anfängliche Schock über die offene Abwicklung eindeutig zweifelhafter Geschäfte überwunden, drängt sich ein anderes Gefühl auf: Diese illegale Welt im Darknet erscheint seltsam vertraut. Sie erinnert an den klassischen Onlinehandel, wie wir ihn von Amazon oder Zalando kennen. Der «Dark Commerce» ist der kleine, gerne verschwiegene Bruder des E-Commerce, und er hat viel von ihm gelernt.

Illegaler Handel auf hohem Niveau

Knapp 100 000 Produktangebote gibt es laut Eigenangaben auf Dream Market, dem momentanen Marktführer der Darknet-Wirtschaft. Und Dream Market ist nur ein Vertreter einer immer größer werdenden Zahl an Märkten. Etwa ein Dutzend von ihnen listet Deepdotweb.com auf, das als eine Art Branchenblog die Szene begleitet. Die Märkte heißen «Valhalla», «The Majestic Garden» oder «House of Lions». Ein Markt namens «Darknet Heroes League», kurz DHL, hat dreist Logo und Kürzel der Deutschen-Post-Tochter gekapert. Während sich die Menschen, die Tor-Software entwickeln, wünschen, dass Whistleblower und Oppositionelle das Darknet für sich entdecken, wird das Darknet zurzeit überwiegend für eines genutzt: den hoch professionellen Kauf und Verkauf von Drogen. Die treibende Kraft des Kommerzes hat die digitale Unterwelt in eine große, illegale Einkaufsmeile verwandelt.

In Aufbau und Funktionsweise ähneln die Marktplätze ihren legalen Pendants im klassischen Internet. Wie auf Amazon oder Zalando gibt es ein Dreieck aus drei beteiligten Gruppen: Die einen kaufen und wählen aus der Vielfalt der Produkte aus. Dafür können sie die einzelnen Produktangebote mit internen Suchmaschinen filtern: welche Drogen genau es sein sollen, wer auch nach Deutschland verschickt, sogar eine gewünschte Preisspanne lässt sich angeben. Die anderen bieten ihre «Ware» an, oft unter identischem Namen auf verschiedenen Handelsplattformen. Sie verschicken die Produkte und erhalten im Gegenzug Zahlungen über die Digitalwährung Bitcoin. Die Leute hinter den Marktplätzen wiederum stellen die technische Infrastruktur zur Verfügung und entwickeln sie technisch weiter. Von allen getätigten Verkäufen erhalten sie eine Provision.

In einer Langzeit-Erhebung zwischen 2013 und 2015 haben zwei Forscher der US-amerikanischen Carnegie Mellon University die Welt des Dark Commerces beobachtet. Den Umsatz der großen Marktplätze schätzen sie auf 300 000 bis 600 000 Dollar pro Tag, den der kleineren Portale auf täglich wenige Tausende. Auf allen beobachteten Plattformen zählten sie insgesamt 9000 einzelne Händler*innen, die ihre Produkte durchschnittlich auf drei unterschiedlichen Marktplätzen an-

boten. Meist hatten sie sich spezialisiert, einige boten nur be-
stimmte Drogengruppen an, einige eine breite Palette an
Rauschmitteln und Medikamenten. Andere hatten sich auf
Falschgeld, Waffen oder gehackte Daten spezialisiert.

In einer etwas jüngeren Studie untersuchte die Suchtfor-
scherin Meropi Tzanetakis vom Wiener Zentrum für sozialwissenschaftliche Sicherheitsforschung in Zusammenarbeit
mit der IT-Spezialistin Tanja Bukac ausschließlich den zu der
Zeit tonangebenden (und im Sommer 2017 von der Polizei
geschlossenen) Darknet-Marktführer Alphabay. Im Beobachtungszeitraum von September 2015 bis August 2016 ermit-
telte sie einen Gesamtumsatz von 94 Millionen Dollar, wobei
die monatlichen Werte stark differierten. Im Sommer stieg der
Umsatz auf einen Maximalwert von 16 Millionen an. Aus der
allgemeinen Drogenforschung ist bekannt, dass in der Zeit
besonders viele Rauschmittel gekauft werden, vermutlich, da
sich User für den Besuch von Musik-Festivals eindecken.

Tzanetakis schaute auch, von wo aus verschickt wird.
Wenig überraschend gab das Mutterland des Internets auch
hier den Ton an. 25 Prozent der Händler*innen saßen in den
USA, mit einigem Abstand folgten das Vereinigte Königreich
(9 Prozent) und Australien (9 Prozent). Auf Platz 4 dann mit
8 Prozent die Niederlande, gefolgt wiederum von der Bundesrepublik Deutschland, wo 7 Prozent ihren Sitz hatten.
Die Umsätze der Händler*innen waren sehr ungleich verteilt.
Oft schien sich das Ganze eher auf einem Freizeit- und Zu-
verdienst-Level zu bewegen. 56 Prozent hatten innerhalb
des Beobachtungszeitraums von einem Jahr weniger als 10 000
Dollar umgesetzt. 5 Prozent kamen auf Umsätze von mehr
als 200 000 Dollar, so dass sich nur bei wenigen vermuten
lässt, dass sie tatsächlich professionell und erwerbsmäßig handeln.

Leitwährung Bitcoin

Die Preise der illegalen Waren werden je nach Marktplatz in US-Dollar oder Euro angegeben, tatsächlich bezahlt wird aber in Bitcoin. Die Ende 2008 erdachte Geldeinheit spielt trotz großer Medienaufmerksamkeit in der klassischen Wirtschaft nur eine Nischenrolle, in der Darknet-Ökonomie ist sie dagegen zur Leitwährung geworden, ohne die nichts gehen würde. Auf den Marktplätzen stellt der Bitcoin oft die einzige Zahlungsmöglichkeit dar, nur gelegentlich werden auch alternative Digitalwährungen akzeptiert. Der Gegenwert der Hackerwährung schwankt erheblich, zurzeit ist ein Bitcoin etwa 2000 Euro wert. Er lässt sich aber in bis zu 100 Millionen unterscheidbare Einzelteile untergliedern, über diese «Satoshis» lässt sich auch jeder Kleinstbetrag ausdrücken.

Der Bitcoin ermöglicht ein anonymes Verschieben von Geldeinheiten, genauer gesprochen ein pseudonymes: Mit Herunterladen der Bitcoin-Software bekommt man eine Adresse zugewiesen, ein aus zufällig zusammengestellten Zeichen bestehendes Nummernkonto. Überweisungen werden direkt zwischen diesen Nummernkonten abgewickelt.

Das Besondere daran ist, dass es keine zentralen Stellen gibt, die wie ansonsten in der Finanzwirtschaft Überweisungen protokollieren und Guthaben verwalten, Bank oder Paypal sind nicht erforderlich. Anders als im klassischen Geldverkehr ist es somit nicht möglich, Gelder einzufrieren oder Konten zu sperren. Die Kontrollfunktion zentraler Stellen übernimmt eine ausgefeilte, dezentrale Buchhaltung, die als eigentliches Meisterstück hinter der Erfindung des Bitcoins gilt: eine große Datenbank, in der für jeden einzelnen Coin und jeden Teil davon aufgezeichnet wird, wem er gerade gehört. Dieses Kassenbuch liegt nicht als Geschäftsgeheimnis auf den Servern eines Finanzdienstleisters, sondern ist über das Internet verteilt: Wer immer sich die Bitcoin-Software herunterlädt, holt sich automatisch auch eine Kopie der Datenbank mit auf den Rechner. Die aktualisiert sich regelmäßig, sie gehört allen und niemandem zugleich.

Ein besonderes Modell finanzieller Anreize sorgt dafür, dass Betrügereien und Manipulationen so gut wie unmöglich sind. Vor allem ein Problem hatte jede dezentrale Digitalwährung vor dem Bitcoin unzuverlässig gemacht: das betrügerische «Double Spending». Wie lässt sich verhindern, dass eine Geldeinheit doppelt ausgegeben wird? Wenn eine Zahlung vollzogen werden soll, prüft ein Teil der Bitcoin-«Crowd», die aus weltweit verteilten Rechnern besteht, ob alles mit rechten Dingen zugeht. Will beispielsweise Frau Müller dem Darknet-Händler ihres Vertrauens einen Bitcoin überweisen, wird in der Datenbank nachgeschaut, ob der jeweilige Bitcoin ihr zum jeweiligen Zeitpunkt tatsächlich gehört und ob sie ihn vielleicht zuvor schon einmal ausgegeben hat. Ist alles okay, wird die geplante Überweisung zusammen mit allen anderen Transaktionen zusammengefasst, in einen digitalen Block, der aus vielen Einzelinformationen besteht. Der wird an eine lange Kette vorheriger Transaktionsblöcke gehangen, die so genannte Blockchain. In ihrer Gesamtheit stellt diese Kette an Transaktionsblöcken das Kassenbuch des Bitcoins dar.

Rechner, die sich an der Prüfung und Verifikation von Überweisungen beteiligen, nehmen als Belohnung an einer Art Lotterie teil, sie lösen ein mathematisches Rätsel. In der Software des Bitcoin-Systems ist festgelegt, dass alle zehn Minuten eine bestimmte Zahl neuer Bitcoins entsteht, zurzeit sind es 12,5 Bitcoins. Wer das Rätsel knackt, erhält diesen kleinen Jackpot. Der hohe Stromaufwand, den das Checken von Transaktionen erfordert, wird dadurch ausgeglichen, dass statistisch jeder Rechner der Verifizierungs-Crowd irgendwann einmal die Belohnung kassiert.

Dieses Modell einer verlässlichen, dezentralen Datenbank ermöglicht es überhaupt erst, dass in großem Stil am Staat und an etablierten Instituten vorbei Gelder verschoben werden können. Es ist aber auch die Crux des Ganzen. Für jeden einzelnen Bitcoin ist in der Blockchain protokolliert, welche Adresse ihn wann gehalten und an welche andere Adresse geschickt hat. Prinzipiell ist nicht bekannt, welche tatsächliche Identität sich hinter einem Bitcoin-Konto verbirgt. Es kann aber leicht geschehen, dass man sich doch ungewollt selbst verrät. Meist werden Bitcoins auf großen Börsen wie der deutschen Plattform Bitcoin.de gekauft. Damit das möglich ist, muss man vorher erst Geld vom normalen Bank-Konto auf das der Börse überweisen. In deren Datenbank schlummert somit potenziell die Information, welche Bitcoin-Adresse mit welchem realweltlichen Konto verknüpft ist. Und es besteht zumindest die Möglichkeit, dass Ermittlungsbehörden an diese Information gelangen.

Um die Bitcoin-Nutzung dennoch anonym gestalten zu können, werden verschiedene Wege eingeschlagen: Passionierte «Nerds» verabreden in einem Darknet-Forum einen Offline-Tausch. Mit heruntergezogenem Baseball-Cap treffen sie sich an einem dunklen Ort. Geldscheine werden herübergereicht, und vor Ort wird per Smartphone der gewünschte Betrag von Nummernkonto zu Nummernkonto transferiert. Es gibt aber auch technologische Lösungen. Bitcoin-Mix-Dienste haben sich darauf spezialisiert, gegen Zahlung einer kleinen Provision die Herkunft von Bitcoins zu verschleiern. Man zahlt Coins ein, innerhalb des Systems des Dienstleisters wird der Wert immer wieder von Konto zu Konto geschickt. Schließlich werden Bitcoins zurücküberwiesen, deren bisheriger Weg sich, so das Versprechen, nicht mehr rekonstruieren lässt.

«Bester Verkäufer ever» – Selbstregulierung in der Schattenwirtschaft

Dass das Zusammenspiel auf den Darknet-Märkten überhaupt funktioniert, gleicht einer Quadratur des Kreises. Um Geschäfte zu machen, muss ein grundlegendes Vertrauen zwischen allen beteiligten Parteien vorhanden sein. Im Darknet-

Handel gibt es allerdings keine klassische Rechtsdurchsetzung, die für die Einhaltung von Spielregeln sorgt. Wer sich bei seinen illegalen Geschäften betrogen fühlt, kann nicht die Polizei einschalten. Und selbst die könnte in einer Welt voller Anonymität wenig ausrichten.

Als Ausgleich dafür hat sich eine ausgefeilte Selbstregulierung ausgebildet. Wie auch im klassischen Onlinehandel wird man nach einem Kauf aufgefordert, eine Bewertung zu schreiben. Auf den meisten Marktplätzen lassen sich ein bis fünf Sterne vergeben, in einem Freitextfeld kann die Qualität des Produkts oder die Geschwindigkeit der Lieferung kommentiert werden. Und diese Möglichkeit wird auch rege genutzt: «Bester verkäufer ever vielen dank ich komme wieder» heißt es nach dem Kauf von 2,5 Gramm Kokain. Lobende Worte findet auch jemand, der das Schmerzmittel Tilidin erworben hat: «Buchstäblich schneller als Amazon. Ich habe gestern bestellt, es war heute Abend da. Fairer Preis und angemessene Sicherheitsmaßnahmen.» In einem anderen Fall wird hingegen gewarnt. «Betrüger! Kauft keine Tabletten von diesem Typen. Er verkauft sie als Generika, aber es sind zu 100 Prozent schlechte Fälschungen.»

Dieses Feedback, das nach dem Kauf eines Produkts abgegeben werden kann und auf einigen Marktplätzen obligatorisch ist, ermöglicht es überhaupt erst, «von außen» Umsätze zu schätzen. Die Wissenschaftler*innen erfassen die im jeweiligen Beobachtungszeitraum neu hinzugekommene Kommentare, aus denen das Datum des Kaufs, das jeweilige Produkt und der Preis abgelesen werden können. So lassen sich Umsätze für komplette Marktplätze, für einzelne Produktgruppen oder auch Händler*innen berechnen. Das ist die einzige Methode, die es gibt, da naturgemäß keine verlässlichen Statistiken über Darknet-Umsätze existieren und die Marktplätze selbst wenig aussagefreudig sind.

Natürlich gibt es Versuche, unbedarfte Darknet-Neulinge über den Tisch zu ziehen. Bei vielen Angeboten im Darknet handelt es sich schlicht um Fakes. Die Anonymität des Darknets lädt nicht nur dazu ein, Gesetze zu ignorieren, sondern auch, im illegalen Umfeld selbst zu betrügen. Das aber funktioniert nur als kurzfristige Strategie. Die disziplinierend wirkenden Bewertungen sind öffentlich auf den jeweiligen Produktseiten und Profilen einsehbar. Oft wird, wie von Amazon und Ebay bekannt, das Verhältnis von positiven zu negativen Bewertungen angezeigt. Wer mangelhafte Qualität, falsch deklarierte Produkte oder gleich gar keine Waren verschickt, wird abgestraft.

Und das kann sich nicht erlauben, wer länger im Geschäft bleiben will. Die großen Händler*innen kommen deswegen oft auf mehr als 95 Prozent positive Bewertungen. Vom legendären Darknet-Händler «Shiny Flakes», einem 19-jährigen Leipziger, der vom Zimmer in der elterlichen Wohnung aus knapp eine Tonne Drogen verschickt hatte, wurde nach seiner Festnahme bekannt, dass er in regelmäßigen Abständen Proben seiner «Produkte» an ein anonymes Testlabor in Holland geschickt hatte. In seiner Kommunikation auf den Marktplätzen gab er sich überheblich und selbstgefällig, doch er wusste, dass die Qualität seiner Waren über Erfolg oder Misserfolg entscheidet.

Betrug droht allerdings auch von Seiten der Leute, die die Marktplätze betreiben. In der Vergangenheit tauchten diese immer wieder von heute auf morgen ab – und nahmen die auf der Plattform kurzfristig geparkten Guthaben einfach mit. Beim im Frühjahr 2015 führenden Markt «Evolution» verschwanden die Administratoren mit Bitcoins im Wert von mehreren Millionen Euro, die Szene war paralysiert von so viel Dreistigkeit. Solche Fälle von «Exit Scams», wie es in der Szenesprache heißt, unterminieren das Vertrauen in die Darknet-Wirtschaft mehr als drohende Zugriffe von Ermittlungsbehörden. Deshalb bieten viele Marktplätze mittlerweile ein Modell an, das solche Betrugsszenarien verhindert, eine weitere Maßnahme der Selbstregulierung namens «Multisignature»-Transaktionen: Ist ein Bitcoin-Betrag auf einem Treuhandkonto geparkt, müssen stets zwei der drei beteiligten Parteien einer Überweisung zustimmen. Markt-platzbetreiber*innen können nicht mehr im Alleingang auf das Geld zugreifen.

Die Regale der digitalen Unterwelt

Und was wird nun alles verkauft auf den Marktplätzen der digitalen Unterwelt? Alle Arten illegaler Güter finden sich auf Dream Market & Co., fein säuberlich Kategorien zuge-ordnet. In den digitalen Regalen liegen Drogen, allen voran die «üblichen verdächtigen» Rauschmittel Cannabis, Kokain und Ecstasy. Dann gibt es verschreibungspflichtige Medika-mente, bei denen niemand ein Rezept sehen will. Verschie-dene Fälschungen werden angeboten: gefälschte Pässe, Falschgeld, aber auch eher harmlose Produkt-Imitate, etwa von Rolex-Uhren. Manche Marktplätze, allerdings längst nicht alle, führen auch Waffen. Auf Valhalla befinden sich in der entsprechenden Kategorie Angebote für ein Butterfly-Messer, Schlagringe und auch Feuerwaffen, beispielsweise für 1290 Euro eine Waffe des österreichischen Herstellers Glock.

Die Kryptomärkte, wie die Darknet-Portale in der Szene-sprache heißen, sind auch eine Volkshochschule für ange-hende Cyberkriminelle. Ein Tutorial für 0,50 Dollar ver-spricht Tipps, um von einem gekaperten Paypal-Account sicher Geld abzuziehen. Ein umfangreicher Hacking-Ratge-ber ist für 5,50 Dollar zu haben. Neben der Theorie gibt es außerdem gleich konkrete Helferlein für die Praxis: Es lässt sich Software für Online-Attacken downloaden, und es wer-den gestohlene Kreditkartendaten zum Kauf angeboten, de-tailliert filterbar, etwa nach der Postleitzahl oder dem Geldin-stitut der Opfer.

Die Produktvielfalt auf den Darknet-Märkten ist groß, von Bedeutung ist aber vor allem eine Warengruppe: Drogen. Die Wissenschaftler der Carnegie Mellon University kamen in ihrer Studie zum Schluss, dass Rauschmittel etwa drei Viertel des Umsatzes ausmachten. Im letzten erfassten Monat der Studie, im März 2015, entfielen 36 Prozent der Umsätze auf Cannabis-haltige Substanzen, 21 Prozent auf MDMA-Produkte wie den Party-Aufputscher Ecstasy und 8 Prozent auf Stimulantien wie Kokain. Andere Drogen wie LSD oder Heroin kamen insgesamt auf weitere 12 Prozent. Nennenswert war zudem die Kategorie Medikamente mit 19 Prozent. «Sonstige» Güter kamen in ihrer Schätzung auf insgesamt weniger als 5 Prozent. Dazu zählten sie, ohne die Gruppe weiter aufzuschlüsseln, Ausrüstung zum Konsum von Drogen, Elektro-Geräte, Zigaretten und auch Waffen.

Interessant ist auch die Frage, ob nur für den Eigenkonsum eingekauft wird oder das Darknet auch als Reservoir für einen «Großhandel» dient: Dealer*innen versorgen sich auf den Marktplätzen mit Stoff, den sie dann ihrerseits online oder klassisch auf der Straße oder im Bekanntenkreis weiterverkaufen. Und tatsächlich gibt es Hinweise darauf. In der jüngeren Studie, die die Wissenschaftlerin Meropi Tzanetakis am Wiener Zentrum für sozialwissenschaftliche Sicherheitsforschung durchgeführt hat, schaute sie speziell auch auf Bestellungen über mehr als 1000 Dollar, beispielsweise von größeren Mengen Cannabis oder Kokain. Das Ergebnis: Um die 30 Prozent der Umsätze entfielen auf solche «Groß-Packungen». Das kann, es muss allerdings nicht zwangsläufig darauf hinweisen, dass solche Lieferungen immer gewerblich weiterverkauft werden, gibt Tzanetakis zu bedenken. Aus der Drogenforschung ist auch ein Phänomen namens «Social Supply» bekannt, bei der von einer Person gekaufte Drogen an Bekannte verschenkt oder zum «Einkaufspreis» weitergegeben werden.

Drogen – sicherer und sauberer als auf der Straße?

Anders als beim Verkauf von Kreditkartendaten oder Hacker-Tutorials werden bei Drogen physische Produkte verschickt, das ist eine potenzielle Schwachstelle im illegalen Vertrieb. Wie sich in Kommentaren unter den jeweiligen Produkten zeigt, scheint der massenhafte Versand dennoch überwiegend ungestört zu funktionieren. Drogen, in größeren Briefumschlägen verschickt, werden mehrfach geruchssicher verpackt, so dass auch Spürhunde der Polizei nicht Verdacht schlagen. Um die illegale Ware zu tarnen, wird das Layout des Briefs oft einem existierenden Handelsunternehmen oder auch einer Versicherung nachempfunden.

Bei den illegalen Marktplätzen verweist man stolz darauf, dass die ausgefeilte Selbstregulierung im Darknet den Drogenkauf sicherer und sauberer mache. Die Logik: Wer auf der Suche nach Stoff für den gelegentlichen Rausch ist, muss nicht mehr in den Park gehen und riskieren, abgezogen zu werden, minderwertige oder gar gefährlich verunreinigte Waren verkauft zu bekommen. Der Kontakt mit der illegalen Szene läuft digital ab, und Kommentarspalten bieten die Möglichkeit, das Risiko im Voraus einzuschätzen. Wie auch bei Amazon und Ebay lässt sich nicht ausschließen, dass Kommentare gefaket werden. Doch auch dann würden die echten, negativen Bewertungen angezeigt werden. Zudem achten die Leute hinter den Marktplätzen aus Eigeninteresse darauf, dass in ihrem illegalen Kosmos möglichst wenig betrogen wird.

Das Lob der Darknet-Branche in eigener Sache ließe sich leicht als plumpes Selbstmarketing abtun. Ein positiver Effekt wird jedoch auch ernsthaft in der Forschung diskutiert. Im Global Drug Survey, einer großen, weltweit online durchgeführten Befragung von Drogennutzer*innen, wurde zwar mit harschen Worten die leichte Verfügbarkeit von Drogen im Darknet kritisiert, die Forscher räumten aber auch ein: «Weniger Gefährdung durch Gewalt, weniger verunreinigte Drogen, mehr Vertrauen in die Produktqualität und ein Abwandern des Straßenhandels waren klare Vorteile.»

Auch Meropi Tzanetakis kommt zu einem differenzierten Bild (siehe Interview im Anhang). Neben der Erhebung von Marktplatz-Umsätzen hat sie mit Drogenkäufer*innen gesprochen, teils von Angesicht zu Angesicht, teils in anonymen Online-Interviews. Sie fand drei wichtige Motive, wieso im Darknet gekauft wird. Der wichtigste Grund war die höhere Qualität der Drogen. User können mithilfe der Produkt-Feedbacks anderer einschätzen, wie gut die Substanzen sind. Ein anderer Grund war schlicht Bequemlichkeit. Wer im Darknet Drogen kaufe, müsse nicht mehr die Wohnung verlassen. Und schließlich sei der Kauf weniger gefährlich: «Es ist relativ unwahrscheinlich, dass ein Paket mit einer kleineren Bestellung als Drogenlieferung enttarnt wird.»

Interessanterweise hat sich herausgestellt, dass die Preise im Darknet teilweise höher als im Straßenhandel sind. Das spiele für die Kundschaft allerdings nur eine untergeordnete Rolle. Die habe, wie aus anderen Studien bekannt sei, ein klares Profil: zu etwa 80 Prozent männlich, in den Mitt- und Endzwanzigern, sehr gut ausgebildet und damit sozio-ökonomisch gut situiert. Der Preis sei deswegen nicht das ausschlagende Kriterium, sondern die Qualität der Substanzen. Bekannt sei auch, dass es sich hauptsächlich um Gelegenheits-, Party- und Freizeitkonsument*innen handelt, die aus Genuss Drogen konsumieren, und eher nicht um Drogensüchtige oder sonstige schwache Risikogruppen.

Insgesamt meint sie, dass aus Sicht einer Sozialwissenschaftlerin der Drogenhandel im Darknet gleichermaßen positive wie negative Seiten habe. Ein klarer Vorteil für Konsument*innen sei es, dass sie die Qualität der Drogen abschätzen können. Vor allem gilt das in Bezug auf Verunreinigungen, bei denen Rauschmittel mitunter mit hoch gesundheitsgefährdenden Substanzen gestreckt sind.

Bedenklich sei, dass es keinerlei zeitliche, örtliche oder soziale Beschränkungen beim Kauf gibt. Und das treffe besonders verletzliche Gruppen, an erster Stelle Kinder und Jugendliche, denen es mit etwas Know-how dann vielleicht doch gelingt, ohne Wissen der Eltern sich eine Ladung Drogen nach Hause zu bestellen. Eine zweite verletzliche Gruppe seien Personen gänzlich ohne Drogenerfahrung. Wenn diese aus Neugier Substanzen ordern und alleine konsumieren, ohne die Wirkungen einschätzen zu können, sei das hoch gefährlich.

Ein mitunter vorgebrachtes Argument beim Darknet-Drogenhandel kann die Forscherin allerdings entkräften: dass die schiere Verfügbarkeit verschiedenster Substanzen dazu führt, dass User immer gefährlichere Drogen konsumieren. Die wissenschaftliche Literatur belege klar, dass Cannabis keine solche Funktion als Einstiegsdroge hat.

Medikamente:
die Ethik der Darknet-Apotheken

In die Dream-Market-Kategorie «Drugs» sind auch Medikamente eingeordnet. Die Untergruppe «Prescription» (Verschreibungspflichtiges) enthält 2100 Angebote, unter anderem Potenzmittel wie Cialis und das indische Viagra-Generikum Kamagra, angstlösende Medikamente sowie Neuro-Enhancer, die umstrittenen Gehirndoping-Mittel zur Steigerung der geistigen Leistungsfähigkeit. Eine separate Untergruppe mit knapp 2300 Listings existiert für «Benzos». Benzodiazepine sind eine verbreitete Gruppe von Schmerzmitteln, deren Einnahme abhängig machen kann.

Einige Verkäufer*innen setzen, wie die Sprache in ihrem Profil nahelegt, klar auf eine deutschsprachige Kundschaft. Teilweise haben sie sich als Apotheken der digitalen Unterwelt ausschließlich auf Medikamente spezialisiert, teilweise haben sie ansonsten überwiegend Drogen im Portfolio.

Einblicke in die «Branche», ihre Eigenlogik und ihr Selbstverständnis liefern zwei Gespräche, die Ende 2015 für das *Deutsche Ärzteblatt* über verschlüsselte Textnachrichten mit spezialisierten Medikamenten-Händlern geführt wurden. Wir nennen sie Händler A und Händler B. Sie erzählen, dass es sich bei den im Darknet angebotenen Produkten entweder um deutsche Originalmedikamente handelt, die irgendwie dem regulären Vertrieb entnommen wurden, oder um indische Generika. Beide betonen die Qualität und Zuverlässigkeit ihrer Ware und dass sie keine Fälschungen oder gepanschten Substanzen verkaufen. Einer der beiden behauptet sogar, dass die Qualität der Medikamente im Darknet sich durchaus auf dem Niveau von Produkten aus deutschen Apotheken bewege.

Am besten laufen entspannende und angstlösende Medikamente, starke Schmerzmittel, Neuro-Enhancer und Potenzpillen. Etwa in der Hälfte der Fälle, meint einer der beiden, gehe es beim Kauf klar um Substanzmissbrauch, sprich eine Nutzung jenseits der medizinischen Indikation, in der anderen Hälfte aber um Selbstmedikation.

Selbstmedikation? Händler A vermutet, dass negative Erfahrungen oder Ängste manche dazu bringen, sich auf eigene Faust zu versorgen. Weil sie Scham empfinden, mit Fremden über persönliche Probleme zu sprechen, oder sie generell kein Vertrauen gegenüber Ärzt*innen haben. Andere hadern mit deren Verschreibungspraxis: weil sie Medikamente absetzen oder die Dosierung nicht wie gewünscht anpassen.

Gefragt nach ihrer moralischen Verantwortung rechtfertigen beide ihr Geschäft. Sie greifen auf eine Argumentation zurück, wie sie auch beim Handel mit Drogen verbreitet ist. Beide verweisen auf die Eigenverantwortung freier Menschen. Die hätten eben selbst die Möglichkeit zu entscheiden, ob und wie lange sie ein Medikament anwenden. Ist man auf eine ärztliche Verschreibung angewiesen, sei diese Entscheidungsfreiheit nicht immer gegeben, fügt Händler A hinzu.

Der andere argumentiert ähnlich, räumt aber ein, dass seine Tätigkeit ethisch verwerflich sei. Er meint allerdings, dass sich Konsument*innen die Mittel ansonsten woanders beschaffen würden. Und auf der Straße sei die Gefahr deutlich höher, ein falsches oder gestrecktes Medikament zu bekommen. Bei seiner Tätigkeit habe er sich durchaus Selbstbeschränkungen auferlegt, um Schaden zu minimieren. So laute eine Grundregel, dass er nicht mehr verkauft, als eine übliche

Verschreibung für 15 bis 20 Tage umfasst. Und er versuche, nur an Volljährige zu verkaufen. Hat er diesbezüglich Zweifel, lässt er sich die Personalausweisnummern von Neulingen geben und überprüft deren Alter. Zudem habe er Leuten auch schon ins Gewissen geredet, sich in stationäre Therapie zu begeben. Und er verkaufe längst nicht alles, beispielsweise keine hoch regulierten Substanzen aus der Intensivmedizin wie das Narkosemittel Propofol sowie generell keine Produkte, die nicht regulär pharmazeutisch hergestellt sind. Benzodiazepine versehe er mit Lebensmittelfarben sowie mit einem auffälligen Geschmacksstoff, damit sie nicht als K.-o.-Tropfen zum Schaden anderer missbraucht werden könnten.

Die Händler antworteten höflich und freundlich. Sie schienen sich über das Interesse an ihrer illegalen Tätigkeit jenseits sensationsheischender Berichterstattung zu freuen. Was sie schildern, lässt sich allerdings nur bedingt überprüfen. Anders, als es bei klassischen Drogen der Fall ist, hat die Forschung den Darknet-Handel mit Medikamenten bisher eher vernachlässigt. Möglich ist nur, die Plausibilität zu beurteilen. Ein Blick in die Kommentarspalten der Marktplätze legt zumindest nahe, dass positive Erfahrungen überwiegen. «Vertrauenswürdiger Verkäufer, immer verlässlich und schnell», lautet etwa der Kommentar nach einem Kauf des Schmerzmittels Oxycodon.

Sehr kritisch fällt naturgemäß die Position der Bundesvereinigung Deutscher Apothekerverbände (ABDA) aus. Vom Argument einer hohen Produktqualität, die das Feedback-System gewährleistet, hält ABDA-Sprecher Dr. Reiner Kern wenig. Bei einer Potenzpille ohne Wirkstoff lasse sich vielleicht registrieren, wenn eine Wirkung ausbleibt. Ganz anders sei die Lage aber, wenn bei einem gefälschten Arzneimittel ein Wirkstoff gefährlich überdosiert sei oder es Verunreinigungen mit toxischen Substanzen gebe. Eine «laienhafte Qualitätsbeurteilung» funktioniere bei Medikamenten deswegen nur sehr bedingt. Zudem sei eine Therapie stets ein «Hochrisikoprozess», der begleitet und bei dem auf Neben- und Wechselwirkungen geachtet werden müsse. Wenn man legale Verschreibungs- und Vertriebswege verlasse, sei das nicht möglich. Deswegen warne sein Verband klar davor. Auf die Frage, inwiefern sie die illegalen Darknet-Marktplätze als nicht offizielle Konkurrenz zum Verkaufsmonopol der Apotheken sehen, winkt er ab: «Wir können die Reichweite und die Dimension nicht abschätzen. Der illegale Darknet-Handel hat aber nichts mit dem legalen Vertrieb von Arzneimitteln über die Apotheke zu tun und ist für Letztere ökonomisch deshalb auch nicht relevant.» Und ansonsten sei das Aufspüren und die Verfolgung illegaler Vertriebswege im Darknet die Aufgabe von Ermittlungsbehörden.

Auch die können allerdings wenig zu dieser speziellen Produktgruppe sagen, genaue Zahlen hat auch das Bundeskriminalamt nicht. Ein Blick in die Polizeiliche Kriminalstatistik von 2016 legt aber zumindest nahe, dass noch nicht allzu viele Fälle bei Behörden aufgeschlagen sind. In der Gruppe «Straftaten nach dem Arzneimittelgesetz» gibt es einen Tatbestand «Arzneimittel in der illegalen Verteilerkette», bei dem 636 Fälle erfasst wurden. Lediglich 30 Fälle davon wurden mit dem «Tatmittel Internet» begangen, bei dem nicht weiter zwischen unterschiedlichen digitalen Kanälen unterschieden wird. (Zum Vergleich: Für «Rauschgiftdelikte» hat das BKA etwa 300 000 Fälle gezählt, davon 2000 über das Internet.)

Beim illegalen Handel mit Medikamenten sei von einem erheblichen polizeilichen Dunkelfeld auszugehen, meint eine BKA-Sprecherin auf Nachfrage, und das gelte insbesondere auch für Handelsplätze im Darknet. Sie liefert aber einige allgemeine Informationen über illegal gehandelte Arzneimittel, die in etwa zu dem passen, was von den Händlern zu hören war: Medikamente werden entweder im Ausland deutlich billiger erworben oder schlicht gestohlen.

Zahlreiche der illegalen Arzneimittel seien als illegale Re-Importe oder auch als Parallel-Importe in gefälschter Verpackung nach Deutschland gelangt. Bei diesem Vertriebsweg werden Medikamente im Ausland gekauft und unautorisierterweise in die Bundesrepublik «importiert», wo sie in die legale Vertriebskette gelangen und dort deutlich teurer verkauft werden. Bei der zweiten Säule ist auch die Beschaffung an sich schon hoch illegal: Arzneimittel werden aus Krankenhäusern, Lagerhäusern oder sogar im Rahmen von Raubüberfällen entwendet. Solche Medikamente kamen in der Vergangenheit aus Süd- und Osteuropa, Südostasien oder sogar aus Afrika nach Deutschland und wurden zum Teil dann ebenfalls mithilfe gefälschter Herkunftsnachweise «legalisiert».

Die Sprecherin nennt verschiedene problematische Beobachtungen, die gemacht wurden: Häufig fehlten Verpackung und Beipackzettel, die Substanz enthielt die falschen Wirkstoffe, Wirkstoffe waren stark unterdosiert, Arzneimittel waren verunreinigt, oder die Qualität wurde beim Transport oder der Lagerung gefährdet, da beispielsweise vorgeschriebene Kühlketten nicht eingehalten wurden. Andere potenzielle Risikofaktoren beim illegalen Kauf von Medikamenten könnten in einer Verwechslung der Arzneimittel oder in Hygienemängeln beim Umverpacken liegen, in unrichtigen Angaben, in falschen oder veralteten Informationen auf Beipackzetteln oder darin, dass das Verfallsdatum «verlängert» wurde.

Zahlen zu den eigenen Umsätzen nennen die beiden Darknet-Händler wenig überraschend nicht, ihre allgemeinen Einschätzungen zu Handelsvolumen und Relevanz des Geschäfts fallen unterschiedlich aus. Einer meint, dass die Nachfrage seine eigenen Möglichkeiten als Händler überschreite. Er sieht sich selbst eher als kleinen Fisch im Geschäft, meint aber, dass es einige sehr große Händler gebe, die sich auf dem Level des regulären Großhandels bewegen. Der andere meint, dass die Szene noch klein ist und eine halbwegs gut laufende Apotheke wohl den Umsatz aller deutschen Händler zusammen mehrfach übersteige.

Blüten und falsche Pässe:
hochgradig staatsgefährdend

Beim Medikamentenhandel im Darknet wird ein eigentlich legales, aber streng reglementiertes Produkt über einen illegalen Weg durch «Unbefugte» verbreitet. Wer dort kauft, will ein «Original» bekommen, sei es eines, das auf dem europäischen Markt unbemerkt abgezweigt wurde, oder ein voll wirkungsvolles, ausländisches Generikum, das illegal importiert wurde. Bei einer anderen Warengruppe ist dagegen allen Beteiligten klar, dass nichts echt ist: Fälschungen, die jedoch wiederum so gut sein sollen, dass sie möglichst niemandem sonst auffallen. Auf den Marktplätzen sind eher harmlose Imitate zu haben, etwa von Rolex-Uhren oder von Chanel-Taschen. In den entsprechenden Kategorien finden sich aber auch Güter, die eine erhebliche gesellschaftliche Sprengkraft besitzen: gefälschte Geldscheine und gefälschte Pässe. Sie rütteln am Machtkern des Staates, dem Monopol, diese Dokumente auszustellen, die dokumentieren, wer arm und wer reich ist, wer als Bürger*in dazugehört und wer nicht.

Auf Dream Market können User aus mehr als 100 unterschiedlichen Falschgeld-Angeboten wählen. Ein Händler, der global verschickt, bietet beispielsweise eine Zehnerpackung 50-Euro-Scheine für 150 Euro an, das entspricht einem Nennwert von 30 Prozent. Ein anderer offeriert eine Zwanzigerpackung 20-Euro-Noten für 105 Euro (26 Prozent). Wie üblich heben die Händler die Qualität ihrer heißen Ware hervor. Sie differenzieren aber durchaus. Einer spricht von «hochqualitativen Euro-Scheinen», die gängigen Sicherheitsüberprüfungen widerstehen würden. Eine andere räumt ein, dass sie nur Scheine «mittlerer Qualität» liefert. Diese «schlechteren» Fälschungen sind dann aber meist auch deutlich billiger zu haben, für einen Nennwert von mitunter nur 10 Prozent.

Was für Drogen gilt, dass das Darknet den Zugang zu illegalen Gütern erleichtert, gilt für Falschgeld noch sehr viel mehr. Durch das Aufsuchen einschlägig bekannter Umschlagplätze oder durch vorsichtige Nachfragen im Bekanntenkreis war es auch vor dem Darknet jedem möglich, an Drogen zu kommen. Wer aber bitte schön weiß, wie man an Falschgeld gelangt oder gar an professionelle Ausweis-Fälschungen?

Im Bundeslagebild Falschgeldkriminalität räumt das Bundeskriminalamt dem Vertriebskanal Darknet Jahr für Jahr mehr Platz ein. Im Jahr 2016 wurden etwa 110000 «Blüten» aufgegriffen, die einen Wert von etwa 4 Millionen Euro hatten. Das BKA schätzt, dass 30 Prozent der Falsifikate über das Internet gehandelt wurden.

Meistens handelt es sich bei den Blüten um 20- oder 50-Euro-Noten, in unterschiedlichen Qualitätsstufen. Die Palette reicht von eher einfach gemachten Fälschungen bis zu deutlich höherwertigeren Blüten, die oft mit einem Hologramm chinesischer Fertigung veredelt werden. Die Fälschungen stammen vor allem aus Italien, nach Erkenntnissen des BKA produziert eine sogenannte «Napoli-Gruppe» im Raum Neapel quasi-industriell «in großen Mengen im Offset-Druck in guter Qualität».

Für die letzten Jahre beschreibt das BKA allerdings, dass in der Bundesrepublik Falschgeld nicht mehr nur verbreitet, sondern zunehmend auch produziert wird. So hat das Bayerische Landeskriminalamt im Februar 2016 in einer angemieteten Garage eine professionelle Druckerei zur Herstellung von 50-Euro-Blüten ausgehoben. Gefunden wurden dabei neben vielen Euro-Fälschungen auch Kopiervorlagen aus dem Internet, «umfangreiche Herstellungsmaterialien», etwa 3000 «Klebehologramme» aus China. Die beiden erst 21 und 23 Jahre alten Täter verkauften die Blüten über das Darknet. Bei den Ermittlungen wurden zudem Hinweise auf etwa 200 Kund*innen aus den Ländern Deutschland, Schweiz, Österreich und Holland gewonnen.

Der Bericht klagt darüber, wie stark die digitalen Möglichkeiten den Handel mittlerweile erleichtern: «Die Nutzung des Darknets gewährleistet Anonymität, bezahlt wird mit digitalen Währungen, und die Lieferung erfolgt über Paketdienstleister, die die bestellte Ware an Scheinadressen oder Packstationen liefern.» Laut Beobachtungen des BKA sinkt auch die Einstiegsschwelle, Blüten selbst zu produzieren: «Aufgrund der verhältnismäßig einfachen Verfügbarkeit von Herstellungsequipment und sogar Handlungsanleitungen für die Produktion gefälschter Banknoten über das Internet, ist es einem größeren potenziellen Täterkreis möglich, Falschgelddelikte zu begehen. Auf Täterseite ist kein Spezialwissen mehr notwendig.»

«Auffallend oft» wurden gefälschte Scheine im Jahr 2016 für private Käufe verwendet. Die Geschäfte wurden über das Internet, vor allem über Flohmarkt-Portale, angebahnt; bezahlt wurde dann in bar. Die Produkte waren oft hochpreisig, beispielsweise Fahrzeuge, Smartphones oder teure Uhren.

Beim Kauf von Drogen geraten vor allem die Händler*innen ins Visier von Ermittlungsbehörden, zumal in einigen Bundesländern der Besitz kleiner Mengen bestimmter Drogen nicht mehr strafrechtlich verfolgt wird. Wer «nur» gekauft hat, gilt eher als Beifang, dem man sich widmet, wenn die großen Fische ins Netz gegangen sind. Bei Falschgeld hingegen versteht der Staat keinen Spaß.

Ähnlich verhält es sich bei einem anderen potenziell staatsgefährdenden Gut: gefälschte Pässe. Auch diese sind auf den Marktplätzen zu haben. 700 Angebote enthält die Dream-Market-Kategorie «Fake IDs». Imitierte Ausweise, Pässe und Führerscheine, ausgestellt meist für die USA oder für Länder der Europäischen Union. Ein deutscher Personalausweis mit Hologramm und Wasserzeichen beispielsweise kostet 760 Euro, ein gefälschter Presseausweis ist schon für 140 Euro zu haben. Mit der Bestellung wird die gewünschte Identität und Adresse angegeben und ein Foto hochgeladen, auf der Basis wird dann das Dokument «gedruckt». Auch hier kennt der Staat keine Milde und droht mit hohen Strafen.

Wettbewerb im illegalen Ökosystem

Silk Road, im Februar 2011 gegründet, war der erste massenkompatible Kryptomarkt im Darknet. Als die Polizei den Pionier der Darknet-Wirtschaft Ende 2013 kaperte und lahmlegte, war das als Schlag gegen die wachsende kommerzielle Unterwelt-Szene gedacht, die sich größtenteils dem Zugriff des Staates entzog. Tatsächlich führte der Zugriff aber zu einem Aufblühen, ein Silk-Road-Klon nach dem anderen entstand.

Ein Blick auf die heutige Landschaft der kleinen und größeren Märkte zeigt, dass die Darknet- und die klassische Internet-Wirtschaft erstaunlich viel gemeinsam haben. In beiden Fällen gibt es auf den ersten Blick einen regen Wettbewerb, was sich bei genauerem Hinschauen als Oberflächenphänomen erweist. Dark Commerce wie auch E-Commerce neigen zu sehr ungleichen Größenverhältnissen. Verantwortlich dafür ist der berüchtigte Netzeffekt der Digitalwirtschaft: Das Interesse an einem sozialen Netzwerk oder einem Marktplatz steigt mit der Zahl seiner User. Für den Erfolg oder Misserfolg von Facebook zählte irgendwann nur noch, dass der halbe Bekanntenkreis der meisten Menschen dort schon vertreten war.

Allerdings sind die Positionen nicht so in Stein gemeißelt wie in der legalen Netzwirtschaft. Auch dort büßen Marktführer mitunter ihre Stellung ein, man denke nur daran, wie die Netzwerke Myspace und StudiVZ durch Facebook ersetzt wurden. In der Darknet-Wirtschaft passiert so etwas aber deutlich schneller. In schöner Regelmäßigkeit verschwinden die jeweiligen Marktführer und machen Platz für neue. Dass sie offline gehen, hat unterschiedliche Gründe. Bei Silk Road war es ein Zugriff der Polizei. Evolution, unangefochtener Marktführer im Frühjahr 2015, tauchte im Rahmen eines «Exit Scams» mit Nutzer- und Händler-Bitcoins ab. Der nächste Marktführer Agora ging im August 2015 offline, da ihm das illegale Geschäft zu riskant geworden war. Und im Juli 2017 geschah das Unerwartete: Der Darknet-

Marktplatz «Alphabay» war lange Zeit der unangefochtene Marktführer gewesen. Zuletzt hatte es dort mehr als 350 000 Produktangebote gegeben, das war mehr als auf den vier nachfolgenden Konkurrenten zusammen. Anfang Juli 2017 ging Alphabay dann allerdings plötzlich offline, auf den Darknet-Foren wurde wild spekuliert: Ist auch das ein versuchter Exit Scam? Eine Meldung des US-Justizministeriums am 20. Juli schaffte Klarheit: Der Betreiber, ein gerade einmal 25 Jahre alter Kanadier, war auf seinem Anwesen in Thailand festgenommen worden. Seitdem ist auf der alten Adresse von Alphabay nur noch ein Hinweisbanner zu sehen: «Diese versteckte Seite wurde beschlagnahmt.»

Wie in solchen Fällen üblich, kam es schnell zu Wanderungsbewegungen, vor allem zu «Hansa Market», dem im Sommer 2017 drittgrößten Darknet-Marktplatz. Was die dort neu angemeldeten User nicht wussten: Schon seit Mitte Juni hatte die niederländische Polizei dort die Kontrolle übernommen. Die zwei mutmaßlichen Betreiber, ein 30- und ein 31-jähriger Mann aus Nordrhein-Westfalen, waren bereits festgenommen worden, die Polizei betrieb die Plattform in Eigenregie weiter, um Daten über deren User zu sammeln. Am 20. Juli ging die niederländische Polizei mit einer Pressemitteilung an die Öffentlichkeit und verkündete ihren Coup.

Seitdem ist das Rennen um die Marktführerschaft im Darknet wieder offen. Wird Dream Market die «heimatlosen» Käufer*- und Verkäufer*innen mehrheitlich auf seine Seite ziehen oder Valhalla oder Darknet Heroes League? Oder werden auch die bald der Vergangenheit angehören und Platz für noch unbekannte Märkte gemacht haben? Klar ist: Auf jeden geschlossenen Darknet-Marktplatz wird ein neuer folgen.

Um sich im Wettbewerb zu behaupten und um Sichtbarkeit im Darknet zu erreichen, greifen die Marktplätze auf Maßnahmen zurück, die aus dem klassischen Marketing bekannt sind. Bei Usern kann deswegen leicht das Gefühl entstehen, sich nicht auf einem hoch illegalen Umschlagplatz,

sondern stattdessen in einer Service-orientierten Einkaufs-
welt zu bewegen. Der Ton ist oft freundlich. Neulinge werden nach ihrer Anmeldung höflich begrüßt, auf der Startseite
werden die Marktplatzregeln erklärt, und es wird eine gute
Zeit gewünscht.

Viele Marktplätze haben Empfehlungsprogramme. Man
kann einen entsprechenden Link an Bekannte schicken. Wenn
die sich darüber anmelden und durch Käufe oder Verkäufe
Umsätze generieren, gibt es eine kleine Beteiligung. Neue
Händler*innen werden mit reduzierten Provisionssätzen an-
gelockt, besonders dann, wenn wieder ein Marktplatz offline
gegangen ist. Teilweise geht die Professionalisierung so weit,
dass es Verantwortliche für Öffentlichkeitsarbeit gibt. Diese
bearbeiten Presseanfragen und bespielen die für die Darknet-
Wirtschaft relevanten PR-Kanäle, vor allem das «Branchenblog» Deepdotweb und die Diskussionsplattform Reddit, auf
der Marktplätze auf eigenen Threads Pressemitteilungen veröffentlichen und sich Fragen stellen.

Dark Commerce und E-Commerce: zwei ungleiche Brüder

Um den sich immer weiter professionalisierenden «Dark
Commerce» herum hat sich ein kleines Ökosystem entwickelt. Zumindest gibt es bescheidene Anfänge, die zeigen, in
welche Richtung die Reise gehen könnte. «Bau dir deinen eigenen .onion-Store – kaufe und verkaufe Drogen, Waffen,
verschiedenste Fälschungen, gefälschte Ausweise und Pässe
für Bitcoin», wirbt ein Dienstleister namens «TorShops». Er
bietet an, eine schlichte Variante eines Darknet-Shops mit in-
tegriertem Bitcoin-Bezahlsystem zu erstellen. Die Basisvari-
ante gibt es für eine Einrichtungsgebühr von 100 Euro und
eine Beteiligung an allen dort generierten Verkäufen in Höhe
von 6 Prozent,

Grams ist eine spezielle Produktsuchmaschine. Dieses

Idealo oder Check24 des Darknets listet zum jeweiligen Such-begriff passende Angebote verschiedener Marktplätze auf. Die Preise werden, je nach Wunsch, in Bitcoin, Euro, briti-schem Pfund, australischem oder US-amerikanischem Dollar angezeigt. Wie intensiv der Dienst genutzt wird, lässt sich nicht verlässlich sagen. Laut Statistiken auf der Seite gibt es aber schon ein kleines Publikum. Demnach wurde an einem Tag 467-mal nach «Cannabis» gesucht, gefolgt von «Porn» (394-mal), «Weed» (191) und «Cocaine» (185). Und wie auch von Google bekannt, lassen sich über den Such-Treffern kleine Textanzeigen schalten.

Das Team hinter Grams betreibt mit «Info Desk» auch ein Portal, das Produkt-Bewertungen auf verschiedenen Markt-plätzen übersichtlich zusammenfasst. Ende 2014 ging der Versuch an den Start, ein Werbenetzwerk fürs Darknet zu eta-blieren. Vergleichbar mit dem Dienst Google Adwords im normalen Netz, sollte es möglich werden, über unterschied-lichste Darknet-Seiten hinweg Anzeigen zu schalten. Das mit großen Tönen auf dem Branchenblog Deepdotweb vorge-stellte «Tor Ads» existiert heute allerdings nicht mehr. Für so viel Vernetzung war die Darknet-Wirtschaft dann anschei-nend doch noch nicht reif.

Der IT-Sicherheitsexperte Marc Ruef von der Züricher Firma Scip AG hat für eine Studie die verschiedenen Darknet-Marktplätze mit ihren Strukturen und Angeboten analysiert. Auch ihm ist aufgefallen, wie sehr sich der legale E-Com-merce und der illegale Dark Commerce als zwei ungleiche Brüder ähneln. Sei es der Aufbau der Marktplätze mit ihren Produktpolitiken und dem Feedback-System, sei es das in Anfängen existierende ökonomische Ökosystem um die Marktplätze herum. «Viele Angebote im Darknet sind sehr ähnlich wie ein Amazon oder ein Ebay aufgebaut, etwa in Be-zug auf Logins und Kommentarfunktionen, die Auflistung von Produkten, Händlerbewertungen oder die Möglichkeit, Produkte zu sortieren», meint er und glaubt, das sei nicht von ungefähr so: «Diese Konzepte haben sich in der normalen Digitalwirtschaft bewährt, und man hat sich daran gewöhnt. Da versucht man in der Schattenwirtschaft, ähnlich zu funktionieren.»

Schnell habe sich bei ihm aber auch das Gefühl eingestellt, eine Zeitreise zu machen, fügt er hinzu. Der Dark Commerce hinke in puncto Technik, Aussehen und Funktionen mindestens zehn Jahre hinterher. Man fühle sich nicht richtig wohl auf diesen Seiten, die krakelig und schlecht designed seien. Typischerweise funktioniere beispielsweise die Sortierfunktion nicht verlässlich. Genau solche Probleme habe man im normalen Netz vor zehn, fünfzehn Jahren gehabt.

Die Produktsuchmaschine Grams, glaubt er, ist aktuell eines der spannendsten und besten Angebote im Darknet. Einen Blumentopf gewinnen könne die aber auch nur dort. «Seien wir mal ehrlich: Im normalen Netz würde man mit dieser Usability nicht das nächste Twitter, Facebook oder Google werden. Da gibt es Nachholbedarf, den aber sicherlich noch jemand erkennen und adressieren wird.»

4

Das «böse» Darknet

Waffen, Terrorismus und Kinderpornographie

Und was ist mit den wirklich üblen Sachen? Werden auch Waffen und Gift unbekümmert auf den Darknet-Marktplätzen gehandelt sowie Mordaufträge, menschliche Organe, Bilder missbrauchter Kinder oder radioaktive Stoffe?

Das Darknet und die fiesen Bilder

Kinderschutz-Organisationen verwehren sich gegen den Begriff Kinderpornographie. Sie halten das Wort Pornographie in dem Zusammenhang für verharmlosend und sprechen lieber von «Missbrauchsabbildungen.»

Solche Abbildungen stellen für die Opfer stets eine mindestens doppelte Belastung dar: Zum einen stehen hinter jedem Bild oder Video tatsächliche Vergewaltigungen eines Kindes in der realen Welt, die in der konkreten Situation fürchterliches Leid für die Kinder bedeuten und deren psychische Spuren oft auch noch im Erwachsenenalter das Leben erschweren. Es gibt Hinweise darauf, dass die Dynamik von Foren oder sonstigen Plattformen, auf denen getauscht wird, dazu führt, dass sich die User gegenseitig anstacheln und motivieren, neue Bilder und Videos zu «produzieren» – sprich: erneut ein Kind zu vergewaltigen. Das US-amerikanische

Child Victim Identification Program, das Missbrauchsbilder sicherstellt, berichtet, dass die Abbildungen oft extrem gewalttätig sind, Penetrationen enthalten, Kinder dabei gefesselt oder auf eine andere Weise gefoltert werden. Hinzu kommt, dass Abbildungen im Netz von dort kaum zu entfernen sind. Die Opfer müssen davon ausgehen, dass Bilder von ihrer Vergewaltigung als Kind immer wieder up- und downgeloadet und angesehen werden. Die US-Organisation zitiert eine Frau, die, ab dem Alter von vier, jahrelang vor der Kamera missbraucht worden war: «Ich werde ausgebeutet und benutzt, jeden Tag und jede Nacht irgendwo in der Welt von irgendjemandem.»

Welche Rolle das Darknet bei der Verbreitung solcher Missbrauchsabbildungen spielt, ist umstritten. Das Child Victim Identification Program beklagt die schiere Masse solcher Bilder, trifft aber keine Aussagen über die Verteilung auf das klassische Netz und die digitale Unterwelt. Es heißt nur: «Kinderpornographie hat einen Platz im Darknet gefunden.»

Auf vielen Foren und auf den großen Marktplätzen für Drogen sind sie tabu. Dort schert man sich zwar wenig um Gesetze, fern jeglicher Moral bewegt man sich trotzdem nicht. Die großen Märkte haben festgeschriebene Produktpolitiken, die zumindest die übelsten Dinge untersagen. Auf Valhalla, einem der vielen Darknet-Umschlagplätze, heißt es beispielsweise: «Die folgenden Dinge sind verboten: Kinderpornographie, Dienstleistungen, die Menschen Gewalt antun oder sonstwie körperlich schädigen, und Sprengstoffe. Dieses Regelwerk basiert auf einer Abstimmung auf einem unserer User-Foren.»

Es gibt sie aber dennoch, diese wirklich üblen Aktivitäten im Darknet. Deren Existenz stellt das größte Dilemma für Tor dar: Die Technologie soll Menschen vor Ausspionierung durch übergriffige Staaten schützen und dem Gutem dienen, sie versteckt aber auch Leute, die Kinder vergewaltigen und die Aufzeichnungen und Abbildungen davon anonym über das Netz tauschen.

In den wenigen Fällen, in denen Ermittlungsbehörden die Personen hinter den abgeschirmten Tauschstrukturen enttarnen konnten, entdeckten sie Tausende brutale Bilder und Videos, auf denen mitunter sehr junge Kinder zu sehen waren. Ende 2014 hatte die US-Bundespolizei FBI bei ihrem bisher größten internationalen Ermittlungserfolg «Playpen» lahmgelegt. Die größte Darknet-Seite mit Kindesmissbrauchsmaterial hatte 150 000 User in der ganzen Welt. Wie es in einer Pressemitteilung der europäischen Polizeibehörde Europol hieß, war die Seite so strukturiert, dass sie «einen leichten Zugang zu einer großen Bandbreite an Missbrauchsmaterial von Kindern bietet». So habe es etwa eine Suchfunktion für Bilder und Videos in unterschiedlichen «Kategorien» gegeben: Ein Bereich der Seite habe sich Inzest gewidmet, in einem anderen sei es explizit um Kleinkinder gegangen. Im Zuge der weiteren internationalen Ermittlungen, die auf die Festnahme der drei Betreiber folgten, konnten 250 der missbrauchten Kinder identifiziert und teilweise auch gerettet werden. Es gab etwa 900 Festnahmen, 370 davon in Europa.

Im Sommer 2017 wurde unter Federführung der deutschen Polizei eine Plattform mit dem zynischen Namen «Elysium» lahmgelegt, die seit Ende 2016 bestanden hatte und knapp 90 000 Mitglieder zählte. Auf der Seite wurden, wie es in einer Mitteilung des Bundeskriminalamts hieß, «Aufnahmen schwersten sexuellen Missbrauchs von Kindern, darunter auch von Kleinstkindern, und Darstellungen sexueller Gewalthandlungen gegen Kinder» getauscht. Zudem wurde der sexuelle Missbrauch fremder und eigener Kinder verabredet, dafür dienten unter anderem mehrsprachige Chatbereiche in deutscher, englischer, französischer, spanischer und italienischer Sprache. Festnahmen gab es in verschiedenen Ländern, das Kernteam saß den Ermittlungen nach aber in Deutschland. Hauptbeschuldigter ist ein 39-Jähriger aus dem hessischen Landkreis Limburg-Weilburg, der als Administrator die Seite technisch betreut haben soll. Festgenommen wurde auch ein 56-jähriger Mann aus dem Main-Tauber-Kreis in

Baden-Württemberg, der «Moderator» gewesen sein soll. Ein 61-Jähriger aus dem oberbayerischen Landkreis Landsberg am Lech soll als «Grafiker» fungiert haben, zudem wird ihm vorgeworfen, zwei fünf und sieben Jahre alte Kinder eines österreichischen Forenmitglieds (mit dessen Einwilligung) missbraucht zu haben.

Bedenkliche Zahlen

Wie sehr solche üblen Nutzungen das Darknet dominieren, oder ob sie nur einen kleinen Anteil ausmachen, ist ein ideologischer Streitpunkt. Angehörige der Netz-Community werfen Politik und Behörden gern vor, dass sie ein übertriebenes Szenario von einem Darknet voller Kinderpornographie zeichnen – als Versuch, Anonymisierungstechnologie zu diskreditieren, die ihnen aus ideologischen Gründen nicht passt.

Ende 2014 allerdings ging ein Schock durch die IT-Szene, seitdem kursiert eine Zahl, die das Darknet tatsächlich in keinem guten Licht erscheinen lässt. Der britische Informatiker Gareth Owenson von der University of Portsmouth hatte eine Liste aktiver .onion-Seiten erhoben und diese per Text-Analyse in Kategorien eingeteilt. Das Ergebnis: Etwa die Hälfte der Seiten hatten klar illegale Bezüge, auf 15 Prozent ging es um Drogen, auf 9 Prozent um betrügerische Geschäftsmodelle. Es gab auch die Kategorie «abuse» (Missbrauch), die Owenson folgendermaßen definierte: «Seiten, bei denen der Titel irgendeine Form des sexuellen Missbrauchs (typischerweise von Minderjährigen) signalisiert, die in den meisten westlichen Rechtsgebieten illegal ist.» Traurigerweise, heißt es in der Studie, waren solche Seiten leicht über die Meta-Daten erkennbar, was nahelegt, dass die jeweiligen Web-Master davon ausgingen, dass Tor ihnen eine robuste Anonymität garantiert. Etwa 2 Prozent der Seiten gehörten in diese Kategorie.

Auch in vergleichbaren Studien anderer Forscher*innen

wurde für die Missbrauchskategorie ein Anteil ermittelt, der meist im niedrigen einstelligen Bereich lag. Allerdings hatten Owenson und sein Forschungskollege nicht nur .onion-Adressen in Kategorien gruppiert, sie hatten auch auf die tatsächliche Nutzung geschaut, die eine deutlich höhere Aussagekraft hat als bloße Zahlen zu einzelnen Adressen. Das konnten sie, weil sie bei ihrer Forschung auf einen Trick zurückgriffen. Als eine Art trojanische Pferde im Auftrag der Wissenschaft betrieben sie 40 starke Tor-Knoten, die zum einen den Datenverkehr im Tor-Netzwerk weiterleiten und zum anderen eine Art Auskunftssystem des Darknets sind. Solche Knoten sehen jeweils einen kleinen Ausschnitt aller Darknet-Adressen. Doch da sie immer wieder einen anderen Ausschnitt sehen, konnten sich die Forscher mit ihren 40 Knoten über einen Beobachtungszeitraum von sechs Monaten einen guten Überblick verschaffen.

Und was sie herausfanden, überraschte vor allem sie selbst: 80 Prozent der Anfragen bezogen sich auf Missbrauchsseiten, bei der Frage der tatsächlichen Nutzung schrumpften alle anderen Kategorien auf wenige Prozentpunkte zusammen. In der Studie wurden auch die täglichen Zugriffszahlen für einige besonders «populäre» Dienste angegeben. Bei einer großen Missbrauchsseite waren es 168 000 Anfragen und damit das Zwanzigfache des damals führenden Drogenmarkts Silkroad (8000), dessen Konkurrenten Agora (3000) und der Suchmaschine Duckduckgo (1200). Die Wissenschaftler überlegen in der Studie selbstkritisch, inwiefern die Zahlen verfälscht sein könnten. Gerade Missbrauchsseiten werden auch von Ermittlungsbehörden intensiv beobachtet und somit auch aufgerufen, zudem fahren Hacking-Gruppen aus dem Umfeld von Anonymous immer wieder Attacken mit Massenabfragen, um die Seiten lahmzulegen. Dennoch halten sie die Erkenntnisse prinzipiell für aussagekräftig.

Ende 2015 stellte Owenson die Erkenntnisse auf dem Jahreskongress der Hacker-Vereinigung Chaos Computer Club vor. Seitdem sorgen sie für viel Diskussionen und Unmut in der Tor-Szene. Allerdings widersprach auch die Organisation Tor Project nur sehr halbherzig. Deren Vordenker Roger Dingledine kommentiert auf dem Organisations-Blog regelmäßig Studien und zerreißt sie immer wieder. In einem zerknirscht wirkenden Blogpost wies er allerdings nur kleinlaut darauf hin, dass der Darknet-Traffic ja nur einen Bruchteil des gesamten Tor-Datenverkehrs ausmache und man deswegen bitte nicht zu dem Schluss kommen dürfe, Tor sei insgesamt ein Werkzeug für Missbrauchszwecke. In der Sache jedoch gab es keinen substanziellen Widerspruch.

Haben sich die Verhältnisse mittlerweile verändert? Denkbar wäre, dass das Darknet heute anteilig weniger für Missbrauchszwecke genutzt wird. Zum einen sind die Drogenmärkte mit ihren «Vorzügen» bekannter geworden, zum anderen verfügt mit Facebook zumindest eine größere Netz-Marke über einen Darknet-Auftritt. Denkbar wäre allerdings, dass im Gegenzug auch die Missbrauchs-«Szene» stärker ins Darknet abgewandert ist.

Der «Boom» kam mit dem Internet

Klar ist jedoch: Den eigentlich Quantensprung bei der Verbreitung von Missbrauchsbildern hat nicht das Darknet zu verschulden, sondern das Aufkommen eines immer massenkompatibleren Internets Anfang der 1990er Jahre. Davor war es nur schwer möglich, solches Material zu tauschen, erzählt Thomas Hofmann, der im Referat Kinderpornographie der Abteilung Schwere und Organisierte Kriminalität beim Bundeskriminalamt arbeitet. «Als das Internet aufkam, bot es Pädophilen eine ganz neue Möglichkeit, in scheinbarer Anonymität mit Gleichgesinnten in Kontakt zu treten, was ohne Internet schwer möglich war. Man konnte früher nicht einfach in eine Videothek gehen und nach Kinderpornographie fragen.» Der große Boom an Kinderpornographie-Verbreitung sei dann mit dem Internet und seinen technischen Übertragungsmöglichkeiten gekommen: «Zuerst geschah die Vernetzung von Pädophilen in Foren und Chaträumen. Als klar war, dass sich dort auch die Polizei zu Ermittlungszwecken aufhielt, gingen die Täter einen Schritt weiter und sagten: ‹Wir müssen uns abschotten.›»

Bereits Mitte der 1990er existierte ein Kinderschänder-Ring namens «Orchid Club», der die Vergewaltigung von Kindern live an Rechner in verschiedenen Ländern übertrug. Und bereits 1998 gab es ein Netzwerk von mehreren Hundert Usern aus Dutzenden Ländern, die mithilfe von Verschlüsselungstechnologien Bilder tauschten. Heute wird so gut wie jeder digitale Kommunikationskanal auch für solche Zwecke missbraucht: Passwort-geschützte Foren im normalen Netz, Chats und File-Sharing, E-Mail und soziale Netzwerke.

Wie groß das Ausmaß der «kinderpornographischen» Bilder und Videos im digitalen Raum allgemein ist, dazu gibt es nur vage Schätzungen. Anfang 2017 hat der Unabhängige Beauftragte für Fragen des sexuellen Kindesmissbrauchs der Bundesregierung einen Bericht zu «Sexualisierten Grenzverletzungen und Gewalt mittels digitaler Medien» herausgegeben. Darin wurden die kursierenden Zahlen zusammengetragen: Von 2005 stammt eine britische Schätzung, nach der pro Woche 20000 Missbrauchsbilder ins Internet gelangen. Das US-amerikanische Child Victim Identification Program hat seit 2002 139 Millionen Bilder sichergestellt und zusammen mit der Polizei auf mögliche Hinweise zu den Opfern und den Uploadern ausgewertet.

In vielen Ländern gibt es heute Meldestellen, die den Kampf gegen Missbrauchsmaterial im Internet führen. Dort haben sich große Internet-Provider, Suchmaschinen und soziale Netzwerke zusammengeschlossen. Die Stellen nehmen Berichte über gefundene Inhalte entgegen und recherchieren teilweise auch gezielt selbst. In einem zweiten Schritt versuchen sie dann, die Inhalte aus dem Netz zu entfernen. Auch mithilfe richterlicher Eilentscheidungen wenden sie sich an Internet-Provider und Domain-Anbieter, auf deren Servern das Material gespeichert ist, fast immer ohne deren Wissen. Sie berechnen für alle Bilder eindeutige digitale «Fingerabdrücke», so dass beispielsweise E-Mail-Provider verhindern können, dass diese in Zukunft per Mail verschickt werden. Laut einem Bericht von Inhope, dem Dachverband von Meldestellen aus weltweit mehr als 40 Ländern, dauert es in Europa (wozu sie auch Russland und die Türkei zählen) in 93 Prozent der Fälle weniger als drei Tage, bis die Inhalte verschwunden sind.

Die britische Meldestelle Internet Watch Foundation veröffentlicht in ihren Jahresberichten regelmäßig nüchterne Zahlen zum Grauen des Missbrauchs im Internet. 2016 haben sie 57 000 Inhalte mit Missbrauchsmaterial gefunden, die sich auf etwa 2400 unterschiedlichen Domains im normalen Netz befanden. Das geschätzte Alter der betroffenen Kinder lag in 53 Prozent der Fälle bei zehn Jahren und darunter. Meistens (in 89 Prozent der Fälle) handelte es sich um Mädchen, in 5 Prozent der Fälle um Jungen, auf den restlichen Bildern waren Kinder beider Geschlechter zu sehen. Etwa 80 Prozent der Inhalte befanden sich auf den Seiten von Hosting-Anbietern im ganz normalen Netz. Auf solchen Angeboten lassen sich mit wenigen Klicks Bilder und andere Dateien hochladen, kostenlos oder gegen Bezahlung. Diese Inhalte sind dann im klassischen Internet und mit normalen Browsern aufrufbar. Faktisch sind sie dennoch versteckt, denn nur wer den oft sehr langen Link zu einzelnen Dateien kennt, findet sie auch. Ansonsten wurden ganz normale Webseiten, Foren, Blogs und sogar soziale Netzwerke zur Verbreitung der Bilder genutzt.

Wie bei Kriminalität im Internet überraschenderweise immer wieder zu beobachten ist, sind die Inhalte nicht primär in Ländern mit schwieriger Rechtsdurchsetzung untergebracht, sondern in den großen, westlichen Staaten selbst. In der überwiegenden Mehrzahl der Fälle ließen sich bei den gefundenen Missbrauchsinhalten die Länder ermitteln, in denen sie gehostet waren. Laut Jahresbericht der Internet Watch Foundation befanden sich drei Viertel der Inhalte auf Servern in den drei Ländern Niederlande, USA und Kanada, mit 37 Prozent «führten» die Niederlande.

Kommerz- versus Tauschwirtschaft

Ein anderer länderübergreifender Zusammenschluss neben dem Dachverband Inhope ist die «European Financial Coalition against Commercial Sexual Exploitation of Children Online». Der Zusammenschluss verschiedener Akteure der Netzwirtschaft widmet sich vor allem möglichen Zahlungsströmen zwischen Akteuren einer digitalen «Missbrauchswirtschaft». Bei denen, die solches Material «herstellen» und verbreiten, unterscheiden sie zwischen Leuten, die das aus klar kommerziellen Motiven machen, ohne zwangsläufig selbst pädophil zu sein, und solchen, die eher aus «persönlichem» Interesse an solchen Bildern und Filmen handeln.

In den meisten Fällen ist kein kommerzieller Hintergrund erkennbar. Primär geht es, wie es etwa in einem Bericht der europäischen Polizeibehörde Interpol heißt, um Tausch. Und die wichtigste Währung in der Szene ist der Zugang zu neuen Bildern. Das sorgt für hohen Status in der Community, vor allem, wenn die Täter selbst eigenes Material zur Verfügung stellen, etwa indem sie selbst Kinder vergewaltigen und dieses filmen oder fotografieren. Ähnlich beschreibt die Strukturen der Staatsanwalt Benjamin Krause, dessen Zentralstelle für Internetkriminalität es immer wieder auch mit Fällen von Kinderpornographie zu tun hat: «Die Leute, die solche Foren betreiben, machen das in der Regel, weil sie selbst an möglichst viel ‹Material› kommen wollen.»

Auch BKA-Ermittler Thomas Hofmann hat solche Muster beobachtet: «Wir haben – von seltenen Ausnahmen abgesehen – bisher nicht feststellen können, dass es in Tor-Boards um Geld geht, sondern es geht um den Austausch von Kinderpornographie unter gleichgesinnten Pädophilen.» Das sei jedoch einmal anders gewesen, fügt er hinzu: «Es gab früher einen kommerziellen Markt für Kinderpornographie im Internet, bei dem die Käufer die gekauften Bilder und Videos mit Kreditkarte bezahlt haben. Während der Strafverfahren vor Gericht wurde bekannt, dass über die Kreditkartendaten die Identifizierung der Käufer möglich ist.» In den letzten Jahren seien Zahlungen über Kreditkarten kaum noch feststellbar.

In einer Minderheit der Fälle gibt es aber doch gewerbliche Strukturen, wie es im Bericht der European Financial Coalition heißt. «Produziert» werde meist in Ländern, in denen es viel Armut und wenig Schutzstrukturen für Kinder gibt. In dieser widerlichsten Form der globalen Ausbeutung sitzen die «Kunden» oft in reichen, westlichen Ländern. Sie bezahlen für Livestreams von Vergewaltigungen, wobei sie mitunter auch bestimmen können, was genau den Kindern angetan werden soll.

Die Rolle des Darknets

Und welche Rolle spielt nun das Darknet unter der Endung .onion? In den Berichten der Meldestellen wird das Darknet als neuer Verbreitungskanal erwähnt, es nimmt aber keine prominente Rolle ein. Der ausführliche Bericht der britischen Internet Watch Foundation enthält einen eigenen Abschnitt zu .onion. Darin heißt es, dass das Darknet eine Herausforderung darstelle, da der Standort der Server nicht mit normalen Methoden ermittelbar ist. Laut Erkenntnissen der Stiftung gibt es eine enge Verbindung von Darknet und offenem Netz: Die .onion-Seiten enthalten Hunderte oder Tausende Links zu Missbrauchsbildern, die sich auf Bilderdatenbanken im normalen Netz befinden. 41 solcher Darknet-Seiten sind im Jahr 2016 neu gefunden worden. Setzt man die Zahl in Relation zu den 2400 identifizierten Adressen ergibt sich für das Darknet ein Wert von etwa 2 Prozent. Im Vergleich zum Vor-

jahr hat sich die absolute und relative Bedeutung sogar redu-
ziert. 2015 waren 79 .onion-Adressen entdeckt worden, war
damals einen «Darknet-Anteil» von 4 Prozent ausmachte.
Der vermutete Grund wirkt paradox angesichts der Tatsache,
dass Ermittlungen und das Entfernen im Darknet schwierig
bis unmöglich sind: «Es ist möglich, dass das eine Folge der
international gestiegenen Sensibilität von Ermittlungsbehörden in Bezug auf Hidden Services, die Kindesmissbrauchs-
abbildungen verbreiten, ist.»

In der Studie des Unabhängigen Beauftragten für Fragen
des sexuellen Kindesmissbrauchs heißt es zum Darknet nur,
dass sich Dateien, die mittels Darknet oder p2p-Netzwerken
verbreitet werden, schwer ermitteln und löschen lassen. Interpol schreibt, es sei ein beunruhigender Trend, dass im offenen
Netz und im Darknet nicht nur Bilder getauscht werden, sondern auch Informationen und Tipps die Runde machen, wie
sich die Täter vor einer Entdeckung schützen können.

Die European Financial Coalition against Commercial Sexual Exploitation of Children Online beobachtet einen Unterschied zwischen normalem Netz und Darknet bei der
Frage der Kommerzialisierung: Die kommerziellen Miss-
brauchsangebote, vor allem die besonders üblen «Live-
Streaming-Angebote», liegen meist im klassischen Internet.
Als Grund dafür vermuten sie zum einen, dass die Leistungsfähigkeit des Tor-Netzwerks für kommerzielle Video-Strea-
ming-Inhalte schlicht nicht ausreicht. Zum anderen nehmen
sie an, dass «einschlägige» User, die für ihren Konsum von
Missbrauchsinhalten im Darknet unterwegs sind, prinzipiell
besonders stark auf Anonymisierung achten. Kommerzielle
Angebote kommen für sie dann vielleicht gar nicht in Frage,
weil sie befürchten, dass Bezahlvorgänge ihre Anonymität
gefährden könnten. Die Organisation warnt aber vor einer
möglichen Verschiebung. So ließe sich zum einen beobachten,
dass die Szene «unternehmerischer» wird. Auch Personen, die
nicht primär finanzielle Motive haben, entdecken vielleicht,
dass sie mit ihrer Aktivität auch Geld verdienen können. In

Darknet-Foren gebe es bereits Diskussionen darüber, inwiefern User bereit wären, für Inhalte Geld zu zahlen. Zum anderen wurden sogar konkrete Experimente in diese Richtung beobachtet: etwa eine Crowdfunding-Seite im Darknet, auf der Geld für die «Produktion» eines Missbrauchsfilms gesammelt werden sollte. Die Organisation warnt davor, dass das Darknet in Zukunft womöglich eine größere Rolle spielen könnte: «Eine mittel- bis langfristige Folge dieser Trends könnte sein, dass es – abgesehen von Preisspannen – keine Grenzen für die Art des Missbrauchs gibt, der ein Kind ausgesetzt ist, wenn das nachgefragt wird.»

Gegenwehr – Das Darknet schlägt auch zurück

Alle Berichte verweisen auf einen Trend, der es wahrscheinlich macht, dass die Rolle des Darknets für die Verbreitung von Kinderpornographie zunimmt. Die Szene rüstet technisch auf, in Foren kursieren Informationen und Ratgeber über die sichere Nutzung von Technologien. Beim Browsen wird prinzipiell Tor genutzt, und Bilder werden verschlüsselt oder bearbeitet verschickt, so dass automatisierte Scans auf Basis digitaler Fingerabdrücke versagen. Nach Hausdurchsuchungen muss die Polizei immer wieder feststellen, dass die beschlagnahmten Festplatten verschlüsselt sind. So lassen sich nur schwer Beweise sichern, und man ist auf Geständnisse und die «freiwillige» Herausgabe von Passwörtern angewiesen.

Allerdings wird die Szene nicht nur von Behörden bekämpft. «Kinderpornographie» wird auch im Darknet selbst überwiegend geächtet. Auf den großen Marktplätzen ist sie tabu. Ähnlich verhält es sich auf den großen Darknet-Foren. Einige Internet-Aktivist*innen und Darknet-Fans gehen offensiv gegen die betreffenden Seiten vor. Dabei ziehen sie in einer ungewöhnlichen Allianz mit den Ermittlungsbehörden an einem Strang. Sie stören den Betrieb bekannter Missbrauchsseiten, attackieren die Unterstützungsstrukturen und versuchen, User und die Hintermänner zu identifizieren und öffentlich bloßzustellen.

Oft geschieht das unter dem Label von Anonymous, einer losen Hacker-Bewegung. Im Februar 2017 wurde der Dienst «Freedom Host II» lahmgelegt, der nach Schätzungen 15 bis 20 Prozent aller Darknet-Seiten beheimatete, insgesamt schätzungsweise 10 000 .onion-Seiten. Längst nicht alle dort gehosteten Angebote enthielten Missbrauchsinhalte, doch der Betreiber von Freedom Host hatte toleriert, dass seine Dienstleistung auch für die Verbreitung von Kinderpornographie genutzt wurde. Soweit bekannt, gelang der Hacking-Gruppe zuerst der Zugriff auf eine einzelne Seite, die auf Freedom Host II lag. Von dort aus arbeitete man sich immer weiter in die komplette Infrastruktur des Dienstes vor. Nach Angaben einer Sicherheitsforscherin, die mit der Gruppe in Verbindung stand, wurden insgesamt 74 GB mit Missbrauchsinhalten kopiert und an Behörden gegeben.

Schon sechs Jahre zuvor hatte es eine ähnliche Aktion gegeben. Ebenfalls unter dem Label von Anonymous wurde mit «Freedom Hosting» ein namensähnlicher Dienst attackiert, der eine vergleichbare Funktion erfüllte. 40 Server mit 100 Gigabyte an Bildern wurden aus dem Darknet gekickt. Berüchtigte Angebote wie «Lolity City» waren in der Folge für einige Tage nicht erreichbar (bis die Betreiber einen neuen, anonymen Speicherort gefunden hatten, bei dem keine kritischen Fragen gestellt werden).

Die Attacken galten auch einem «Hidden Wiki», einer der Sammlungen mit .onion-Links, die sich als Überblicksliste fürs Darknet positionieren. Die Seite hatte unbekümmert auf Missbrauchsforen und Bildersammlungen verwiesen, so, als ob es sich dabei um eine Kategorie wie jede andere handeln würde. Auch dieses Wiki lief auf den Geräten von Freedom Hosting. Nach Angabe der Hacker ist es nicht nur gelungen, die Liste für einige Tage lahmzulegen, sondern auch, Einblicke in Nutzungsdetails zu erlangen. Daraus ging hervor, dass das Hidden Wiki vor allem eine Verbreitungshilfe für Missbrauchsinhalte war: «Wir haben gesehen, dass 70 Prozent der Nutzer von Hidden Wiki die dortige Kategorie ‹Hard Candy› ansteuern.» («Hard Candy» ist eine zynische Umschreibung für Missbrauchsbilder.) Insgesamt veröffentlichten die Hacker die Nicknames von 1600 Usern auf Missbrauchsseiten und, deutlich relevanter, auch 160 konkrete IP-Adressen, die sie ermitteln konnten. In einer begleitenden Dokumentation, die Anonymous traditionell auf dem Portal Pastebln veröffentlicht, brachten sie ihre Wut über den Missbrauch der Anonymisierungstechnologie zum Ausdruck: «99 Prozent von Tor wird von chinesischen und iranischen Journalist*innen genutzt und 1 Prozent von Pädos. Das lassen wir nicht zu.»

Der Äußerung lag allerdings ein wohl nicht ganz realistisches Bild der Anonymisierungstechnologie zugrunde. Noch immer stehen die Zahlen des britischen Forschers Owenson im Raum, nach denen 80 Prozent der Darknet-Abrufe sich auf Missbrauchsinhalte beziehen. In welchem Ausmaß der Tor-Browser insgesamt, im Darknet wie im normalen Netz, für solche Zwecke genutzt wird, dazu gibt es keine bekannten Erhebungen.

Ein Blick in die Waffenkammern des Darknets

Während auf allen größeren Darknet-Märkten der Handel mit Kinderpornographie verboten ist, lassen den Handel mit Waffen einige Kryptomärkte ausdrücklich zu. Auf Valhalla beispielsweise sind potenzielle Mordwerkzeuge eine Kategorie unter vielen. 144 Listings enthält die Kategorie «Selbstverteidigung», eine Kleinwaffe des österreichischen Herstellers Glock wird für 1290 Euro angeboten, auf der Produktseite heißt es zudem: «Ich kann auch andere Pistolen oder Maschinengewehre auftreiben, schreibt mir einfach.» In der Kategorie befinden sich aber auch eher harmlosere Dinge wie Schlagringe, Butterfly-Messer oder Pfefferspray. Zudem gibt es auch spezialisierte «Vendorshops» – direkt von einzelnen

Händler*innen betriebene Seiten. Wie Ermittlungen zeigen, werden Waffengeschäfte darüber hinaus oft in allgemeinen Darknet-Foren vereinbart, hierzulande lange Zeit vor allem in «Deutschland im Deep Web», das mittlerweile von der Polizei geschlossen wurde. Dort gab es eine Kategorie für Diskussionen über sichere Waffenshops und Erfahrungen mit Darknet-Käufen. Darunter konnten, vergleichbar mit Ebay-Kleinanzeigen, Kauf- und Verkaufsgesuche für Waffen eingestellt werden.

In 85 Fällen des Darknet-Handels mit Waffen werde zurzeit ermittelt, teilte das Bundeskriminalamt Ende 2016 im Nachklang zur Festnahme eines Darknet-Händlers mit. Bei diesem Handel habe sich ein spezielles Geschäftsmodell herausgebildet, hieß es in der Pressemitteilung. Basis sind eigentlich funktionsuntüchtig gemachte Theater- oder Dekorationswaffen, die in der EU legal verkauft werden können und mit Spezial-Know-how wieder funktionstüchtig gemacht werden. Allerdings, so das BKA weiter, handele es sich oft um Fake-Angebote, bei denen gezalt, aber dann nicht geliefert wird. An einen solchen Faker war der Fernsehjournalist Beckmann geraten. Er wollte vor großem Fernsehpublikum nachweisen, wie leicht es ist, im Darknet an gefährliche Waffen zu kommen. Am Ende blamierte er sich. Bei der Recherche wurden zwar 700 Euro für ein Maschinengewehr überwiesen, doch geliefert wurde nie.

Das Modell, reaktivierte Deko- und Theaterwaffen zu handeln, verspricht gute Margen, wie der Fall eines deutschen Darknet-Händlers gezeigt hat. Ein 25-jähriger Mechatronik-Student von der Fachhochschule Schweinfurt, der Ende Januar 2016 von einem Sondereinsatzkommando während einer Vorlesung festgenommen wurde, hatte laut Anklage seit 2013 Waffen im Wert von etwa 20000 Euro verkauft. Angekauft hatte er sie als funktionsunfähig für Summen zwischen 180 und 200 Euro, nach der «fachmännischen Bearbeitung» brachten sie 1500 bis 2500 Euro.

Die Käufer sind oft Waffennarren, denen ein bestimmtes

Modell noch in ihrer Sammlung fehlt. Es befinden sich aber auch gefährliche Leute darunter, so bei einem unter dem Nickname «Dosensuppe» agierenden Waffenhändler in Heidelberg, der im Juli 2016 zu fünfeinhalb Jahren Haft verurteilt wurde. Er hatte laut Urteilsbegründung zwölf Waffen verkauft (die Staatsanwaltschaft war von 65 ausgegangen). Zu den Abnehmern hatte neben einem psychisch gestörten Neonazi, der bereits zuvor durch Mord- und Anschlagspläne in Erscheinung getreten war, auch ein Sympathisant der Terrorgruppe IS gehört. Wie die Staatsanwältin meinte, zeige ein Blick auf die Liste seiner Kunden, dass der Händler seine Geschäftsinteressen ohne moralische Skrupel verfolgt habe.

Dass sich über das Darknet eine Bewaffnung im größeren Stil anbahnt, ist wohl allerdings nicht zu befürchten. Der Ermittler Dirk Büchner, Referent für Cybercrime in der Abteilung «Schwere und Organisierte Kriminalität» des Bundeskriminalamts, hatte schon mit mehreren Fällen von Waffenhandel zu tun. Er kann teilweise Entwarnung geben: «Uns liegen Fälle mit Deutschlandbezug vor, in denen Waffen über illegale Marktplätze gehandelt wurden. Dabei handelte es sich eher um Kurzwaffen. In den Fällen wurden keine größeren Mengen von Waffen gehandelt.» Und dass Minderjährige via Darknet in kriminelle Geschäfte verwickelt werden, ist wohl auch eher unwahrscheinlich: «Wer die Zugänge zum Darknet kennt, hat Zugriff auf eine breite Palette illegaler Produkte und Dienstleistungen. Allerdings setzt ein möglicher Kauf eine gewisse Reputation innerhalb des Marktplatzes und die Verfügbarkeit einer Kryptowährung voraus. So dürfte es für Kinder und Jugendliche in der Praxis nicht ohne Weiteres möglich sein, beispielsweise an Drogen oder Waffen zu gelangen.»

Terror-Zellen im Darknet?

Im Sommer 2016 zeigte sich dann allerdings, was passieren kann, wenn eine Waffe tatsächlich an den «Falschen» gerät.

Unter den Kunden eines Händlers aus Baden-Württemberg war der 18-jährige David Sonboly, der in einem rechtsextremen Terroranschlag neun Muslime erschoss. Bei seiner Tat orientierte sich Sonboly an dem norwegischen Rechtsterroristen André Breivik, der ein Jahr zuvor in einem rassistischen Wahn 50 Jugendliche erschossen hatte. Im Frühjahr 2015 begann Sonboly, wie der *Spiegel* herausgefunden hat, im Darknet gezielt nach dem gleichen Waffenmodell zu suchen, wie es auch Breivik verwendet hatte. Damals war er noch 17 Jahre alt. Unter dem Nickname «Maurächer» postete er im Forum eine Anfrage: «Hallo. Ich suche eine Glock 17 mit insgesamt 250 Schuss Munition.» Über Monate hinweg tastete er sich an die Gepflogenheiten der Szene heran, fragte herum. Dabei ist er auch mehrmals an Betrüger geraten, doch schließlich fand er, wonach er gesucht hatte: Er kaufte eine Glock 17 und brachte neun Menschen um, am Ende erschoss er sich selbst.

Im November 2015 war eine Gruppe islamistischer Terroristen unter anderem in einen Pariser Musikclub eingedrungen, die Männer hatten in die Menge geschossen. Insgesamt starben bei den Attacken 130 Menschen, es war einer der schlimmsten Anschläge der letzten Jahrzehnte auf europäischem Boden. Kurze Zeit später legte die Boulevardzeitung *Bild* in einer großen Geschichte auf der Titelseite nahe, dass es neben dem islamistischen Terrorismus noch einen zweiten Schuldigen gegeben hatte: das Darknet. Die Waffen der brutalen Attentäter stammten vielleicht von dort, hieß es, gekauft bei einem Waffenhändler aus Baden-Württemberg, der gerade festgenommen worden war.

Das passte fast zu gut, um wahr zu sein: Wird die digitale Unterwelt des Darknets nicht nur genutzt, um Bilder missbrauchter Kinder zu tauschen und um kleinkalibrige Waffen zu handeln, sondern bildet sie auch die Infrastruktur für den internationalen Terrorismus?

Auf einer Konferenz zur Kontrolle der Weiterverbreitung von radioaktivem Material entwarf der damalige Präsident Barack Obama im April 2016 ein Horrorszenario: Angestellte einer Klinik könnten solches Material entwenden, um es im Darknet zum Verkauf anzubieten. So könnte es in die Hände von Terroristen gelangen, die damit eine Drohne bestücken und ganze Landschaften kontaminieren.

In seinem Aufsatz «Terrorist Migration to the Dark Web» geht der Kommunikationswissenschaftler Gabriel Weimann von der Universität Haifa dieser Frage nach. In den Kreisen des islamischen Terrorismus, vor allem beim selbst ernannten «Islamischen Staat», habe man sich die digitalen Technologien längst zunutze gemacht, meint er, vor allem diejenigen unter ihnen mit starker Reichweite. So gibt es Youtube-Videos, die der Rekrutierung und Radikalisierung vor allem in westlichen Staaten dienen, und auch über Facebook und Twitter werden Hassbotschaften ins Netz gebracht und Netzwerke geknüpft.

Die Terrorszene hat mittlerweile aber ein Problem, meint Weimann. Öffentlichkeit, Netz-Firmen und Ermittlungsbehörden sind für das Thema sensibilisiert, Propaganda-Inhalte werden schnell gelöscht und verdächtige Social-Media-Accounts überwacht oder geschlossen. Zudem würden ihnen auch Hacker das digitale Leben schwermachen. Im Zuge der Anonymous-Kampagne Operation Paris (OpParis) wurden Hunderte Webseiten lahmgelegt, bei denen ein Zusammenhang mit dem IS vermutet wurde.

Da das offene Netz als Plattform für Kommunikation und Propaganda immer heikler wird, suchen sie nach Alternativen, so Weimann. Und die finden sie in Anonymisierungstechnologien. Statt WhatsApp nutzen sie den mobilen Messenger Telegram, der geschlossene Gruppen ermöglicht, die als abhörsicher gelten. Auch das Darknet bietet sich als sicherer Hafen an.

Dafür, dass Terrorist*innen tatsächlich schon vom offenen Netz zu .onion abgewandert seien, gebe es bislang noch keine Belege, räumt Weimann ein. Es gebe aber Hinweise darauf, dass sie diese Möglichkeit als strategische Option erkannt haben und auch nutzen, als Antwort auf den Druck von außen: «Im Nachklang der Pariser Anschläge im November 2015, hat sich der IS dem Dark Web zugewandt, um Nachrichten und Propaganda zu verbreiten. Das war augenscheinlich ein Versuch, die Identität der Unterstützer wahren zu können und die Inhalte vor Hackern zu schützen.» So habe die IS-Kommunikationsabteilung Al-Hayat Media Center über ein IS-Forum und über Telegram-Gruppen einen Link zu einer neuen Darknet-Seite veröffentlicht. Auch die IS-Propagandaseite Isdarat sei mittlerweile im Darknet präsent. Für bessere Finanzen soll eine Fundraising-Seite namens «Fund the Islamic Struggle without leacing a trace» sorgen, die Bitcoin-Spenden für den IS entgegennimmt.

Vieles davon ist noch Spekulation. In den wenigen existierenden Studien zur Schnittstelle von Darknet und Terrorismus werden verschiedene Möglichkeiten diskutiert, wie das Darknet für terroristische Zwecke genutzt werden könnte: Propaganda-Seiten und Kommunikationsforen unter Tor haben den «Vorteil», dass sie von niemandem gelöscht und extrem schwer blockiert oder lokalisiert werden können. Auf den Darknet-Marktplätzen sei es möglich, sich mit Falschgeld, gefälschten Ausweisdokumenten und Waffen sowie mit Software zu versorgen, über die auch Personen ohne große IT-Kenntnisse Cyberattacken fahren können.

Die europäische Polizeibehörde Interpol geht in ihrem Jahresbericht kurz auf das Darknet als Terrorismus-Tool ein. Auch dort bleibt man eher vage: Zwar könne man noch nicht über signifikante Trends berichten, es gebe aber zumindest Hinweise darauf, dass die Potenziale der Technologie in Terrorkreisen wahrgenommen würden. So gebe es wohl eine steigende Zahl von Darknet-Foren, die sich «terroristischen Idealen» widmen.

Gabriel Weimann schließt mit dem Hinweis, dass die mögliche Nutzung des Darknets durch den internationalen Terrorismus eine große Herausforderung sei, die es geboten sein lässt, Vorgänge im Darknet besser erfassen und analysieren zu können. Mit anderen Worten: So richtig viel zu der Sache kann auch er noch nicht sagen.

Und was war nun dran an der *Bild*-Schlagzeile, dass die Mordwerkzeuge von Paris von einem Darknet-Waffenhändler aus Baden-Württemberg geliefert wurden? Die Nachricht war schnell durchs Netz gegangen und wurde von der internationalen Presse aufgegriffen. Auch Weimann erwähnt sie. Er zitiert den Online-Artikel eines US-amerikanischen Fernsehsenders und verweist darauf, dass «zahlreiche Nachrichtenmedien» darüber berichtet haben.

Allerdings begannen andere Journalist*innen bald, die Sensationsmeldung anzuzweifeln. Ein Journalist der *Tagesschau* fragte bei der Bundesanwaltschaft nach, in deren Ressort ein solches Ermittlungsverfahren fallen würde. Und die winkte ab. Ihr hätten die Akten vorgelegen, das Ermittlungsverfahren habe man aber nicht übernommen, da man keinen validen Anhaltspunkt für einen Zusammenhang zu den Pariser Anschlägen sehe. Es handelte sich also um eine Medien-Ente.

Dr. Benjamin Krause von der Zentralstelle zur Bekämpfung der Internetkriminalität (ZIT) erinnert sich an den Fall, der über seinen Schreibtisch gegangen ist. Kurz zuvor war ein Mann aus dem Raum Stuttgart festgenommen worden. Bei ihm bestand Anfangsverdacht, ob er nicht auch Waffen nach Paris geliefert hatte. Der fragliche Zeitraum lag kurz vor dem Pariser Attentat, und so wurde auch die Option geprüft, dass vielleicht die Terroristen unter den Käufern gewesen seien. Einzelheiten des Sachverhalts sind dann an die Presse gelangt, wie er bald erfuhr: «Das hat mich persönlich sehr überrascht, als ich morgens beim Bäcker stand und die Ausgabe der *Bild*-Zeitung sah. Die Schlagzeile kam quasi aus dem Nichts, obwohl dieser Verdacht sich nicht bestätigt hatte und wir das Verfahren an die Staatsanwaltschaft Stuttgart abgegeben hatten.»

Der fragliche Händler wurde Ende 2016 vom Landgericht Stuttgart verurteilt. Zweieinhalb Jahre gab es für den 25-jährigen Täter. Der gelernte Werkzeugmacher war geständig und räumte ein, im Keller seiner Großmutter in Sindelfingen Schreckschusswaffen in scharfe Waffen umgebaut zu haben. Zwölf davon habe er über das Darknet für Preise von bis zu

1250 Euro verkauft. Es kam heraus, dass er zusammen mit einem weiteren Beteiligten sogar geplant hatte, das Geschäft größer aufzuziehen, «die Produktion» nach China zu verlegen, sobald die erste Million verdient sei, und auch Kriegswaffen und Sprengstoff in das Produktportfolio aufzunehmen. Die Richterin attestierte ihm große kriminelle Energie: «Es war zu professionell und zu hartnäckig, was Sie gemacht haben.» Besonders tadelte sie, dass er gar nicht wusste, an wen er die Waffen verkaufte.

Die Attentäter von Paris waren allerdings eindeutig nicht unter den Käufern des Werkzeugmachers gewesen. Das Darknet mit seiner besonders hohen Anonymität bietet hohes Potenzial für alle Arten von üblen Geschäften. Dass aber auch die Vasallen der gefährlichsten Terrorarmee der Welt einfach so bei einem Darknet-Händler aus Baden-Württemberg schwere Waffen «shoppen», hat dann vielleicht doch etwas zu gut zum Mythos Darknet gepasst, um wahr zu sein.

Auftragsmorde im Darknet?

Über die Machenschaften in den Tiefen des Darknets kursieren noch zahlreiche andere Geschichten. Auch deren Wahrheitsgehalt ist mitunter zweifelhaft.

Realität ist immerhin, dass auf den Marktplätzen im Darknet und über versteckte Foren auch verschiedene digitale Angriffswerkzeuge gehandelt werden. Dazu zählen beispielsweise E-Mail-Bomben, bei denen das Postfach des Opfers mit Tausenden E-Mails überflutet wird. Technisch nur leicht vorgebildete Käufer*innen können «Botnetze» mieten – Netzwerke Tausender gekaperter Rechner, die dann ohne Wissen der Opfer beispielsweise immer wieder auf eine bestimmte Webseite zugreifen. Durch diese Angriffe werden die Systeme überfordert, und die Seite ist nicht mehr aufrufbar. Schließlich gibt es Hacker-Gruppen, die anders als Anonymous nicht edle gesellschaftliche Ziele vor Augen haben, sondern ihre

Dienste auf dem freien Markt offerieren. Sie bieten beispielsweise an, die Webseite eines konkurrierenden Unternehmens
zu blockieren, zu manipulieren oder gar in ein Firmennetz-
werk einzudringen und Daten zu entwenden.

Für besonders gefährliche Cyberwaffen hat sich eine spezielle Handelsszene entwickelt, die sich auf geschlossenen
Märkten bewegt, welche nur Insidern zugänglich sind. Gehandelt werden sogenannte «Exploits». Das sind in einer
Software gefundene Schwachstellen, für die ein kleines Programm geschrieben wird, das diese systematisch ausnutzt. So
ist es dann möglich, über die lückenhafte Software von Betriebssystemen, Browsern oder sonstigen Programmen auf
Geräte zuzugreifen, Daten auszuspionieren oder zu manipulieren. Besonders beliebt sind «Zero-Day-Exploits», bei denen das jeweilige Unternehmen hinter der Software noch
nicht weiß, dass eine Lücke existiert.

Die Kundschaft der Exploits-Marktplätze setzt sich aus
unterschiedlichen Gruppen zusammen. Zum einen sind kleinere oder auch organisierte Cyberkriminelle darunter, die die
Schwachstelle für Betrügereien oder Attacken nutzen möchten. Zum anderen bieten teilweise auch betroffene Unternehmen mit, da sie die Lücken zähneknirschend lieber selbst auf-
kaufen und unschädlich machen, bevor sie anderen in die
Hände fallen.

Marc Ruef von der Züricher IT-Sicherheitsfirma Scip AG hat
die Dynamik dieser besonderen Darknet-Märkte untersucht.
Ein Exploit in der oft verwendeten Programmiersprache Java
bewegt sich demnach mit Beträgen zwischen 40 000 und
100 000 Dollar noch in einem vergleichsweise niedrigen Preis-
segment. Immer beliebter werden Internet-Browser als An-
griffsziele. Die höchsten Beträge gibt es beim Smartphone-
Betriebssystem iOS: Für solche Exploits werden bis zu einer
Million geboten, Tendenz steigend.

Das Geld für die teuersten und gefährlichsten Versionen
solcher digitaler Waffen kommt wohl nicht von gewöhnlichen

Cyberkriminellen, sondern von Geheimdiensten, glaubt Ruef: «Nachrichtendienste sind definitiv die Käufer der ganz teuren Exploits. Ein Betrag von einer Million US-Dollar wird kaum von Privatpersonen gezahlt, die können das nicht amortisieren. Auch die organisierte Kriminalität ist nicht so weit, dass sie solch große Summen investieren will. Wenn Nachrichtendienste einen richtig guten Exploit erwerben und dafür nur ein einziges Top-Ziel abhören können, hat sich das schon amortisiert. Die Alternative wäre z. B., eine Spezialeinheit samt Equipment vor Ort zu schicken, das wäre bedeutend teurer.»

Die Geheimdienste kaufen die Cyberwaffen allerdings oft nicht, um die Bevölkerung vor Schwachstellen zu schützen, sondern um diese so lange wie möglich offen zu halten und für eigene Spionage-Zwecke zu nutzen. Und diese Praxis kann sehr gefährlich sein. Bei einem Cyberangriff im Mai 2017 wurden die Inhalte auf weltweit mehr als 200 000 Computern verschlüsselt, für die Freischaltung wurde ein Lösegeld verlangt. Zudem wurden zeitweise die Systeme verschiedener Unternehmen und öffentlicher Stellen lahmgelegt, unter anderem bei der Deutschen Bahn und bei einigen britischen Krankenhäusern. Der sich selbständig verbreitende Computerwurm befiel Rechner, die bestimmte Versionen des Microsoft-Betriebssystems Windows installiert hatten. Das Pikante daran: Wie es aussieht, stammte das Schadprogramm aus dem Arsenal des US-Geheimdienstes NSA. Der hatte es munter genutzt, ohne Microsoft über die gefährliche Software-Lücke zu informieren. Der Exploit war nach einer erfolgreichen Attacke auf die NSA auch in die Hände einer Hackergruppe geraten. Die ließ ihn unter dem Namen «Wanna Cry» auf die Welt los und löste so den bis dahin verheerendsten Computerangriff überhaupt aus.

Und es geht noch gruseliger: Im Darknet gibt es sogar Angebote für Auftragsmorde. Eine besondere Spielart davon brachte es 2013 in die Medien: «Assassination Market». Auf der betreffenden Seite konnten Bitcoin-Gebote auf die Ermordung Prominenter abgegeben werden. Den jeweiligen

Betrag sollte erhalten, wer dem Administrator der Seite am genauesten den Todeszeitpunkt angab. Die Medien berichteten über dieses «Konzept», wie bei Darknet-Themen üblich mit einer Mischung aus Horror und Sensationslust.

Im November 2013 hatte sich der anonyme Betreiber des Assassination Markets per verschlüsselter Mail an einen Redakteur des US-amerikanischen *Forbes*-Magazins gewandt und die Seite vorgestellt. Er nannte sich Kuwabatake Sanjuro, nach einem Samurai aus einem japanischen Film der 1960er Jahre. Zu dem Zeitpunkt, da sich Sanjuro bei *Forbes* meldete, waren sechs Gebote auf der Seite zu sehen. Das höchste Gebot von 75 000 Dollar gab es für Ben Bernanke, Chef der US-amerikanischen Notenbank. Weitere Gebote gab es für Barack Obama, den NSA-Chef Keith Brian Alexander und den französischen Präsidenten François Hollande.

Alle damals dort aufgelisteten Personen leben noch, und der Assassination Market ist nicht mehr im Darknet online. Es gibt bis heute keinen Beweis dafür, dass die Seite tatsächlich «echt» war. Niemand weiß, ob es sich um einen bizarren Scherz handelte, eine Provokation, oder vielleicht ein Fake mit Geschäftsmodell, dessen Betreiber sich erhofft hatte, es würden sich genügend Interessenten finden, die das Mindestgebot in Höhe von einem Bitcoin tatsächlich einzahlten (damals waren das etwa 700 Dollar), und er könne dann damit abtauchen.

Marc Ruef hat sich verschiedene Angebote im Darknet angeschaut und sie auf ihre Plausibilität hin untersucht. Er ist skeptisch: «Ich denke, der Assassination Market war mehr ein Kunstexperiment», meint er. Und auch an der Echtheit der Auftragsmordseiten im Darknet hat er seine Zweifel. Er hat sich die Angebote angeschaut, mit dem verglichen, was über die Mechanismen dieser Geschäfte in der analogen Welt bekannt ist, und bekam das Gefühl, dass das so nicht stimmen kann: «Gerade beim Thema Auftragsmord hatte ich den Eindruck, dass ein Großteil davon Fake ist. Es macht einfach keinen Sinn, wie sich die Websites präsentieren, wie die Preisstrukturen sind und wie man deklariert, was man macht.»

5

Das «gute» Darknet

Whistleblower und Oppositionelle im Darknet

Die großen Enthüllungen der letzten Jahre basierten oftmals nicht auf der explorativen Wühlarbeit investigativer Journalist*innen, sondern gingen von Whisteblowern aus: Personen mit Zugang zu geheimen Dokumenten, die sich entscheiden, Missstände öffentlich zu machen. Diese neuen Held*innen der Moderne stehen regelmäßig vor einem Problem: Wie können sie sicher mit einer Zeitungs-, Rundfunk- oder Online-Redaktion kommunizieren, ohne Spuren zu hinterlassen? Je nach Brisanz des gelieferten Materials ist zu erwarten, dass die durch die Enthüllung verärgerten Eliten alles in Bewegung setzen, um die Quelle des «Verrats» zu identifizieren.

Das Darknet bietet eine Lösung für dieses Problem: Mithilfe der Software SecureDrop legen sich Medien eine eigene .onion-Adresse an und richten dort ein Postfach ein, über das Whistleblower ihre Dokumente hochladen. Da sich das Postfach unter .onion befindet, lässt es sich ausschließlich per Tor-Browser ansteuern. Das sorgt dafür, dass Whistleblower mit den Leaks nicht gleich auch ihre IP-Adressen mitschicken, die am Ende dann doch Ermittlungsbehörden in die Hände fallen könnten. Im Fall von SecureDrop schützt das Darknet nicht Drogenhändler*innen, sondern Menschen, die die Welt durch Geheimnisverrat ein Stückchen besser machen wollen.

Willkommen auf den freundlichen Seiten des Darknets. In der Medien-Berichterstattung über den Drogen- oder Waffenhandel im Darknet wird meist am Rande mit erwähnt, dass dort auch Oppositionelle und Whistleblower Unterschlupf finden. Dient die Anonymität im Darknet tatsächlich auch dem Kampf für eine freiere und gerechtere Welt? Sammeln sich hier Kräfte, die den Diktaturen dieser Welt die Stirn bieten? Werden hier gar kleinere oder größere Revolutionen geplant und angestoßen?

Die Zweiteilung von .onion

Wissenschaftliche Studien weisen auf eine Zweiteilung des Darknets hin, in einen klar illegalen und einen mehr oder weniger legalen Bereich. Die britischen Forscher Thomas Rid und Daniel Moore vom britischen King's College London haben etwa 2500 .onion-Seiten automatisiert ausgewertet. 57 Prozent aller Adressen ordneten sie eindeutig illegalen Nutzungsweisen zu, oft ging es um den Handel mit Drogen, aber auch mit Kreditkartendaten oder kriminellen Hacking-Tools. Auf 43 Prozent der Seiten hingegen fanden sie nichts Illegales.

Dass das Darknet in etwa zweigeteilt ist, war auch das Ergebnis der schon erwähnten Studie des Wissenschaftlers Owenson von der ebenfalls britischen Universität Portsmouth. Er hat alle von ihm gefundenen Seiten 15 Kategorien zugeordnet. Bei einigen Gruppen ist der Fall klar: Er fand viele .onion-Seiten mit zweifelsfrei illegalen Inhalten, oft mit Bezug zu Drogen (Anteil von 15 Prozent), zu Betrugsmodellen (9 Prozent) oder zu Waffenhandel (1,5 Prozent). Die Kategorien, die nicht oder zumindest nicht eindeutig illegal waren, addieren sich auf etwa 45 Prozent. Bei jeweils um die 5 Prozent lagen Kategorien wie Maildienste, Whisteblower-Seiten, Wikis, Foren und Anonymisierungsdienste, einen etwas niedrigeren Anteil hatten Blogs, Chats und Darknet-

Suchmaschinen. Allerdings lässt sich auch bei diesen Inhalten nicht sicher sagen, ob sie nicht doch primär für kriminelle Zwecke genutzt werden.

Die verfügbaren Studien geben also im besten Fall Hinweise darauf, dass im Darknet dann doch nicht alles verboten ist. Bei der Frage, was genau dort passiert, helfen sie aber nur bedingt weiter. Die illegale Seite der digitalen Unterwelt ist von der Forschung mittlerweile schon gut beleuchtet, die legale .onion-Welt scheint hingegen weniger zu interessieren. Die Forscher des King's College beispielsweise unterteilten die illegalen Inhalte in 13 verschiedene Gruppen, die legalen hingegen schlüsselten sie nicht weiter auf, sondern summierten sie nur unter der Sammelkategorie «Sonstiges»: «nicht-illegale Inhalte, wie ideologische Inhalte, Whistleblower-Postfächer oder legale Dienstleistungen.»

Die drei Nutzungsformen des «guten» Darknets

Im vorherigen Kapitel ging es um Inhalte und Darknet-Praktiken, die laut gesellschaftlich verbreiteten Ansichten hochgradig unmoralisch sind. Davor ging es um den fast schon schnöden Kommerz der illegalen Einkaufsmeilen unter der Darknet-Endung .onion. In diesem Kapitel soll es um die «freundliche» Seite des Darknets gehen: Zum einen sind das (mehr oder weniger) ethische Nutzungsformen, bei denen sich Menschen für eine gerechtere und freiere Welt einsetzen (wobei Staaten solche Aktivitäten mitunter dennoch kritisch sehen), zum anderen sollen dazu auch Inhalte zählen, die zumindest nicht illegal sind.

Nutzungstyp 1:
das Darknet als alternativer Zugang

Wenn das Tor Project, die Organisation hinter der Anonymisierungssoftware, über .onion spricht, tauchen nur positive Nutzungsformen auf, Drogen-Marktplätze etwa werden ausgeblendet. Eines ihrer Vorzeigeprojekte ist das schon erwähnte SecureDrop. Etwa zwei Dutzend Medien und Organisationen nutzen die Software für besonders anonyme Whistleblower-Postfächer im Darknet: so der britische *Guardian*, das deutsche Tech-Portal Heise für seinen «Tippgeber», die US-amerikanischen Zeitungen *Washington Post* und *New York Times*, aber auch Greenpeace, um Hinweise zu Öko-Skandalen zu erhalten. Das Layout der Postfächer ist sehr minimalistisch. Es gibt einen Button, über den sich Dokumente hochladen lassen. Man sieht einen Code, der aus mehreren, zufällig zusammengewürfelten Wörtern besteht. Das ist ein Passwort, unter dessen Verwendung man nach Absenden des Leaks nachschauen kann, ob die Redaktion geantwortet hat und eventuell weitere Fragen stellt. Auch die deutsche Tageszeitung *taz* hat ein Postfach unter .onion, sie hat dafür aber eine eigene Lösung programmiert und setzt nicht auf SecureDrop.

Darüber hinaus sind verschiedene reine Leaking-Portale im Darknet vertreten. Wikileaks, das eigentlich unter .org residiert, lässt sich auch über .onion ansteuern. Andere Plattformen basieren auf der Software GlobaLeaks, die zusätzlich zu Adressen im normalen Internet auch alternative Darknet-Präsenzen einrichtet. Auf der Software basieren Plattformen für Enthüllungen zu illegalem Wildtier-Handel und ein Postfach investigativer Journalistinnen und Journalisten aus Afrika. GlobaLeaks listet 40 Whistleblower-Plattformen mit .onion-Präsenz auf, fast typisch für Darknet-Verhältnisse funktionieren viele der Links allerdings nicht (mehr).

Alle genannten Medien und Medienprojekte sind vor allem im normalen Netz vertreten, ihr zusätzlicher Darknet-

Auftritt ist eine elegante Lösung, auf Wunsch eine besonders hohe Anonymität zu gewährleisten. Das ist die zurzeit gängigste «freundliche» Nutzung des Darknets. Webseiten aus dem normalen Netz richten sich unter .onion eine Art zweite, geheime Zugangstür ein, und das aus drei möglichen Gründen: für besondere Zwecke wie das Übermitteln brisanter Dokumente, um trotz Internet-Zensur erreichbar zu sein, oder einfach als technische Spielerei, weil die Betreiber*innen ein Faible für den Gedanken von Tor und .onion haben.

Facebook:
das blaue Netzwerk im Darknet

Dass auch Facebook eine .onion-Präsenz betreibt, begründet der Internetkonzern mit dem zweiten gerade genannten Grund: So soll das soziale Netzwerk selbst in Ländern immer erreichbar sein, die den Zugang dazu verhindern wollen. Seit Ende 2014 ist das soziale Netzwerk auch unter der Darknet-Adresse facebookcorewwwi.onion verfügbar.

Die Bewertung der Darknet-Aktivität von Facebook ist in der netzaktivistischen Szene umstritten. Viele fragen sich, ob es sich nicht um eine reine PR-Maßnahme handelt. Facebook gilt eigentlich nicht als Gefährte im Kampf für Anonymität und Privatsphäre im Internet, sondern eher als das Gegenteil: als eine der übelsten «Daten-Kraken», die unter Geringschätzung nationaler Schutzbestimmungen so viele Informationen wie möglich über seine knapp zwei Milliarden weltweiten User sammelt, vermarktet und ohne größere Widerstände auch Geheimdiensten zur Verfügung stellt.

Auf einem Vortrag des Tor-Teams auf dem Berliner Kongress der Hackerorganisation Chaos Computer Club räumten diese den Widerspruch ein und lobten den Darknet-Auftritt von Facebook dennoch als Modell für die Zukunft.

Linke Projekte unter .onion

Auch einige Projekte der linken Gegenöffentlichkeit praktizieren das Modell einer alternativen Zugangstür im Darknet. Am prominentesten ist das US-amerikanische Technologie-Kollektiv Riseup, das sichere Kommunikationskanäle bereitstellt, die von politischen Gruppen, Organisationen und Einzelpersonen in der ganzen Welt genutzt werden. Für verschiedene Einzelfunktionen bieten sie eigene .onion-Adressen zum besonders anonymen Zugriff an: um Mails abzurufen, die man über Riseup laufen lässt, für den Text-Messenger Jabber oder für Etherpads, ein Programm, das die Echtzeit-Bearbeitung eines Dokumentes von unterschiedlichen Personen ermöglicht und zum Sammeln von Ideen oder zum Erstellen von Texten genutzt wird. Insgesamt haben sie zwölf verschiedene .onion-Adressen.

Eine Darknet-Präsenz hat auch Indymedia, eine gemeinschaftlich erstellte Nachrichtenseite linker Aktivist*innen, deren Slogan lautet: «Don't hate the media, become the media!» «Einer der Gründungsansprüche von Indymedia war stets gewesen, die Privatsphäre der postenden Menschen so hoch anzusiedeln wie möglich», heißt es beim Kollektiv hinter de.indymedia.org, einem der deutschsprachigen Ableger von Indymedia (siehe Interview im Anhang). So sei es beispielsweise für jedes lokale Chapter des Netzwerkes Pflicht, keine IP-Adressen mitzuschneiden. Beinahe von Anfang an habe man dazu aufgerufen, sich für das Surfen und das Posten von Inhalten auf Indymedia über den Tor-Browser zu anonymisieren, da immer noch der Zugangsweg vom Rechner bis zum Server als mögliches Überwachungsziel bleibt. Und so war die Sache klar: «Die Eröffnung einer .onion-Präsenz war daher ein logischer Schritt, der vollzogen wurde, sobald die Technik es zugelassen hat.»

Natürlich sei Indymedia auch über die Präsenz im normalen Netz per Tor-Browser ansteuerbar, eine .onion-Adresse bringe allerdings technische Vorteile. Sie sei beispielsweise sehr nützlich bei gezielten Angriffen. In der Vergangenheit hatte es eine der berüchtigten Distributed-Denial-of-Service-Attacken gegeben, bei der eine Webadresse automatisiert mit massenhaften Anfragen bombadiert wird, so dass sie für den Zeitraum des Angriffs nicht mehr erreichbar ist. Das ist auch Indymedia passiert. Das Adress-System im klassischen Netz sei zu langsam und schwerfällig gewesen, um die Attacke abzuwehren, die .onion-Adresse sei hingegen weiterhin erreichbar gewesen. Die Technologie schütze zudem auch vor Zensurmaßnahmen in repressiven Staaten.

Die Möglichkeiten des Tor-Darknets nutzt auch Systemli, ein überwiegend deutsches Technologie-Kollektiv. Dessen Messenger sowie die Pads lassen sich, ähnlich wie bei Riseup, auch über .onion aufrufen. Alle, die im Kollektiv mitwirken, nutzen seit vielen Jahren selbst das Tor-Netzwerk und empfehlen das auch in Schulungen und Vorträgen. Einen direkten Zugang zu den Systemli-Diensten im Tor-Netzwerk zu ermöglichen, sei der «logische nächste Schritt» gewesen, um Überwachung zu vermeiden: «Die Kernzielgruppe unserer Services sind linkspolitische Aktivist*innen. Diese sind, weltweit, aber auch in Deutschland, Überwachung und Repression ausgesetzt. Um sie zu schützen, haben wir die Onion-Services eingerichtet.» Die Anonymisierung des Server-Standorts der Dienste spiele dabei gar keine Rolle: «Uns geht es nicht darum, den Ursprung unserer Services zu verschleiern, da wir sie alle schließlich auch im ‹Clear-Net› betreiben. Wir möchten hauptsächlich unseren Nutzer*innen mehr Schutz bieten.» Allerdings biete auch das Tor-Netzwerk keine hundertprozentige Garantie für anonymes Surfen, weil es etwa falsch programmierte Webseiten gibt oder gezielte Angriffe auf das Netzwerk es ermöglichen, Nutzer*innen zu identifizieren.

Das Einrichten von versteckten Diensten unter Tor sei einfach gewesen und nicht sonderlich wartungsintensiv. Wie stark die .onion-Adressen frequentiert werden, vermag das Systemli-Kollektiv nicht zu sagen, da sie keine Statistiken erheben. Sie haben aber den Eindruck, dass die durchaus angenommen werden: «Wenn es zum Beispiel ein Problem gibt, melden sich sehr schnell Nutzer*innen und weisen darauf hin. Ebenso werden Onion-Services immer wieder explizit via Mail angefragt. Wir gehen also davon aus, dass sie rege genutzt werden.»

Noch verschiedene andere Projekte aus dem politisch linken oder dem netzaktivistischen Bereich haben eine .onion-Seite als zweite Zugangstür, etwa die Dresdener Regionalgruppe des Chaos Computer Clubs. Auch *Konkret*, eine Traditionszeitschrift der westdeutschen Linken, bietet auf einer .onion-Adresse alle seine Ausgaben bis 2009 zum Download an.

Als politische Nutzung im weiteren Sinn könnte man auch die «Schattenbibliothek» Sci-Hub bezeichnen, bei der die Frage von öffentlich wahrgenommener Legitimität und juristischer Legalität stark auseinanderklafft. Die Seite wurde 2011 von der kasachischen Informatikstudentin Alexandra Elbakyan gegründet. Nach Aussage von Elbakyan war sie während eines eigenen Uni-Projekts über die Zugangsmöglichkeiten zu eigentlich öffentlich finanzierter Forschung frustriert: Viele wissenschaftliche Studien befinden sich hinter Bezahlschranken großer Wissenschaftsverlage, die für die Freischaltung mitunter horrende Beträge verlangen. Elbakyan hat einen hochgradig illegalen wie effektiven Weg gefunden, dies zu umgehen. Was sie anbietet, wirkt wie ein kleines Wunder: Wer auf den Portalen von Wissenschaftsverlagen ohne Bezahl-Account nicht weiterkommt, gibt den Link zur jeweiligen Seite mit Zugangssperre einfach bei Sci-Hub ein – und bekommt den wissenschaftlichen Artikel oder das Buchkapitel angezeigt.

Das renommierte Wissenschaftsmagazin *Nature* hat die junge Programmiererin dafür unter die zehn wichtigsten Persönlichkeiten des Jahres 2016 gewählt. Nach Eigenangaben ermöglicht die Seite den Zugang zu knapp 60 Millionen Dokumenten. Wissenschaftler aus der ganzen Welt, die ebenso mit den Kräfteverhältnissen in der Welt wissenschaftlicher Publikationen hadern, stellen Sci-Hub-Zugänge im Netz ihrer jeweiligen Universität zur Verfügung. Sie haben Verträge mit den Wissenschaftsverlagen; wer sich im Netzwerk der jeweiligen Universität bewegt, bekommt die fraglichen Inhalte freigeschaltet. In einem Verfahren des Wissenschaftsverlags Elsevier gegen Sci-Hub hat ein New Yorker Gericht Oktober 2015 dem Verlag Recht gegeben. Da sich die Server der Seite jedoch in Russland befanden, folgte daraus wenig.

Die Seite ist unter verschiedenen Netz-Adressen erreichbar, die immer mal wieder gesperrt werden. Sie befinden sich alle im juristischen Niemandsland zweckentfremdeter Länderendungen, zum einen unter .cc (Kokosinseln) oder .io (ein britisches Überseegebiet im Indischen Ozean). Und Sci-Hub ist auch unter .onion aufrufbar – falls die Seite doch einmal gänzlich aus dem normalen Internet entfernt wird.

Dieses Szenario einer alternativen Zugangstür ist die zurzeit gängigste «gute» Nutzungsform des Darknets. In seinem Vortrag auf dem Kongress des Chaos Computer Clubs meinte der Tor-Forschungsdirektor Roger Dingledine, er träumte davon, dass eines Tages alle großen Webseiten, ob Amazon, Twitter oder Wikipedia, stets auch einen .onion-Zugang anböten.

Die große Online-Enzyklopädie als erfolgreichstes Projekt des nichtkommerziellen Internets wäre eigentlich eine naheliegende Kandidatin, um an der Besiedlung des Darknets mitzuwirken. Allerdings hat Wikipedia ein erstaunlich ambivalentes Verhältnis zu Tor. Die hinter der Enzyklopädie stehende US-amerikanische Wikimedia Foundation betreibt selbst zwei Tor-Knoten (die allerdings vergleichsweise schwach sind und wenig Datenverkehr transportieren). Allerdings blockt Wikipedia die Bearbeitung durch Tor, zumindest für unangemeldete User ohne Wikipedia-Account, da sie befürchten, dass die Möglichkeit einer anonymen Bearbeitung für Vandalismus oder für automatisierte Manipulationen durch «Bots» genutzt wird. Wer per Tor-Browser beispielsweise eine deutsche Wikipedia-Seite bearbeiten will, sieht folgende Benachrichtigung: «Deine IP-Adresse wurde automatisch als Tor-Ausgangsknoten identifiziert. Das Bearbeiten über Tor ist gesperrt, um Missbrauch zu vermeiden.»

Im Moment plane man nicht, ins Darknet zu gehen, meint Samantha Lien, Pressesprecherin der Wikimedia Foundation: «Wir haben in der nahen Zukunft keine Pläne, uns eine .onion-Adresse zuzulegen oder Tor zusätzlich zu unterstützen, allerdings ist das etwas, was wir in der Vergangenheit diskutiert haben.» Die Bereitstellung eines Tor-Knotens im Jahr 2014 sei als eine Geste gedacht, um den Gedanken eines offenen Netzes zu unterstützen. Dass sich Wikimedia nicht stärker engagiere, liege vor allem daran, dass bei den begrenzten Ressourcen einer Non-Profit-Organisation der Fokus auf dem technischen Betrieb der eigenen Seite liegen müsse. Das Thema Tor sei allerdings nicht aus der Welt, zurzeit gebe es aber einfach nichts Konkretes zu sagen.

Nutzungstyp 2:
Darknet-Adressen als Baustein

Beim zweiten Nutzungsszenario wird das Darknet nicht für Web-Seiten verwendet, die sich mit einem Browser aufrufen lassen. Stattdessen bilden .onion-Adressen die Basis für Programme, die sie als technische Bausteine nutzen.

Auch hier ist die Zahl der Beispiele überschaubar. Zwei Anwendungen werden von der Organisation Tor Project hervorgehoben, da sie eine besonders anonyme Kommunikation erlauben. OnionShare ermöglicht es, vertraulich Dateien auszutauschen. Dafür wird nach Start des Programms auf dem Rechner automatisch eine temporäre .onion-Adresse eingerichtet. Die User betreiben somit ohne ihr Zutun für die Dauer der OnionShare-Sitzung eine eigene Darknet-Seite. Das geschieht allerdings im Hintergrund, sichtbar ist nur ein kleines, graues Fenster. Soll eine PDF-Datei, eine Textdatei oder Sonstiges verschickt werden, wird diese über den Button «Dateien hinzufügen» ausgewählt oder per Maus in das Fenster gezogen. Damit die Darknet-Adresse generiert werden kann, muss parallel der Tor-Browser auf dem Rechner gestartet sein. Das Programm erzeugt dann einen Download-Link. Den verschickt man, das Gegenüber ruft ihn per Tor-Browser auf und kann die Datei von der temporären .onion-Seite herunterladen.

Die Funktionsweise und die Download-Links erinnern an die Dienste Dropbox oder WeTransfer, die üblicherweise für Tauschvorgänge verwendet werden. Oft werden Inhalte auch als E-Mail-Anhang verschickt. In den genannten Fällen sind die beiden Kommunizierenden nie für sich, auch wenn das den wenigsten bewusst ist. Immer gibt es eine zentrale Partei, die als Vermittlerin fungiert und die getauschten Inhalte auf ihren eigenen Servern zwischenspeichert: die Firmen hinter Dropbox und WeTransfer oder die E-Mail-Anbieter.

Bei OnionShare besteht diese Gefahr nicht, meint der Netzaktivist und Journalist Micah Lee, der für die US-amerikanische Stiftung Freedom of the Press für den Betrieb von SecureDrop zuständig ist und OnionShare entwickelt hat. Die Software soll dem völlig abgeschirmten Tausch von Dateien dienen, so dass sich hochbrisantes Material übermitteln lässt: «Ich wollte sicherstellen, dass keine dritte Partei Zugang zu den übermittelten Inhalten hat, was der Fall ist, wenn Sie eine Datei per Mail verschicken oder einen Dienst wie Dropbox nutzen. Ich wollte auch sicherstellen, dass, selbst wenn ein Internetzugang überwacht wird, keine Kopie der Datei entwendet werden kann. Es bleibt sogar im Verborgenen, dass überhaupt irgendetwas transferiert wird.» Sobald das OnionShare-Programm auf dem Rechner geschlossen wird, verschwindet auch die .onion-Adresse aus dem Darknet. Preis für die hohe Anonymität ist, dass der Transfer länger als bei herkömmlichen Diensten dauert. In einem Test benötigte der Upload einer 2,3 Megabyte großen PDF etwa zwei Minuten.

Wie intensiv OnionShare schon in Anspruch genommen wird, vermag Micah Lee selbst nicht zu sagen, da die Software völlig dezentral arbeitet. Er habe aber von Fällen gehört, bei denen OnionShare wohl tatsächlich auf die angestrebte politische Art genutzt wird: Afrikanische Menschenrechtsaktivist*innen in politisch schwierigen Ländern haben per OnionShare Unterlagen an ihre Anwält*innen im Ausland geschickt, und auch die US-Menschenrechtsorganisation Black Lives Matter habe auf diese Art geschützte Dateien getauscht. Zudem würden er selbst und andere Medienschaffende bei sensiblen Inhalten auf OnionShare zurückgreifen.

Ebenfalls im Umfeld technisch interessierter Journalisten entstand Ricochet, ein abhörsicheres Chat-Programm. Auch Ricochet erzeugt auf den jeweiligen Rechnern automatisch eine temporäre Darknet-Präsenz. Hat das Gegenüber ebenfalls Ricochet installiert, läuft das Gespräch über die .onion-Adressen auf beiden Seiten ab.

Auch in diesem Fall gibt es keine zentralen Server, die mitschneiden könnten, was geschrieben wird oder wer mit wem kommuniziert. Das Programm stammt von dem damals 24-jährigen Entwickler John Brooks, der sich nach den Snowden-Enthüllungen mit dem australischen IT-Journalisten Patrick Gray zusammengetan hatte. Nachdem bekannt geworden war, wie stark die US-amerikanische NSA und andere Geheimdienste an einer Überwachung jeglicher Netz-Kommunikation arbeiten, hatte Gray nach einem abhörsicheren Werkzeug gesucht, das keinerlei digitale Spuren hinterlässt. Und er traf auf Brooks, der schon eine passende Lösung gebastelt hatte.

Schließlich gibt es noch einige E-Mail-Dienste, die auf .onion basieren. Da sich die User dort per Tor-Browser einloggen können, wird garantiert, dass beim Anbieter keine verräterischen IP-Adressen auflaufen. Das große Manko ist allerdings, dass die Dienste eher konventionell funktionieren. Es gibt einen zentralen Server, der die Kommunikation abwickelt und übermittelt. Und dieser Stelle muss man vertrauen.

Nutzungstyp 3:
exklusive .onion-Inhalte

Nun fehlt noch die Königsklasse: Inhalte, die es nur unter .onion gibt. Sollte es stimmen, dass das Darknet ein dringend benötigter Zufluchtsort für Oppositionelle in Diktaturen ist, müssten sich dort Hunderte dissidenter Blogs, Foren und Wikis finden, für die das normale Netz nicht anonym genug ist. Tatsächlich findet sich – so gut wie nichts. Die Mehrzahl der Blogs und sonstiger Seiten sind letztlich doch nur gespiegelte Inhalte nach dem Modell der alternativen Zugangstür.

Eine deutschsprachige Ausnahme stellen Diskussionsforen dar, deren Inhalte nicht im normalen Netz stehen und die sich am ehesten als anarchistisch bezeichnen lassen: sie bieten Raum für so gut wie alles. Das bekannteste und größte ist seit Sommer 2017 allerdings Geschichte.

«Informationskontrolle – nein danke!» hieß ein Slogan, der am oberen Rand des Forums «Deutschland im Deep Web» stand. Etwas weiter unten auf der Seite hieß es: «Keine Kontrolle, alles erlaubt!» Einzige Ausnahme: «CP» (die Abkürzung für Child Pornography) wurde dort nicht geduldet. Es war ein buntes Forum. Diskutiert wurde über Religion und Politik, über Hardware und Software. Es gab auch Diskussionsstränge zu Erotik und Drogen. In der Sektion «Religion» bot beispielsweise ein muslimischer Nutzer an, ihm im AMA-Format («Ask me anything»), das von der Diskussionsplattform Reddit bekannt ist, Fragen zu stellen: «Frag einen Muslimen.» Es wurde über den Sinn des Lebens diskutiert oder die Frage, «ob Jesus auf Droge» war. Unter «Drogen» ging es um Konsumerfahrungen, einzelne Inhaltsstoffe und den Eigenanbau. Auch über Spam und Betrug konnte diskutiert werden. Das allerdings, darauf wurde explizit hingewiesen, hatte nur in den Sektionen «Spielwiese», «Freihandelszone» und «Grabbeltisch» Platz.

Laut Seitenstatistiken gab es mehr als 500 000 Beiträge zu 30 000 Themen sowie mehr als 20 000 registrierte Profile.

Kommentiert werden durfte nur nach Anmeldung. Die Aktivität schien tatsächlich hoch zu sein. Die jeweils letzten Beiträge in allen Threads waren meist nur einen oder maximal wenige Tage alt.

Unter der Kategorie «Freiheit» fanden sich linke Diskussionen über Alternativen zum Kapitalismus, aber auch Diskussionen, die offen rassistisch und faschistisch waren. Ein User wollte die anderen Forumsmitglieder von «Adolf Hitlers Bemühungen um Frieden überzeugen» oder veröffentlichte einen «Brief an die Weiße Rasse». Auf den ersten Blick hätte man das als Beleg für die Verrohung der hyper-anonymen Darknet-Öffentlichkeit sehen können. Ein zweiter Blick zeigte allerdings, dass es zwar keine Moderation «von oben» gab, dafür aber eine aktive Selbstkontrolle. Die rechten Posts wurden von anderen Usern sarkastisch oder wütend kommentiert: «Wenn der Text keine Satire ist, dann tut's mir leid», hieß es oder schlicht: «Kotz.» Die Gegenrede überwog klar. Man bekam den Eindruck, dass zwei User die anarchistische Politik des Forums für Nazipropaganda nutzen wollten, daran aber scheiterten.

«Deutschland im Deep Web» war das aktivste deutschsprachige Forum und der einzige Beleg dafür, dass das Darknet jenseits der illegalen Marktplätze und der wirklich üblen Portale noch sonstige Inhalte mit einer breiteren Beteiligung hervorbringen kann. Seit Juni 2017 existiert das Portal allerdings nicht mehr. Am 12. Juni verkündete das Bundeskriminalamt in einer Pressemitteilung, dass sie eine halbe Woche zuvor einen 30-jährigen Karlsruher festgenommen hatten, den sie verdächtigen, alleiniger Betreiber «einer großen, deutschsprachigen Darknet-Plattform» gewesen zu sein. Sie durchsuchten nach monatelangen verdeckten Ermittlungen dessen Wohnung. Es war der Polizei auch gelungen, die Server zu verorten, über die die Plattform betrieben wurde und sie zu beschlagnahmen. Seitdem ist «Deutschland im Deep Web» nicht mehr verfügbar. Stattdessen ist unter der Adresse ein Banner mit dem Logo des Bundeskriminalamts und des

Bundeslands Hessen zu sehen. Darauf steht: «Die Plattform und der kriminelle Inhalt wurden beschlagnahmt durch das Bundeskriminalamt im Auftrag der Generalstaatsanwaltschaft Frankfurt am Main.» Wie der Pressemitteilung des BKA zu entnehmen ist, wird dem Beschuldigten eine «Beihilfe zum unerlaubten Handeltreiben mit Waffen und Betäubungsmitteln» vorgeworfen. Auf dem anarchistischen Forum konnte über alles mögliche Unsinnige, Banale oder Verstörende diskutiert werden, was meist nicht illegal war. Die Seite verfügte, wie es heißt, allerdings auch «unter anderem über eine Marktplatz-Sektion, über die zahlreiche illegale Handelsgeschäfte, insbesondere Drogen- und Waffenverkäufe, angebahnt wurden». Das wurde dem Betreiber zum Verhängnis.

Im nicht deutschsprachigen Teil des Darknets gibt es diverse Frage-Antwort-Foren. «Hidden Answers» ist eines von ihnen. Standardmäßig ist die Seite auf Englisch, unter jeweils eigenen .onion-Adressen gibt es sie aber auch auf Russisch, Spanisch und Portugiesisch. Wie beim deutschen Portal Gutefrage.net können User Fragen stellen, auf die andere dann antworten. Es werden vor allem technische Fragen gestellt, die sich oft um Anonymisierung und um Betrug oder Attacken im Netz drehen. Etwa 6000 Beiträge gibt es in der Kategorie «Hacking/Malware/Tech». In der Kategorie «Government and Law» wird unter anderem diskutiert, ob in «Amerika und Europa faschistische Länder hinter dem Antlitz der Demokratie» entstehen oder warum Leute die Polizei hassen. Pro Frage gibt es in der Regel zwischen zwei bis fünf Antworten. Hidden Answers bietet anderen Darknet-Seiten einen Austausch von Werbebannern an, ermöglicht aber auch die Schaltung von bezahlten Anzeigen.

Auf diversen Hidden-Wiki-Listen findet sich auch «Code:Green». Die Seite wird, wie es heißt, von einer kleinen Gruppe von Hackern in Zentraleuropa betrieben und hat sich einem «Hacktivismus für eine bessere Welt» verschrieben. Es gibt einen eigenen Briefkasten für Whistleblower, Links zu

Hacktivismus-Tools und Informationen zu ethisch motivierten «Digital Direct Actions». Code:Green unterscheidet dabei zwischen acht «Eskalationsstufen» von Aktionsformen. Es beginnt mit einfacher Meinungsäußerun im Netz, beispielsweise auf Diskussionsforen. Die beiden höchsten Stufen stellen die «Befreiung von Dokumenten», im Klartext das Hacking von Firmen- oder Regierungssystemen, sowie die «Sabotage» dar. In einem Forum werden konkrete Ziele für Hacking-Attacken diskutiert.

Code:Green taucht auch in einem Bericht des Bundeskriminalamts zu «Hacktivisten» auf. Als andere .onion-Orte für solche Aktivitäten wird die Rubrik «Hacking, Cracking, Hardware-Hacks etc.» von (dem mittlerweile stillgelegten) «Deutschland im Deep Web» sowie die Seite «Hack the Planet» genannt (die ist allerdings, fast Darknet-typisch, nicht mehr online). Unter dem «Cybercrime-Phänomen Hacktivismus», das der Bericht auf die Formel «Hacking + Aktivismus = Hacktivismus» bringt, versteht das BKA «eine nicht-profitorientierte und ideologisch motivierte Ausübung von Taten zum Zwecke des Protests und der Propaganda». Deren Ziele würden sich zwar von Gruppe zu Gruppe unterscheiden, wiesen jedoch auch deutliche Schnittmengen auf: «Überwiegend häufig ist in fast allen Gruppen jedoch die Forderung nach einem freien, unzensierten und jedermann zugänglichen Internet vertreten. Daneben führen die Gruppierungen unterschiedliche Aktionen z. B. gegen Rassismus, Nationalsozialisten, Scientology, Pädophile, Strafverfolgungsorgane, Regierungen, Organisationen oder gegen (vermeintlich) korrupte Firmen durch.» Der Bericht ist mehr als 100 Seiten lang. Explizit auf das Darknet, das dort auch «Onion-Net» genannt wird, wird allerdings nur auf zwei Seiten eingegangen. Eine wirklich große Relevanz des Darknets für die politische Hacker-Szene scheint man auch beim BKA noch nicht zu sehen.

Nicht meckern, sondern machen

Insgesamt ist also noch recht überschaubar, was im «guten» Darknet passiert. Während sich im illegalen Ökosystem der Kryptomärkte eine hochkomplexe und arbeitsteilige Angebotslandschaft herausgebildet hat, scheinen diese Nutzungen hinterherzuhinken.

Allerdings muss man hinzufügen, dass das BKA wohl kaum erschöpfend recherchiert hat. In der Hacktivismus-Studie ist von stichprobenartigen Recherchen im Darknet die Rede, deren Ausgangspunkt eine der vielen Hidden-Wiki-Listen war. Genauso wahrscheinlich wurden auch bei den Recherchen für dieses Buch nicht alle Angebote gefunden. Besonders in den Fällen, wo Oppositionelle in Diktaturen und Aktivist*innen mit hohen Sicherheitsanforderungen .onion-Seiten nutzen, um sich geheim auszutauschen und nicht aufzufallen, ist es für einen Journalisten mit Sitz in Berlin nicht unbedingt möglich, die betreffenden Seiten zu finden.

Wenn überhaupt einer weiß, inwiefern und wie bedrängte Oppositionelle das Darknet nutzen, müsste es Marek Tuszynski, sein, Leiter der Berliner Büros von Tactical Tech. Die Organisation schult politische Aktivist*innen in der sicheren Nutzung von Kommunikationstechnologie und klärt über deren Potenziale auf. Tuszynski tourt mit Workshops, Vorträgen und Ausstellungen um die Welt und hat einen guten Überblick über den weltweiten Netzaktivismus. Was sagt er?

Sein Urteil ist unmissverständlich: «Wenn Sie sich heute die Landschaft der .onion-Seiten anschauen, werden Sie zu Tode gelangweilt sein. Es ist ein Witz.» Das Ganze erinnert ihn an das Internet der 1990er Jahre, damals ein obskur wirkender Ort, dessen frühe User die seltsamsten Dinge ausprobiert hätten. Allerdings sage das per se nichts über die Technologie aus, so, wie die Formen ihrer Ausbeutung durch den Menschen wenig über die Erde selbst aussagen. Stattdessen müsse man fragen, wie die Möglichkeiten der technologischen Protokolle von Tor aussehen und wie diese genutzt werden können. Die Technologie aber findet er sehr überzeugend. Das Internet bestehe heute in hohem Maße aus zentralisierten Punkten, an denen Daten und Informationen zusammenfließen. Die Frage laute, in welcher Gesellschaft und mit welchem Netz man leben will: einem Internet voller Überwachung und Kontrolle durch Regierungen und Konzerne oder einem Internet, das uns Freiheit ermöglicht, in dem Kommunikation sicher ist und jeder seine Meinung frei äußern kann.

Tuszynski glaubt an die Potenziale: «Die Tatsache, dass die Technologie zurzeit nicht, wie eigentlich geplant, von Aktivisten genutzt wird, sondern von Leuten, die Drogen kaufen, hat nicht viel zu bedeuten. Es bedeutet nur, dass es noch nicht genügend User gibt, die das Darknet entdeckt haben, um daraus einen wirklich interessanten und politischen Ort zu machen.» Schon heute gebe es einige spannende Ausnahmen unter .onion, und Tuszynski glaubt, dass noch viel mehr passieren wird. Deshalb empfiehlt er, einfach selbst aktiv zu werden: «Anstatt auf der Lauer zu liegen und nach Inhalten zu suchen, gehen Sie einfach selbst dorthin und schaffen welche.»

6

Die Architektur der digitalen Unterwelt

Wie das Darknet funktioniert

Wir befinden uns in einem Hof im multikulturellen Viertel Wedding im Norden Berlins. Das Büro ist überschaubar groß. Der Raum wirkt unfertig. Es gibt zwei große Schreibtische, und viel Technik ist zu sehen. An diesem Ort auf dem Gelände einer ehemaligen Papierfabrik könnte auch ein Berliner Start-up entstehen, das irgendwann einmal vielleicht von Google oder einem anderen Netzkonzern aufgekauft wird.

Doch hier wird nicht vom großen Geld geträumt, sondern von einer freieren, digitalen Welt. An diesem unscheinbaren Ort wird am wichtigsten Gegenentwurf zum aktuellen Internet gebastelt. Einst ein verheißungsvolles, alternatives Kommunikationsnetzwerk, konzentriert das Internet heute die Daten der halben Menschheit in den Speichern weniger Unternehmen. Nicht wenige sehen in ihm mittlerweile vor allem ein trauriges Überwachungsinstrument der ökonomisch und politisch Mächtigen. Man könnte sagen, die Menschen in diesem Büro arbeiten daran, das Internet zu dem zu machen, was es eigentlich einmal sein sollte: frei, ohne Zugriffe von Staaten und ohne Ballungszentren für Daten und Inhalte.

Eine Schlüsselfigur dieser Gegenwelt sitzt hier am Tisch: der Netzaktivist Moritz Bartl, ein gemütlicher Mittdreißiger mit blonden Haaren und blondem Bart. Man könnte sich Bartl gut als Piraten in einem Kinderfilm vorstellen. Er selbst sieht sich als Nerd – ein halb spaßiger, halb ernst gemeinter für einen Menschen mit hoher IT-Affinität. In diesem Hinterhaus hat das Berliner Büro des Vereins Zwiebelfreunde e.V. seinen Sitz. 2010 hatte Bartl, damals noch Informatikstudent an der Uni Dresden, den Verein gegründet.

Zwiebelfreunde betreiben einige wichtige technische Knoten, die die Basis des Darknets und der damit verbundenen Tor-Technologie bilden. Mehrere Tausend solcher Knoten gibt es. Greifbar sind sie nicht. Sie liegen als virtuelle Speicherorte in grauen Schränken, die in großen Server-Hallen stehen, viel Lärm machen und Wärme produzieren. Die Knoten sind über die halbe Welt verteilt. Auf Basis eines ausgeklügelten, jedes Mal variierten Wegeplans leiten sie Datenpakete und Nachrichten durch das Netz. Diese trickreiche Architektur ist es, die dem Darknet seine robuste Anonymität und Unzensierbarkeit verleiht. Ziel ist, die große Schwäche des klassischen Internets zu beheben: dass es Nutzer*innen mit all ihren Handlungen gläsern macht und dass Staaten willkürlich in den Datenverkehr eingreifen können, auf der Welt mitunter traurige Realität.

Die Postadressen des Internets

Um die Bedeutung dieser alternativen Herangehensweise verstehen zu können, hilft ein Blick hinter die Kulissen des klassischen Internets, wie wir es täglich nutzen. Es basiert auf einem Prinzip, das in den 1970er Jahren von US-amerikanischen Wissenschaftler*innen erdacht wurde. Es verfolgte eine kühne Vision: alle Rechner auf der Welt so zu verbinden, dass jeder mit jedem direkt Kontakt aufnehmen kann, sei es, um eine Nachricht auszutauschen oder den Inhalt einer Webseite abzurufen.

Die kleinste Einheit dieses Systems könnte man mit einem Briefkasten vergleichen. Wer Zugang zum Internet hat, ist damit eindeutig adressierbar. Diese IP-Adressen (IP steht für

Internet Protocol) bestehen allerdings nicht aus einer Kombination von Straße und Hausnummer, sondern aus einer Folge von vier Zeichenblöcken. Die Online-Enzyklopädie Wikipedia beispielsweise hat die IP-Adresse 91.198.174.192. Jede Einzeladresse ist Teil eines größeren Netzes, das für sich eigenständig ist. 60 000 dieser «autonomen Systeme», wie Fachleute sie nennen, gibt es. Das Internet ist ein Netz dieser Netze, die alle untereinander verbunden sind. Vergeben werden die IP-Adressen von der ICANN (International Corporation for Assigned Names and Numbers), einer Art globaler Internet-Behörde.

Die Einzelnetze verfügen jeweils über eine bestimmte Zahl an IP-Adressen. Einige nutzen sie für eigene Zwecke, das ist etwa bei großen Unternehmen der Fall, bei einigen Universitäten oder Bundesbehörden. Internet-Provider wie die Deutsche Telekom, Strato oder Hetzner fungieren hingegen als Mittelsmänner. Betreiber von Webseiten können sich dort fixe Adressen holen, so dass sie jederzeit an derselben Stelle erreichbar sind. Und einfache User bekommen, sobald sie mit ihrem Rechner eine Internetverbindung aufbauen, über ein flexibles Vergabeprogramm aus dem Adressraum der Provider temporär eine IP-Adresse zugewiesen, die gerade frei ist.

Dieses System führt dazu, dass alle miteinander kommunizieren können: Ein einfacher User kann eine E-Mail an den Bundestag schicken, den Beitrag einer Freundin auf einem sozialen Netzwerk liken oder sich eine PDF von der Homepage einer Universität herunterladen. Eine Schneiderin in einer nordchinesischen Stadt kann eine Webseite ins Netz stellen, die ein wenige Kilometer entfernter User fast ebenso schnell besuchen kann wie einer im südamerikanischen Lima.

IP-Nummern sind also die Postadressen des Internets. Die konkrete Aufgabe, Datenpakete und Nachrichten zu verschicken und zu empfangen, übernehmen Router. Diese flachen, wild blinkenden Plastikkästen, gibt es zu jedem Internetvertrag dazu. Sobald sie gestartet werden, erhalten sie vom jeweiligen Internetprovider eine IP-Adresse zugewiesen. Dann berechnen sie, welchen Pfad meine Nachricht am sinnvollsten durch das Netz der Netze nimmt, um schnell ans Ziel zu kommen. Dafür holen sie sich eine aktuelle Übersicht des Internets und wählen den schnellsten passenden Weg von meinem Router zum Router der Ziel-Webseite aus, wobei eine möglichst geringe Anzahl von Subnetzen passiert werden soll.

Die Erfindung des Internets war ein Meisterstück, das es ermöglicht, dass alle Rechner miteinander kommunizieren können. Und da hinter Rechnern, Servern, Smartphones und Tablets am Ende stets Menschen sitzen oder stehen, verbindet es die ganze Welt.

Die geniale Erfindung hat allerdings eine große Schwäche, deren Bedeutung in den 1970er Jahren noch nicht absehbar war: Da die jeweiligen Internet-Adressen bei jeder Kommunikation mitgeliefert werden, sind auch alle Internet-User identifizierbar. Zwar lässt sich aus einer IP-Adresse nicht direkt ablesen, wie ich heiße und wo ich wohne. Doch da stets ermittelbar ist, zu welchem Teilnetz sie gehört, bin ich in der Regel doch auffindbar. Egal, ob was ich tue, banal ist, peinlich oder politisch brisant – die schöne alte Vorstellung von Privatsphäre als menschlichem Grundrecht wird durch das Internet zu einem Treppenwitz. Und da ständig mehr Aspekte des Alltags auf irgendeine Weise mit dem Internet verbunden sind, werden wir immer gläserner.

Tor: die Kunst der Weiterleitung

Menschen wie Moritz Bartl sehen das als Geburtsfehler des Internets, den es mit technologischer Kreativität zu korrigieren gilt. Die Software Tor versucht sich an dieser Aufgabe. Sie bedient sich der Grundstruktur des Internets aus miteinander kommunizierenden IP-Adressen, legt aber eine zweite Ebene darüber. Die Idee: Der Versand eines Datenpakets oder einer Nachricht wird nicht mehr direkt von IP- zu IP-Adresse abgewickelt. Stattdessen wird er über eine Abfolge von drei

Knoten geleitet, die über mehrere Länder verteilt sind. Das Charmante daran: Jeder dieser Knoten kennt nur seinen unmittelbaren Vorgänger und seinen Nachfolger. So weiß schon der zweite nicht mehr, von welchem Rechner die Anfrage ursprünglich ausging. Wie durch ein Wunder entsteht in der fehlerhaften Architektur des Internets plötzlich wieder, was längst verloren geglaubt wurde: Anonymität und digitale Privatsphäre.

Dieses Prinzip verglichen die Erfinder mit einem weit verbreiteten Küchengemüse: Wie bei einer Zwiebel (englisch *onion*) sahen sie den eigentlich Kern, die User-Identität, hinter mehreren Schichten versteckt. Ihre Erfindung nannten sie deswegen «The Onion Router» und tauften unter Verwendung der drei Anfangsbuchstaben die Software TOR. Die Zwiebel ist noch heute das Logo dieser genialen Anonymisierungstechnologie, die eigentlich auf nicht mehr als der Weiterleitung von Internetanfragen basiert.

Abstrakt lässt sich das Prinzip leicht erklären, in der Praxis versteckt sich dahinter aber dann doch hochkomplexe Mathematik. Die Tor-Software auf meinem Rechner fungiert als eine Art zweiter Router, der einen eigenen Weg für Datenpakete festlegt. Dafür besorgt sie sich zuerst eine Liste aller verfügbaren Tor-Knoten, zurzeit sind es etwa 7300. Mithilfe eines Auswahl-Algorithmus berechnet sie, über welche drei Knoten mein Datenpaket geschickt werden soll. Nun schnürt die Tor-Software ein kleines, digitales Paket mit dem Inhalt meiner Nachricht sowie einigen Begleitinformationen, und dieses Paket schickt sie an den ersten Tor-Knoten.

Nun wird eine kleine Kette in Gang gesetzt. Der erste Knoten wird gebeten, eine Verbindung zu Knoten Nr. 2 aufzubauen und die Nachricht weiterzugeben, und der wiederum gibt an Knoten Nr. 3 weiter. Dieser letzte Posten führt die eigentliche Aktion aus. Er hinterlässt beispielsweise einen Kommentar in einem Forum oder fordert den Inhalt einer Nachrichtenseite an. Die Webseite, etwa Spiegel online, schickt dann als Antwort über die gleiche Knotenkette den angeforderten Inhalt an meinen Rechner. Die Seite hat aber keine Chance, herauszufinden, wer ich bin.

Eine digitale Tarnkappe

Dieses Prinzip der mehrfachen Weiterleitung machen sich zwei Anwendungen zunutze. Die eine ermöglicht ein anonymes Surfen im Netz, ohne dass es detaillierter Kenntnisse über Vorsichtsmaßnahmen und Sicherheitseinstellungen bedarf. Der kostenlos verfügbare Tor-Browser lässt sich mit wenigen Klicks auf der Seite torproject.org herunterladen und ist in kurzer Zeit installiert. Er baut auf dem nicht profitorientierten Firefox-Browser auf, den viele auch für das normale Surfen nutzen. Allerdings wird Firefox dabei von den Tor-Entwickler*innen so modifiziert, dass er allen Datenverkehr stets über drei Knoten leitet. Diese mächtige, digitale Tarnkappe, die User unsichtbar macht, sieht sehr vertraut aus. Im Browser gibt es eine Adresszeile. Wird Enter geklickt, lädt der Browser den angeforderten Inhalt, und interessante Webadressen lassen sich in Form von Lesezeichen speichern.

Da anders als bei normalen Browsern der Datenverkehr nicht den schnellsten Weg, sondern stattdessen immer einen Umweg wählt, ist Tor etwas langsamer als Firefox, Internet Explorer oder Chrome. Die Situation hat sich in den letzten Jahren verbessert, doch bei Webseiten mit vielen Bildern, Videos und Multimedia-Elementen stört die Verzögerung mitunter noch erheblich.

Jedes Mal, wenn der Tor-Browser auf dem heimischen PC gestartet wird, stellt er eine völlig neue Verbindung über das Netzwerk her. Ein Klick auf ein Zwiebelsymbol neben der Adresszeile zeigt den jeweiligen Pfad an. Versuch eins: Der Pfad zu Spiegel online läuft über Frankreich, da sitzt Knoten Nr. 1, der andere sitzt in Rumänien und der dritte und letzte in Kanada. Beim nächsten Versuch nach einem Neustart passiert meine Anfrage Stationen in Frankreich, Niederlande und Norwegen. Der Tor-Browser schützt User also zum einen in ihrer Anonymität, indem er ihre eigentliche IP-Adresse verschleiert und aus Sicht der Ziel-Webseite «verschwinden» lässt.

Zum anderen schützt er vor der alltäglichen Ausspähung durch Cookies. Die meisten Webseiten, die wir besuchen, hinterlassen in unserem Browser solche digitalen «Plätzchen». Das sind kleine Programme, die bestimmte Informationen über uns speichern und es ermöglichen, dass eine Webseite uns beim nächsten Besuch wiedererkennt: «Aha, der oder die war schon einmal da und hat dies oder das gemacht.» Das hat den Vorteil, dass wir Angaben von vorherigen Sitzungen nicht ein zweites Mal vornehmen müssen und das Surfen bequemer wird. Die Cookies sorgen aber auch dafür, dass Webportale detaillierte Protokolle über unser Surfverhalten und über abgefragte Inhalte erstellen können. Beim Tor-Browser funktioniert das nicht. Zwar können auch hier Webseiten Cookies ablegen, doch deren Wirkung verpufft. Jedes Mal, wenn wir Tor schließen und später wieder starten, haben wir einen komplett neuen Browser, mit neuer Identität und ohne irgendwelche Spuren von vorherigen Internetsitzungen.

Schließlich ermöglicht die Anonymisierungssoftware, Netzsperren in Ländern mit repressiver Regierung zu umgehen, die oft einzelne IP-Adressen oder ganze IP-Räume blockieren. Tor-Anfragen laufen stets über verschlungene Umwege, so lässt sich das aushebeln. Da die Adressen der einzelnen Tor-Knoten bekannt sind, ist es andererseits jedoch möglich, auch diese zu blockieren. Dann können User keinen Tor-Verschleierungspfad aufbauen. Dem versucht seinerseits Tor wieder kreativ zu begegnen. Neben den etwa 7000 offentlich bekannten Tor-Knoten gibt es zudem noch etwa 3500 Knoten, deren Adressen geheim sind und die individuell von verschiedenen Datenbaken angefordert werden können, beispielsweise per E-Mail. Sie heißen «Bridge», da sie als Brücke vom jeweils zensierten Netz in die freien Welten des globalen Internets dienen.

Darknet:
das Land mit der Zwiebel-Endung

Die zweite große Anwendung der Software ist, über das Tor-Netzwerk auch Web-Inhalte anzubieten. In der Regel sind die auf diese Art versteckten Inhalte gemeint, wenn vom Darknet gesprochen wird.

Ein Blick auf das normale Netz hilft wieder, um zu verstehen, was bei der Tor-Lösung anders läuft. Basis des Internets sind, wie wir gelernt haben, die IP-Adressen. Die sind chronologisch aufgebaut und machen es Maschinen leicht, miteinander zu kommunizieren. Sie eignet sich aber kaum für die menschliche Kommunikation, die eher über Worte als über Zahlenkombinationen erfolgt. Neben den IP-Adressen gibt es deswegen noch eine zweite Struktur aus intuitiv verständlichen Namen wie spiegel.de, greenpeace.de oder youtube.com.

Dieser Namensraum ist hierarchisch und thematisch organisiert. Auf der obersten Ebene steht eine Internet-Endung, die sich klassischerweise meist an Ländergrenzen orientiert. .de signalisiert, dass hier am ehesten Inhalte aus der Bundesrepublik Deutschland zu finden sind, .ru weist auf russische Seiten hin. Dann gibt es noch eine Handvoll allgemeinere Endungen wie .com (für kommerzielle Inhalte, vor allem aus den USA) oder .org (für Organisationen). Seit Mitte der 1980er Jahre war das die Basis des World Wide Webs. Mittlerweile ist in dieses überschaubare System neues Leben gekommen. In den letzten Jahren sind mehr als tausend thematische Endungen wie .shop, .gay oder .yoga hinzugekommen, die auf längere Sicht die Bedeutung der Ländergrenzen im Netz zurückdrängen werden.

Jede dieser «sprechenden» Web-Adressen ist mit einer oder mehreren IP-Adressen verknüpft. Will mein Router mit einer Webseite Kontakt aufnehmen, übersetzt er meine Anfrage in die entsprechende Ziffernabfolge. Aus «www.spiegel.de» beispielsweise macht mein Browser 128.65.210.8.

Die Unternehmen hinter den Endungen verkaufen einzelne Web-Adressen. Hinter der Endung .de steht eine Genossenschaft mit Sitz in Frankfurt am Main, eine einzelne .de-Adresse ist für um die 10 Euro im Jahr zu haben, beim teureren .shop sind es 49 Euro. Die Unternehmen unterstehen dem Recht des jeweiligen Staates, in dem sie sich befinden. Das gilt auch für die Käufer*innen der Einzeladressen, die in einer öffentlich einsehbaren Datenbank Namen, Adresse und Kontaktdaten angeben müssen.

Beide Parteien können von staatlicher Seite zur Rechenschaft gezogen werden, Gerichte können beispielsweise anweisen, dass eine Web-Adresse gelöscht oder gesperrt wird. Technisch ist das möglich, auch wenn es in der Praxis eher selten vorkommt. Prominentes Beispiel ist die in Schweden sitzende Dateitausch-Seite Piratebay.se, die zwischenzeitlich in 20 Ländern blockiert und schließlich auf Anweisung eines Gerichts vom schwedischen Staat beschlagnahmt wurde.

Auch im World Wide Web mit seinen sprechenden Namen hat die globale Internetbehörde ICANN formal das Sagen. Sie führt eine lange Liste mit allen existierenden Endungen, zurzeit etwa 1800. Internet-Endungen mit ihren Web-Adressen und Inhalten sind für Router nur dann ohne Weiteres auffindbar, wenn sie in dieser offiziellen Liste stehen.

Völlig unabhängig von diesem System bietet Tor eine alternative Möglichkeit zum Ablegen von Webseiten: eine Endung namens .onion, die weder der Hoheit der ICANN noch der nationalstaatlicher Behörden untersteht. .onion funktioniert auf den ersten Blick wie die offiziellen Pendants .de oder .com. Sie organisiert Web-Inhalte, die sich mit einem Browser aufrufen lassen und auf denen man Texte lesen, Bilder oder Videos betrachten sowie über Links navigieren kann.

Allerdings sind die Inhalte für handelsübliche Web-Browser unsichtbar, und auch in den Suchergebnissen von Google tauchen sie nicht auf. Versucht man, eine Darknet-Adresse mit dem Browser von Google Chrome oder dem Internet Explorer aufzurufen, lautet die Rückmeldung stets: «Fehler: Server nicht gefunden». Zudem sehen die Darknet-Adressen gewöhnungsbedürftig aus, etwa so: 33y6fjyhs3phzfjj.onion oder so: nzh3fv6jc6jskki3.onion. Sie bestehen aus einer wilden Abfolge von 16 Buchstaben und Ziffern.

Diese kryptischen Namen werden von der Tor-Software auf Basis von Zufallszahlen berechnet. Sie erfüllen zwei Funktionen: Zum einen machen sie die Darknet-Seite auffindbar. Zum anderen sichern die kryptischen, 16-stelligen Adressen die Inhalte vor unbefugtem Zugriff. Bei der Erzeugung einer .onion-Adresse wird stets ein mathematisch dazu passender Code berechnet, ein Schlüssel, der geheim gehalten werden muss. Mit dem lassen sich die Inhalte einer .onion-Seite verändern. Während im normalen Netz der Besitz einer Web-Adresse ein Rechtsgut darstellt, das auch vor Gerichten verteidigt werden kann, ist der Staat bei .onion komplett außen vor: Verfügungsgewalt über eine bestimmte .onion-Adresse hat ganz faktisch, wer den dazu passenden privaten Schlüssel kennt.

Die Berechnung eines solchen Schlüssel-Paars dauert weniger als eine Sekunde. Der Prozess lässt sich beliebig oft wiederholen, jedoch ergibt sich so gut wie immer eine unverständliche Zeichenkombination. Einige Betreiber*innen von Darknet-Seiten haben mit immens großer Rechenpower jedoch so lange immer wieder Schlüssel-Paare erzeugen lassen, bis sich irgendwann durch Zufall ein bestimmtes Wort ergeben hat und sie dann doch zu einer «sprechenden» .onion-Adresse gekommen sind. Facebook beispielsweise verfügt neben der bekannten Webadresse unter der Endung .com auch über einen Darknet-Auftritt namens facebookcorewwwi.onion, über den sich das soziale Netzwerk auch in Ländern mit starker Internetzensur besuchen lässt.

«Brute Force» (brachiale Gewalt) nennt sich in der Tech-Sprache ein solches Vorgehen, bei dem der gleiche Prozess millionenfach wiederholt wird. Durchschnittlich 25 Tage dauert es, bis per Zufall ein ganz bestimmtes Wort, bestehend aus acht Buchstaben, als öffentlicher Schlüssel errechnet wird.

Dass das soziale Netzwerk darüber hinaus noch eine Adresse gefunden hat, bei der der Firmenname am Anfang steht und der Rest der Adresse halbwegs merkbar ist, grenzt an ein Wunder. Der für das Darknet-Projekt zuständige Facebook-Informatiker Alec Muffett verriet den schlichten Grund dafür; sie hatten einfach immer wieder von Neuem Schlüssel berechnet und dann «einfach ungeheures Glück gehabt».

Auch bei .onion sorgt die Logik des Tor-Routings mit seinen mehrfachen Umleitungen dafür, dass Identitäten verschleiert werden. Diesmal werden die Betreiber*innen der Darknet-Seiten anonymisiert, deren Inhalte auf ganz normalen Servern mit IP-Adressen liegen. Wer eine solche Seite anbieten will, startet ein spezielles Modul in der Tor-Software, die zuerst mit der Berechnung einer .onion-Adresse loslegt. Ist man mit der berechneten Adresse einverstanden, wird diese an das Tor-Netzwerk gemeldet und ist in wenigen Minuten für Tor-Browser erreichbar. Zusammen mit der Adresse werden drei oder mehr zufällig ausgewählte Kontaktpunkte gemeldet, die als eine Art von toten Briefkästen fungieren. Die Liste aller aktiven .onion-Seiten mit ihren Kontaktpunkten wird im Netzwerk gespeichert. Damit sich nicht zu viel Wissen an einem Punkt sammelt, sind die Informationen in einem «Verzeichnis-Ring» so verteilt, dass jeder Knoten immer nur einen Teil aller verfügbaren Adressen kennt.

Will ich nun eine bestimmte .onion-Seite aufrufen, erfragt mein Browser bei Knoten im Verzeichnis-Ring die jeweils vorgesehenen Kontaktpunkte. Und dann beginnt eine Art Kennenlernprozess, an dessen Ende ein stabilerer und abhörsicherer Kommunikationskanal steht, bei dem beide Endpole die Identität des jeweiligen Gegenübers nicht kennen.

Dieser Prozess sieht so aus: Nennen wir die Betreiberin einer Darknet-Seite Alice und den User Bob. Als ersten Schritt informiert Bobs Tor-Browser einen der Kontaktpunkte darüber, dass Bob gern mit der .onion-Seite von Alice kommunizieren möchte. Er nennt seinerseits einen zufällig ausgewählten Knoten («Rendezvous-Point»), über den die Kommunikation abgewickelt werden soll. Nimmt Alice das Kontaktangebot an, was standardmäßig der Fall ist, wendet sie sich an den Rendezvous-Point von Bob. Die beiden verbinden sich über diese Zwischenstation miteinander, beide jeweils über einen eigenen Tor-Pfad aus drei Knoten. Somit ist die Verbindung doppelt anonym, da die Kommunikation stets über dreimal zwei voneinander unabhängige Tor-Knoten läuft.

Das Darknet mit seinen .onion-Adressen treibt das technologische Anonymisierungsspiel noch weiter als der Tor-Browser. Es schützt nämlich auch die Identität der Personen hinter den Seiten. Sie sind standardmäßig anonym, und es ist im Tor-Netzwerk technisch schlichtweg unmöglich, Inhalte zu blockieren oder Seiten löschen zu lassen. Zum anderen bewahrt es User davor, sich aus Leichtsinn oder Unwissenheit selbst zu enttarnen, da sich alle Inhalte eben nur per Tor-Browser einsehen lassen. Dieses Potenzial schätzen beispielsweise Medien, die im Darknet Postfächer für Whistleblower anlegen. Dort lassen sich dann Leaks geheimer Firmen- oder Regierungsdokumente hochladen, ohne dass der betreffende Whistleblower seine IP-Adresse mitschickt.

Manchmal hat es jedoch den Anschein, als ließen sich auch .onion-Inhalte mit einem normalen Browser aufrufen. Grund ist das Tool Tor2Web, das als eine Art Brücke fungiert. Auf der Software aufbauende Anbieter wie onion.link oder onion.city importieren die Inhalte der Darknet-Seiten auf eine Adresse im ganz normalen Netz. Das geht über einen Trick. An die ursprüngliche Darknet-Adresse, die stets auf .onion endet, wird einfach eine der neuen Endungen aus dem klassischen Adresssystem des Internets gehangen. Blockchain.info, die größte, öffentlich einsehbare Datenbank-Webseite zur Digitalwährung Bitcoin, verfügt auch über eine Darknet-Adresse. Und mithilfe der Tor2Web-Lösung lassen sich deren Inhalte auch mit normalen Browsern anzeigen, beispielsweise unter blockchainbdgpzk.onion.link. Die Spiegelung funktioniert jedoch nicht immer reibungslos, und die Nutzung solcher Dienste ist zumal dann nicht zu empfehlen, wenn mit Tor die eigene Identität geschützt werden soll. Der Speicher-Standort der jeweiligen Darknet-Seite bleibt zwar weiterhin geheim, die einzelnen User kommunizieren mit dem Tor2Web-Dienst jedoch direkt über ihre verräterische IP-Adresse und sind so nicht mehr anonym.

Knoten für Knoten in Richtung Anonymität

Dass Facebook seit Herbst 2014 eine .onion-Adresse als alternative Zugangstür anbietet, dürfte vor allem den Grund haben, es Zensoren schwerer zu machen. Moritz Bartl meint aber, dass noch ein anderer Grund dahinterstecken dürfte: eine technische Entlastung von Tor und seinen knappen Ressourcen.

Die einzelnen Knoten bilden die eigentliche Basis von Tor; sie sind damit auch die Bausteine des Darknets. Einem basisdemokratischen Ansatz folgend, kann jeder von überall aus einen solchen Tor-Knoten betreiben, damit das Netzwerk vergrößern und noch anonymer machen. Dazu muss man entweder einen Rechner mit einer Standleitung an das globale Internet anschließen, was sehr aufwändig ist, oder sich bei den großen Providern einmieten. Die Mehrheit der Knoten versteckt sich unauffällig irgendwo in den Server-Hallen großer Provider wie hierzulande Hetzner, Host Europe oder die Deutsche Telekom.

Für die Diversität des Netzwerks sind alle Knoten wichtig. In der Praxis spielen einige allerdings eine größere Rolle als andere, und bestimmte Funktionen werden nur von Untergruppen übernommen. Als besonders heikel gelten die Exit-Knoten mit Zugang zum normalen Netz. Da sie die dritte und damit letzte Station des Tor-Pfads einnehmen, ist es stets ihre IP-Adresse, die am Ende sichtbar ist. Wenn ein Tor-User die Anonymisierungstechnologie nun nutzt, um einen beleidigenden Kommentar in einem Forum abzusetzen oder ein Musikalbum per Filesharing zu tauschen, sieht es immer so aus, als ob die möglicherweise illegale Aktivität direkt vom Exit-Knoten ausgeht. Gibt es Beschwerden, meldet sich die Polizei bei der Person, die ihn betreibt.

In Deutschland und in vielen anderen westlichen Staaten gibt es damit eigentlich keine Probleme. Paragraph 8 des Telemediengesetzes, der die «Durchleitung von Informationen» regelt, sieht vor, dass «Diensteanbieter» für «fremde Informationen, die sie in einem Kommunikationsnetz übermitteln», nicht verantwortlich sind. Auch Betreiber von Tor-Knoten sind deswegen eigentlich fein raus und können sich auf dieses «Haftungsprivileg» berufen, wie es in der juristischen Fachsprache heißt, weil sie weder die jeweiligen Kommunikationspartner kennen noch den Inhalt der übermittelten Daten.

Betreiber von Exit-Knoten müssen sich dennoch immer wieder mit Anfragen von Polizei, Staatsanwaltschaft oder auch Abmahnkanzleien auseinandersetzen, erzählt der Jurist und IT-Unternehmer Julius Mittenzwei, der die Hacker-Organisation Chaos Computer Club juristisch zum Betrieb von Tor-Knoten berät: «Die Polizei ermittelt, wer hinter einer IP-Adresse steht. Auch wenn aus den öffentlich einsehbaren Informationen ersichtlich ist, dass es sich um einen Tor-Knoten handelt, meldet sie sich oft, sie ist ja verpflichtet, einen Sachverhalt zu Ende zu ermitteln. Dann schickt man einen Schriftsatz, in dem man erklärt, was Tor ist und wieso man nicht verantwortlich ist. Nach diesen Ausführungen ist die Sache in der Regel erledigt, und das Verfahren wird eingestellt.» In einigen wenigen Fällen ist es in der Vergangenheit dennoch dazu gekommen, dass die Polizei frühmorgens mit einem Durchsuchungsbefehl vor der Wohnung eines Exit-Knoten-Betreibers stand. Der Grund war meist, dass die jeweiligen Exit-Knoten nicht eindeutig als solche gekennzeichnet worden waren. Bisher wurden nach Kenntnis von Mittenzwei alle Ermittlungen von der Staatsanwaltschaft eingestellt, bevor es überhaupt zu einem Prozess kam. Doch allein die Tatsache, dass theoretisch die Polizei vor der Tür stehen könnte, sorge dafür, dass die Bereitschaft nicht groß genug ist, Tor-Exit-Knoten zu betreiben. Sie sind eine knappe Ressource im Anonymisierungsnetzwerk. Nur 1000 der mehr als 7000 Knoten sind bereit, einen Zugang zum normalen Internet herzustellen.

Dass Facebook sich eine eigene .onion-Adresse als zusätzliche Eingangstür zugelegt hat, könnte eine freundliche Reaktion auf diese Knappheit sein. All die Leute, die zuvor die reguläre Seite facebook.com via Tor besucht haben, können seitdem gleich die .onion-Seite verwenden. Dann verbleibt der Datenverkehr zwischen User und Facebook komplett im internen Tor-Netzwerk, ohne dass Ausgangsknoten beansprucht werden müssen, meint der Tor-Aktivist Bartl: «Vielleicht war das auch ein Beitrag von Facebook, um die knappe Ausgangsknoten-Kapazität von Tor zu schützen und nicht übermäßig unnötig zu strapazieren.»

In einer individuell definierten Exit-Policy können die Betreiber*innen festlegen, dass sie nicht an der heiklen letzten Station eines Tor-Pfads stehen wollen (Exit steht hier für die Art des akzeptierten Datenverkehrs). Es lassen sich auch andere Einschränkungen definieren. So kann man etwa nur eine bestimmte Art von Inhalten akzeptieren, nur Web- und Mail-Inhalte, aber keine Datenpakete aus den oft illegalen Filesharing-Netzwerken für Filme, Serien oder Musikalben. Darüber hinaus vergibt der Tor-Mechanismus auch in Eigenregie Rechte.

Am Verzeichnis-Ring, der Liste aller aktuell verfügbaren .onion-Adressen mit ihren Kontaktpunkten, dürfen ausschließlich Knoten teilnehmen, die als stabil gelten. Für jeden Knoten wird in permanenten Tests geprüft und analysiert, welche Geschwindigkeit und Bandbreite er zur Verfügung stellt und wie zuverlässig erreichbar er ist. Der Algorithmus, der den Pfad auswählt, den das jeweilige Datenpakt durch Tor nehmen soll, berücksichtigt diese Faktoren. Er wählt bevorzugt die leistungsstarken Knoten mit hohem Volumen aus,

Traffic soll schließlich stets schnell durchs Netzwerk geleitet werden, und die einzelnen Knoten sollen nicht plötzlich offline gehen. Ein einzelner, besonders leistungsstarker Knoten kann deswegen wichtiger und mehr frequentiert sein als 200 kleinere.

Die neun Tor-Weisen

Beurteilt werden diese Eigenschaften von einer kleinen Gruppe an Leuten, die dafür zuständig sind, das Tor-Netzwerk zu hüten. Sie betreiben Tor-Verzeichnis-Server, die regelmäßig technische Tests durchführen und für alle Knoten ein Votum zu deren Eigenschaften abgeben: wie schnell, wie leistungsstark und verlässlich sie sind. Sie haben auch die Möglichkeit, verdächtige Knoten aus dem Netzwerk zu entfernen. In einem stündlich neu erstellten Konsenspapier werden die Voten mit allen Übereinstimmungen und Abweichungen zusammengefasst. Neun solcher besonderer «Verzeichnis-Autoritäten» gibt es. Ihnen wird eine besonders hohe technische Kompetenz, Unabhängigkeit und Unbestechlichkeit zugetraut.

Es ist auch öffentlich bekannt, wer zur kleinen Gruppe der neun Tor-Weisen gehört. Drei davon sitzen in den USA, jeweils zwei in den Niederlanden und der Bundesrepublik und jeweils einer in Schweden und in Österreich. Sebastian Hahn, einer der beiden deutschen Tor-Hüter, hat 2014 unfreiwillig Prominenz auch jenseits technisch interessierter Kreise erlangt. Einem Rechercheteam von NDR und WDR war es zusammen mit einem Mitarbeiter des Tor Projects gelungen, ein Überwachungsprogramm aus dem Hause des US-Geheimdienstes NSA einzusehen, das ihnen zugespielt worden war. Im Quellcode der Software XkeyScore hatten sie die IP-Adressen von Tor-Verzeichnis-Servern gefunden. Hahn, damals noch Informatikstudent an der Universität Erlangen-Nürnberg, galt deswegen als zweites deutsches NSA-Überwachungsopfer nach Angela Merkel. Andere prominente Tor-

Hüter sind der US-Entwickler Roger Dingledine, einer der frühen Väter der Anonymisierungssoftware und heutige Direktor der Tor-Organisation. Und auch das linke Kollektiv Riseup ist Teil des kleinen Kreises aus neun Verzeichnis-Autoritäten.

Ballungen und andere Konflikte

Mit seinem Verein Zwiebelfreunde betreibt Moritz Bartl verschiedene Exit-Knoten; beteiligt ist auch die Hackerorganisation Chaos Computer Club, sowohl als Verein wie auch über Privatinitiativen einzelner Mitglieder*innen. Die US-amerikanische Wikimedia Foundation, die hinter der Online-Enzyklopädie Wikipedia steht, stellt zwei kleinere, die Organisation Reporter ohne Grenzen hingegen zwei sehr leistungsstarke Knoten.

Ansonsten ist das Netzwerk der 7300 Tor-Knoten über die halbe Welt verteilt. Allerdings ist «halbe Welt» vielleicht etwas zu hoch gegriffen. Startet man den Tor-Browser immer wieder neu und schaut sich die gewählten Routen an, zeigt sich, dass der Kreis der beteiligten Länder doch sehr überschaubar ist.

Diesen ersten Eindruck bestätigt die Seite Tor Flow. Sie visualisiert Orte und Datenflüsse innerhalb von Tor. Schon ein erster Blick lässt die romantische Vorstellung eines global verteilten Netzwerks zusammenbrechen. Ähnlich wie zu Anfangszeiten des normalen Internets spielt sich das meiste in zwei reichen Weltregionen ab, in Westeuropa und den USA, und dort vor allem in vier Ländern. Von den 7300 einzelnen Knoten liegen 1500 in der Bundesrepublik Deutschland, 1300 in den USA, 900 in Frankreich und 600 in Holland. Russland bricht mit 400 Knoten als einziges, nicht westliches Land aus dieser Logik aus.

Moritz Bartl vom Verein Zwiebelfreunde gibt zu bedenken, dass die Karte mit Bedacht zu deuten ist. Standpunkt des

Tor-Knotens und tatsächlicher Wohnort seien oft nicht identisch. Aufgrund des überschaubaren Datendurchsatzes heimi-
scher Internet-Leitungen wird für den Betrieb von Tor-Knoten Knoten meistens ein Platz in den Serverhallen der großen
Internet-Provider angemietet, vor allem bei denjenigen, die
billig Bandbreite anbieten. Besonders beliebt ist hierzulande
der Provider Hetzner mit Sitz im bayerischen Gunzenhausen,
auf dessen Server allein mehr als 300 Knoten laufen.

Und dass nur vier Länder mit 60 Prozent mehr als die
Hälfte aller Knoten beherbergen, liege schlicht daran, dass in
der Bundesrepublik, den USA, den Niederlanden und Frankreich die Bandbreite am billigsten ist. Anderswo ist sie oft
deutlich teurer, auf anderen Kontinenten wie Afrika, Südamerika und Asien, in denen höchstens eine Handvoll Knoten in
der Karte aufleuchten, sogar oft unerschwinglich. Hinzu
kommen unterschiedliche politische Rahmenbedingungen.
Einigen Behörden in der Bundesrepublik mag ein Engagement für anonyme Kommunikationstechnologie vielleicht
nicht gefallen, sie können aber rechtlich nichts dagegen tun.
In Ländern wie China oder Saudi-Arabien hingegen kann das
Betreiben eines Tor-Knotens gefährlich werden.

Meistens sei bekannt, so Bartl, wer zumindest die leistungsstarken Tor-Knoten betreibt. Oft sind es nicht profitorientierte Organisationen, die in Torservers.net organisiert sind,
einem von Bartl ins Leben gerufenen, lockeren Zusammenschluss nicht profitorientierter Organisationen, in dem sich
deutlich mehr als die Hälfte aller Kapazitäten des Netzwerks
versammelt.

Organisationen aus 14 Ländern sind daran beteiligt. Neben Zwiebelfreunde e.V., der formal noch in Dresden sitzt,
wo er von Bartl ins Leben gerufen wurde, ist hierzulande der
von Schülern gegründete Verein SaveyourPrivacy mit Sitz in
der Baden-Württembergischen Kleinstadt Schorndorf dabei.
Vergleichbar mit Zwiebelfreunde e.V. gibt es auch in anderen
Ländern explizite Zusammenschlüsse zur Unterstützung von
Tor, in Frankreich etwa «Nos Ognions» und in Island «Ice-

Tor». Beteiligt sind auch eine schwedische und eine kanadische Organisation für digitale Freiheitsrechte. Im Herzen der klassischen Internetwirtschaft stellt das Hacker-Café Noisebridge in San Francisco volumenstarke Tor-Knoten zur Verfügung. Der Kreis der vier Kern-Nationen weitet sich somit noch etwas aus, das Muster aber bleibt gleich: Bis auf eine Ausnahme sind nur Organisationen aus reichen Ländern West- und Nordeuropas oder Nordamerikas Teil der Tor-Infrastruktur. Diese Ausnahme ist die im politisch vergleichsweise liberalen Libanon angesiedelte netzaktivistische Organisation «Cyber Arabs», die sich für die Verbreitung digitaler Sicherheitstechnologien in der arabischen Welt einsetzt.

Bartl gibt zu bedenken, dass die reine Zahl der Knoten nur die halbe Geschichte über die Machtverhältnisse im Tor-Netzwerk erzählt, da leistungsstarke Knoten eben deutlich häufiger frequentiert werden. In der öffentlich einsehbaren Datenbank compass.torproject.org wird die Wahrscheinlichkeit angegeben, mit der Knoten für die drei Positionen der Tor-Route ausgewählt werden. Einige Knoten werden mit einer Wahrscheinlichkeit von nahezu null ausgewählt, die mit der meisten Power haben einen Wert von um die 0,5 Prozent. Das scheint auf eine einigermaßen ausgeglichene Verteilung hinzudeuten. Ein zweiter Blick in die Datenbank zeigt aber, dass es Ballungen auf einer höheren Ebene gibt. Die Netze der großen Provider des «normalen» Internets spielen auch für Tor eine bedeutende Rolle, da viele Knoten in deren großen Rechner-Hallen untergebracht sind.

Am beliebtesten scheinen französische Hoster zu sein. Der im nordfranzösischen Lille sitzende Telekommunikationskonzern OVH vereinigt über Serverhallen in verschiedenen Ländern 15 Prozent der gesamten Tor-Kapazität, beim Pariser Unternehmen Online S.a.S. sind es 13 Prozent. Hohe Anteile von um die 7 Prozent hat auch der deutsche Provider Hetzner. Die Zahlen schwanken mitunter, zumindest der Anteil der beiden Erstplatzierten bewegt sich aber stets in der erwähnten Größenordnung. Damit läuft über ein Drittel des

Tor-Traffics über die Rechner von zwei französischen und einem deutschen Unternehmen. Eine theoretisch denkbare Überwachung nur dieser drei Firmen könnte weitreichende Einblicke in das gesamte Netzwerk der Anonymisierungstechnologie ermöglichen.

Die kollektive Schwarmintelligenz, die einen Gegenentwurf zum klassischen Internet mit seinen Überwachungspotenzialen darstellt, hat also auch ihre Tücken. Auf der Basis rationaler Überlegungen haben alle einzelnen Netzaktivist*innen den besten Ort für ihren Knoten ausgewählt. Im Ergebnis führt das aber zu einem Ungleichgewicht. Diese kollektive Fehlentwicklung ist potenziell in der Lage, die ganze schöne Diversität der etwa 7000 Knoten auszuhebeln.

7

Tor und das Tor Project

Geschichte und Widersprüche

Für die einen gehört es zum guten Ton, sich im Darknet anonym zu bewegen, für die anderen ist es schlicht notwendig, ihre Identität bei ihren illegalen oder verfolgten Aktivitäten geheim zu halten. Wer hinter der Darknet-Endung .onion steht, ist allerdings bekannt: eine nicht profitorientierte Organisation namens The Tor Project. Sie hat ihren Hauptsitz im US-amerikanischen Seattle, wenn auch ein großer Teil der Arbeit «remote», von unterschiedlichen Orten der Welt aus, beigesteuert wird. Es gibt eine kleine Gruppe fester Angestellter mit guten Gehältern, eine Chefin, einen Aufsichtsrat und jährliche Rechenschaftsberichte über die Arbeit und die Finanzen der Organisation.

Zusammen mit einigen frei beschäftigten Entwickler*innen und einer großen ehrenamtlichen «Crowd» an begeisterten Tor-Fans entwickelt The Tor Project die Software Tor weiter. Sie beheben Schwachstellen, betreuen die Betreiber*innen von Tor-Knoten, optimieren die Bedienbarkeit und Leistungsfähigkeit der Software und entwickeln neue Funktionen für den Tor-Browser und die Darknet-Endung .onion.

Das Darknet ist voller Widersprüche, die Organisation dahinter ist es allerdings auch. Wer sich mit dem Tor Project beschäftigt, merkt schnell, dass einige Sachen nicht so recht zusammenpassen wollen. Die Organisation mit ihren Entwicklungen gilt als subversiver Gegenspieler staatlicher Überwachung, der fern jeglicher Regierungskontrolle den Überwachungswahn von Regierungen in der ganzen Welt ins Leere laufen lässt. Das Tor Project gilt als anarchistisches Projekt, es ist der Olymp der Hackerszene, die Angestellten werden teilweise wie Rockstars gefeiert. Allerdings entstammt die Technologie ursprünglich der Logik militärischer Forschung, und das Tor Project finanziert sich bis heute überwiegend über Gelder der US-Regierung.

Und obwohl es .onion ohne die Arbeit des Tor Projects nicht geben würde, scheint die Organisation mit ihrer Erfindung zu hadern, die zu ihrem Leidwesen weniger von Oppositionellen und Whistleblowern als zum Kauf und Verkauf von Drogen genutzt wird. Mit dem gängigen Begriff «Darknet» hat sie ein Problem und würde es am liebsten aus dem Sprachgebrauch getilgt sehen. Und während die Organisation auf ihrer Webseite betont, wie sie mit ihren mächtigen Tools den Journalismus dabei unterstützt, kritisch zu berichten und Missstände ans Tageslicht zu bringen, ist sie selbst eher öffentlichkeitsscheu.

Die Darknet-Software als Kind des Militärs

Mitte der 1990er Jahre lag das Zusammengehen von DDR und BRD einige Jahre zurück, in der Musikwelt mischte DJ Bobo mit seinem Eurodance die Tanzflächen auf, das Privatfernsehen flutete die Wohnzimmer der Republik mit nachmittäglichen Talkshowformaten, und ganz langsam begann sich in größeren Teilen der Bevölkerung herumzusprechen, dass es so etwas wie das Internet gibt, das die Welt mit wenigen Klicks verbinden kann.

1995 war das Internet noch weit von seiner Allgegenwart und seinem totalitären Überwachungspotenzial entfernt, doch wurde in diesem Jahr schon der Grundstein zu dem gelegt, was heute als wichtigstes Gegenprojekt gilt: zum .onion-

Darknet und dem Anonymisierungsbrowser Tor. Das Modell dafür entstand am US-amerikanischen Naval Research Laboratory (NRL), einer Abteilung des US-amerikanischen Verteidigungsministeriums, in dem zu technologischen Grundlagen und Anwendungen geforscht wird, die für die Militärinteressen des Landes interessant sein könnten. Verschiedene, auch zivil genutzte Forschungen, entstanden in solchen militärischen Kontexten. Entweder wurden sie direkt an Forschungseinrichtungen des US-Militärs entwickelt oder von der DARPA (Defense Advanced Research Projects Agency) gefördert. Das ist eine einflussreiche Behörde, die dem Verteidigungsministerium untersteht und Projekte an Universitäten oder militärischen Forschungsstellen fördert. Forschungen an Gammastrahlen, die Basis von Röntgengeräten, wurden so finanziert, und die Grundlagen des Internets wurden auf diese Art entwickelt.

Für die NRL-Mitarbeiter der Abteilung für «High Assurance Computer Systems» war zum einen klar, dass die digitale Kommunikation via Internet ein erhebliches militärisch-geheimdienstliches Potenzial hat. Es zeichnete sich für sie aber auch ab, dass es sensible Operationen erschweren kann, wenn der Absender und der Empfänger einer Nachricht über IP-Adressen von Unbefugten identifiziert werden können. Der Mathematiker Paul Syverson sowie die Informatiker David Goldschlag und Michael Reed wollten eine Möglichkeit entwickeln, das zu verhindern. Es hätte darüber hinaus den Vorteil, dass die über die ganze Welt verteilten US-Auslandsagent*innen auch in feindlich gesinnten Ländern «nach Hause» kommunizieren können, ohne offenzulegen, dass da jemand mit einer verdächtigen Adresse in den Vereinigten Staaten Kontakt aufnimmt.

Sie entwickelten das bekannte Zwiebel-Modell: Kommunikation wird zwar über die normalen IP-Adressen des Internets abgewickelt, sie wird aber verschleiert, indem sie stets den Umweg über drei Knoten nimmt. Sie nannten es Onion-Routing. Im Jahr 1995 begannen die ersten Arbeiten an Tor, wie der Entwickler Syverson in einer Chronologie auf der NRL-Seite Onion-router.net beschreibt.

Ein Jahr später, im Mai 1996, präsentierten sie auf einer Veranstaltung der Universität Cambridge ein erstes Papier mit Forschungsergebnissen. Zudem fuhren sie erste Tests und ließen auf einem Rechner des Naval Research Laboratorys einen Prototypen der bis dahin entwickelten Software laufen. Über fünf simulierte Knoten schickte dieser erfolgreich verschleierten Internet-Traffic hin und her. Die Veröffentlichung ihrer Forschungsergebnisse war für die Autoren tendenziell heikel, zu der Zeit galt noch eine aus dem Kalten Krieg stammende strikte Exportkontrolle von Technologie, die unter anderem auch Verschlüsselungslösungen umfasste.

Schon im Aufsatz «Hiding Routing Information», den das Wissenschaftler-Trio 1996 vorstellte, deuteten sich zwei Dinge an. Zum einen schrieben sie: «Es gibt eine offensichtliche Spannung zwischen Anonymität und Strafverfolgung.» Bereits damals war ihnen also bewusst, wie sehr die Entwicklung von Anonymisierungstechnologie für die Regierung ein zweischneidiges Schwert ist. Als mögliche Antwort schlugen sie ein System von Schlüsselhinterlegungen für Ermittlungsbehörden vor, das dem Staat ein Aushebeln der Anonymität erlauben würde. Zum anderen schrieben sie: «Onion-Routing ist nur effektiv, wenn die Knoten weit verteilt und genutzt werden.» Es war also auch von Anfang an klar, dass die Anonymisierung nur funktionieren kann, wenn das Militär seine Entwicklung paradoxerweise mit einer größtmöglichen Zahl an nicht militärischen Usern teilt.

In den Folgejahren zog sich die Arbeit hin. Der Programmcode wurde verbessert, teilweise verworfen und neu geschrieben. 1997 präsentierten sie auf einem Workshop die Grundlage für Hidden Services, die .onion-Adressen des Darknets. 1998 gab es einen neuen Test-Prototypen, diesmal war es ein Netzwerk aus 13 Knoten. 1999 pausierte die Entwicklung von Tor offiziell. 2000 wurde ein Patent für das Onion-Routing ausgestellt, 2002 wurde der Bauplan komplett neu geschrieben, da die ursprüngliche Version laut Meinung der Entwickler veraltet und voll mit störenden Schnipseln überflüssiger Programmiercodes war. 2003 wurde das Tor-Netzwerk endlich öffentlich gestartet, die Software wurde unter einer Open-Source-Lizenz veröffentlicht, so dass jeder sie einsehen und nutzen konnte. Zum Ende des Jahres bestand das Netzwerk aus etwa einem Dutzend Tor-Knoten, die von Freiwilligen betrieben wurden, die meisten davon lagen in den USA und einer in der Bundesrepublik Deutschland.

2004 wurde das Tor-Paper «The 2nd generation Onion Router» veröffentlicht, das detailliert (und überraschend allgemeinverständlich) beschreibt, wie die zwiebelartige Verschleierung von Internet-Traffic via Tor und das geheime Betreiben von Servern via .onion funktionieren. Das Tor-Netzwerk entwickelte sich seitdem stetig weiter: Ende des Jahres war es auf mehr als 100 Knoten angewachsen, die auf drei Kontinente verteilt waren. Im gleichen Jahr wurde auch die Funktion von Hidden Services freigeschaltet. Als Erstes wurde ein Hidden Wiki erstellt, eine Liste, die zukünftige .onion-Adressen sammeln soll. Das dürfte das faktische Geburtsjahr des .onion-Darknets gewesen sein.

Roger Dingledine: das Tor-Mastermind kommt hinzu

Das bis heute maßgebliche Paper von 2004 hat nicht mehr das ursprüngliche Entwickler-Team geschrieben. 1999 hatte die Arbeit am Onion-Routing eine Zwangspause eingelegt, weil die meisten Mitwirkenden das Naval Research Laboratory verlassen hatten. Syverson blieb und fand bald Ersatz. Im Jahr 2000 lernte er auf einem Workshop Roger Dingledine kennen, einen talentierten Entwickler, der frisch von der renommierten Privatuni Massachusetts Institute of Technology (MIT) kam und eine Abschlussarbeit zu anonymen Online-Publi-

shing-Systemen geschrieben hatte. Mit diesem Aufeinander-
treffen waren, wie Syverson in seiner Chronologie schreibt,
die Samen für die zukünftige Entwicklung von Tor gesät worden. Syverson überzeugte den jungen Absolventen, mit ihm
an Tor zu arbeiten, später gewann er noch Nick Mathewson,
ebenfalls ein MIT-Absolvent. Die beiden neuen Partner des
Dreierteams prägen seitdem Tor, vor allem Roger Dingledine,
Übervater und öffentliches Gesicht von Tor.

Dass das Projekt 1999 hakte, lag nicht nur an der personel-
len Ausdünnung, sondern auch daran, dass die Finanzierung
ausgelaufen war und es noch keine neue gab. Zwar wurde Tor
am staatlichen Naval Research Laboratory entwickelt, war jedoch trotzdem auf eine immer wieder erneuerte Projektför-
derung angewiesen. Anfangs gab es nur Geld aus den Töpfen
der NRL, später beteiligte sich auch die militärische For-
schungsförderung DARPA über verschiedene Programme
an der Finanzierung. Meist gab es Geld für sehr konkrete Ein-
zelvorhaben: die Weiterentwicklung von Version 1 oder Version 2 der Software, eine klar beschriebene Verbesserung der
Sicherheit oder die Entwicklung von Hidden Services. Mit
dem Hinzukommen von Dingledine und Mathewson hat die
NRL begonnen, die Entwicklung outzusourcen und außerhalb des NRL-Rahmens weiterzubetreiben. Viel von der Arbeit an der 2004 vorgestellten zweiten Generation der Tor-
Software wurde auf Basis eines NRL-Vertrags von der Firma
Moria Research Labs vorgestellt, einem Beratungsunternehmen von Roger Dingledine.

Der Zweck von Tor war anfangs klar militärisch, wie
Anmerkungen früher Akteure belegen. So hieß es im ersten
Tor-Paper von 1997: «Da Geräte für die militärische Kommunikation in zunehmendem Maße von öffentlicher Kommuni-
kationsinfrastruktur abhängen, ist es wichtig, diese Infrastruktur so zu nutzen, dass sie Traffic-Analysen trotzt. Es
könnte auch nützlich sein, anonym zu kommunizieren, zum
Beispiel, wenn es darum geht, geheimdienstlich relevante Informationen aus öffentlichen Datenbanken zu sammeln.»

Sehr konkret wird ein Zitat des Informatikers Michael Reed, der im anfänglichen Entwicklerteam bei der NRL war: «Die ursprüngliche Frage, die hinter der Erfindung von Online-Routing steckte, war: ‹Können wir ein System bauen, das eine Zweier-Kommunikation über das Internet erlaubt, bei dem die Quelle und das Ziel der Kommunikation nicht von einer dritten Partei in der Mitte erkannt werden kann?› Der Zweck war eine Nutzung durch Militärs und durch Geheimdienste …» Es sei ganz klar nicht darum gegangen, Oppositionellen in repressiven Ländern zu helfen, und auch nicht, Kriminellen die Verwischung elektronischer Spuren zu ermöglichen oder gar «10-Jährigen eine Möglichkeit an die Hand zu geben, einen Anti-Pornographie-Filter zu umgehen». Natürlich habe man gewusst, dass dies unvermeidbare Nutzungen der Technologie sind, aber es zählte nicht im Vergleich zu dem militärisch-geheimdienstlichen Problem, das es zu lösen galt.

Moritz Bartl vom deutschen Verein Zwiebelfreunde, der die Entwicklung von Tor seit Jahren begleitet und viele verschiedene Akteure kennengelernt hat, hält es hingegen eher für eine Legende, dass Tor tatsächlich großen strategischen Nutzen für Agenten und Militärs hatte. Womöglich habe den Erfinder und Initiator Paul Syverson nicht wirklich die Sorge um die Anonymität von US-Geheimagenten angetrieben, sondern sein Forscherdrang und die Lust darauf, die Möglichkeiten der neu aufkommenden Verschlüsselungstechnologien auszuloten. Und womöglich habe er sich schlicht ein Szenario zurechtgelegt, das die Technologie für seine militärischen Geldgeber schmackhaft macht. Das hält Bartl für plausibler: «In den USA kommen die Mittel für Forschung oft vom Militär und dessen gut ausgestattetem Forschungsapparat. Während in Europa viel über die großen Forschungsgesellschaften läuft, braucht man in den USA diese direkten Gelder vom Staat, um zu forschen und Leute zu beschäftigen. Wobei dann viele der Entwicklungen, die ursprünglich vom Militär finanziert wurden, heute außermilitärisch genutzt werden.» Auch die Entwicklung des Internets sei so finan-

ziert worden, da hieß es, dass man für den Fall eines Atom-
kriegs ein stabiles militärisches Netz bräuchte. Und im Falle
von Tor habe Syverson dann halt beschrieben, wieso das alles
so unglaublich interessant für den Geldgeber Naval Research
Laboratory sein könnte.

Tor muss sich öffnen

Schon im ersten Paper von 1997 hatte sich angedeutet, dass
Tor für andere Kreise geöffnet werden muss. In einem Vortrag 2004 hatte Dingledine die Logik dahinter so beschrieben:
«Die US-Regierung kann nicht ein Anonymisierungssystem
für jedermann betreiben und es dann nur selbst nutzen. Jedes
Mal, wenn es eine Verbindung gibt, würden die Leute dann
sagen: ‹Oh, es ist ein CIA-Agent.› Wenn das die Einzigen
sind, die das Netzwerk nutzen.» Dieser Logik zufolge
brauchte man, was in technischen Kreisen «Cover-Traffic»
heißt: Verbindungen und Datenpakete ganz anderer
Nutzer*innen, in deren Masse die Geheimdienste und Ermittlungsbehörden untergehen können.

Das Team der zweiten Stunde aus dem NRL-Mann Syverson sowie den hoffnungsvollen Uni-Absolventen Dingledine
und Mathewson machte sich nun daran, diese Idee umzuset-
zen. Schon 2003 war das Tor-Netzwerk geöffnet und der
Code als Open-Source-Software freigegeben worden. Nun
ging es daran, auch die institutionellen Verbindungen zu kap-
pen, sprich Tor und die NRL formal voneinander zu trennen.
Tor sollte als gemeinnützige Nichtregierungsorganisation
weiterbestehen. Bis dies von den zuständigen Behörden offiziell genehmigt und zugelassen war, übernahm die US-amerikanische Internet-Nichtregierungsorganisation Electronic
Frontier Foundation (EFF) ab Ende 2004 die Finanzierung
der beiden Entwickler. Im Dezember 2006 war es dann so
weit. Roger Dingledine, Nick Mathewson und einige weitere
Personen gründeten offiziell The Tor Project, als nicht profit-

orientierte Organisation mit Sitz in der Stadt Boston im Bundesstaat Massachusetts.

Aus den etwa 100 Knoten Ende 2004 sind inzwischen mehr als 7000 geworden sowie mehr als zwei Millionen Tor-Nutzer*innen pro Tag. Im Jahr 2016 hatte das Tor Project 16 Festangestellte und etwa ein Dutzend externe, freie «Contractors», die auf Vertragsbasis für die Organisation arbeiten. Seit Ende 2015 leitet Shari Stelle die Organisation, eine als fair und effektiv geschätzte Juristin, die zuvor Chefin der Electronic Frontier Foundation war. Die Vergütungen der Angestellten bewegen sich laut Aussage des Tor Projects an der unteren Skala des Branchenüblichen. 2015 hatten die beiden Entwickler Mathewson und Dingledine als Spitzenverdiener 135 000 Dollar Jahresgehalt bekommen, die anderen etwas weniger. In dem Jahr war die Organisation allerdings zwischenzeitlich ohne Geschäftsführer*in gewesen. Die heutige Chefin Shari Steele kam nach einer längeren Personalsuche erst Anfang Dezember an Board, so dass ihr Gehalt im letzten verfügbaren Jahresbericht für 2015 nicht auftaucht. Es dürfte allerdings etwas höher liegen. Das Grund-Salär des Steele-Vorgängers Andrew Lewman im Jahr 2014 betrug 150 000 Dollar.

Die Firma The Tor Project, Inc. mit Hauptsitz im US-amerikanischen Seattle ist dabei nur eine Säule des Tor-Projekts. Die zweite große Säule ist eine länderübergreifende Community. Das ähnelt der Struktur hinter Wikipedia, die sich aus einem «formalen» Organisationszweig, der US-amerikanischen Wikimedia Foundation, und Länderabteilungen wie dem deutschen Wikimedia-Verein zusammensetzt. In der Wikimedia Foundation gibt es Festangestellte, die die benötigte Software entwickeln und konzeptuelle Weichenstellungen vornehmen. Demgegenüber steht eine lose organisierte Community in der halben Welt, die die Inhalte der Online-Enzyklopädie erstellt.

Die grobe Arbeitsteilung bei Tor sieht so aus: Das Tor Project ist für die Software zuständig, auf der der Tor-Browser und die Darknet-Endung basiert. Die Community hingegen stellt die Infrastruktur mit ihren Tausenden Tor-Knoten zur Verfügung.

Ein Unterschied zu Wikipedia und ähnlichen Projekten mit einer professionellen und einer Community-Struktur liegt vielleicht im starken Uni-Bezug bei Tor, meint Moritz Bartl vom Verein Zwiebelfreunde: «Bei etwa der Hälfte der Community gibt es einen akademischen Hintergrund, die Leute arbeiten an Lehrstühlen an Universitäten in verschiedenen Ländern. Man könnte somit sagen, dass es bei Tor quasi einen inoffiziellen Wissenschaftsbeirat gibt.» Die Wissenschaftler*innen machen in Studien auf Sicherheitsprobleme von Tor aufmerksam und stellen Ideen für Weiterentwicklungen vor, manchmal auch in Form von konkreten Programmier-Bausteinen. Wenn aus der Forschungs-Community guter Input kommt, übernehme das das Tor Project auch gerne.

Kern der Zusammenarbeit zwischen Project und Community sind zwei halbjährlich stattfindende Tor-Treffen an wechselnden Orten, auf denen die Festangestellten und Teile der Community technische und organisatorische Fragen diskutieren. Im Frühjahr 2017 haben 120 Leute teilgenommen. Andere Kommunikations- und Entscheidungskanäle sind diverse Mailinglisten, die meistens öffentlich und für jedermann zugänglich sind. Fehlermeldungen und auch konkrete Änderungsvorschläge werden in einer Bugtracker genannten Datenbank auf der Tor-Webseite gesammelt. Für jeden Eintrag gibt es ein «Ticket», das dann von anderen aufgegriffen und diskutiert wird. In einem Wiki auf der Tor-Homepage werden Protokolle der Tor-Treffen hochgeladen und verschiedene andere Dokumente zur Verfügung gestellt. Das Tor Project schätzt, dass die weltweite Community aus etwa 3000 Leuten besteht.

Der Übergang vom militärischen zum zivilgesellschaftlichen Projekt scheint heute also gelungen. Die Organisation genießt einen ausgezeichneten Ruf. Wer das Glück hat, dort zu arbeiten, ist gern gesehener Gast auf den Konferenzen der Netz- und Hacker-Communities. Wichtige zivilgesellschaftliche Organisationen empfehlen die Tor-Software, etwa Reporter ohne Grenzen, die Menschenrechtsorganisation Human Rights Watch und linke Technologie-Kollektive wie das Kommunikationsnetzwerk Riseup. Auch Edward Snowden, der zum Staatsfeind Nr. 1 in den USA wurde, nachdem er die umfassende Überwachung des globalen Internetverkehrs durch den Geheimdienst NSA durch Leaks publik machte, ist bekennender Tor-Fan. Und vor allem gilt Tor heute als anarchistisches Gegenprojekt zum Herrschaftsanspruch von Regierungen, die, wie seit Snowden bekannt ist, jegliche digitale Lebensäußerung sammeln, speichern und auswerten wollen.

Das ist das erste, spannende Paradox beim Tor Project: dass aus dieser im militärischen und geheimdienstlichen Kontext geborenen Idee heute ein zivilgesellschaftliches Projekt geworden ist, das Leuten das Gefühl gibt, dem digitalen Allmachtsanspruch von Regierungen und Netz-Konzernen nicht komplett ausgeliefert zu sein.

Die Crux mit der Finanzierung

Der zweite Widerspruch: Formal ist Tor als eingetragene, gemeinnützige Organisation selbstständig. Allerdings kommt das Geld für die Pflege und Entwicklung der Software und für die Gehälter der Angestellten zum überwiegenden Teil von der US-Regierung, vor deren dreisten und großflächigen Überwachungsprogrammen Tor schützen will. Das heißt auch, dass das prominenteste und als besonders effektiv geltende Gegenprojekt staatlicher Überwachung indirekt von Geldern dieser Regierung lebt. Eine absurde Situation, vielleicht so schizophren wie das Darknet selbst.

Diese Information lag schon länger vor, sie stand in den Jahresberichten, die das Tor Project als gemeinnützige Non-

Profit-Organisation jährlich abliefern muss. Lange Zeit war das aber nie so richtig problematisiert worden: Wie kann so etwas denn sein? Im Juli 2014 hat der US-Journalist Yasha Levine das gemacht und in einer langen Analyse auf seinem Medium Pando.com die Zahlen aus den Finanzberichten zusammengetragen, die Geld gebenden Behörden skizziert und Fragen aufgeworfen, was das bedeutet. Er hat dargestellt, wie nach einer kurzen Förderphase durch die Electronic Frontier Foundation der Löwenanteil des Geldes weiterhin von der Regierung kam, von einer kleinen Gruppe an Behörden und Ministerien. Levines Recherchen führten zu einem heftigen, kleinen Shitstorm von Leuten aus der netzaktivistischen Szene, die ihm übel nahmen, dass er auf diesen wunden Punkt bei Tor aufmerksam gemacht hatte.

Und wie aus dem letzten veröffentlichen Jahresbericht des Tor Projects für das Jahr 2015 hervorgeht, hat sich die Situation nicht grundlegend verändert. In einem Blogpost zur Veröffentlichung des Berichts räumte der Forschungsdirektor Roger Dingledine ein: «Die Einnahmen aus individuellen Spenden und aus anderen Nicht-Regierungssachen sind höher und haben 2015 einen höheren Anteil als 2014, sie bewegen sich aber noch im Bereich von 10 bis 15 Prozent.» Bei 85 bis 90 Prozent der Mittel handelt es sich also um Regierungsgelder.

Insgesamt gab das Tor Project für 2015 Brutto-Einnahmen in Höhe von 3,3 Mio. US-Dollar an, etwa ein Viertel mehr als im Jahr zuvor. 2,9 Mio. gab das Unternehmen in dem Jahr aus, so dass ein Überschuss von 0,4 Mio. entstand, der in die Reserven des Tor Projects ging. Auf Gehälter der Angestellten entfielen 1,1 Mio., der Rest wurde vor allem für externe Dienstleistungen und Verträge aus dem IT-Bereich, für externe Buchführung und für Reisekosten ausgegeben.

In Anbetracht der Bedeutung des Projekts und der Vielzahl an Leuten, die involviert sind, erscheint das Budget des Tor Projects bescheiden, meint Dingledine in dem Blogpost stolz. Und es sei winzig im Vergleich mit den Geldern, die

«unsere Feinde» ausgeben, um aus der Welt einen gefährliche-
ren und weniger freien Ort zu machen.

Bei 14 Prozent der 3,3 Millionen handelte es sich um nicht
weiter erläuterte «andere» Einnahmen wie Geschenke, Zuschüsse, Stipendien und Ähnliches. Das dürften die von Dingledine erwähnten 10 bis 15 Prozent Nicht-Regierungsgelder
sein. 86 Prozent der Einnahmen wurden einem Bereich namens «Program Service Revenue» zugeordnet, für den vier
Geldgeber ausgewiesen werden.

Absolut 960 000 Dollar (29 Prozent) kamen aus dem Topf
des US-Außenministeriums. Davon wiederum stammten
860 000 vom Bureau of Democracy, Human Rights and La-
bor (DRL), einer dem Ministerium unterstellten Abteilung,
die laut ihrer Eigendarstellung weltweit Demokratie und
Menschenrechte voranbringen will. Weitere 100 000 Dollar
zahlte die Organisation Internews. Im Bericht heißt es aber,
dass es sich dabei um weitergereichte Zuschüsse («Pass-
through») des DRL handelt.

Der zweitgrößte Geldgeber mit Zahlungen in Höhe von
890 000 Dollar (27 Prozent) war Radio Free Asia, ein staatlicher Auslandssender, der zu einer Behörde namens Broadcasting Board of Governor gehört, die für sämtliche nicht militärischen Rundfunkprogramme der Regierung zuständig ist.
Die Behörde untersteht formal keinem Ressort, sie erhält ihr
Budget direkt vom US-Kongress. Allerdings sitzen im Beirat
Vertreter von Ministerien. Radio Free Asia produziert Inhalte
für verschiedene asiatische Länder, darunter China und Nordkorea.

720 000 Dollar (22 Prozent) stammten aus Verträgen mit
dem Stanford Research Institute (SRI), eigentlich einem unabhängigen, universitären Institut, das allerdings überwiegend von staatlichen Forschungsmitteln lebt, die wiederum
zu zwei Dritteln vom US-Verteidigungsministerium stammen. In den beiden Vorjahren fand sich im Abschlussbericht
die Anmerkung, dass die SRI-Gelder dem Verteidigungsministerium zugeordnet werden müssen, da es sich um durch-

gereichte «Pass-through»-Zuwendungen handelt, zugehörig zum Bereich «internationale grundlegende und angewandte Forschung und Entwicklung in Bereichen mit Bezug zur Navy Command, Control, Communications, Computers, Intelligence, Surveillance, and Reconnaissance». Diesen Hinweis gibt es nicht mehr. Die Anmerkung von Roger Dingledine, dass 85 bis 90 Prozent der Gelder aus Regierungsquellen stammen, macht allerdings nur Sinn, wenn auch die Zuwendungen des Stanford Research Institutes dazu gezählt werden. Auf Nachfrage antwortete der damalige Pressesprecher und Kommunikationsdirektor des Tor Projects Joshua Gay nur kurz: «Ja, ich glaube, es handelt sich dabei ebenfalls um Pass-through-Mittel.»

Schließlich kommt noch ein kleinerer Betrag von etwa 230 000 Dollar (7 Prozent) von der National Science Foundation, einer mit Bundesmitteln ausgestatteten akademischen Förderinstitution, die allerdings in Selbstverwaltung Gelder vergibt, vergleichbar mit der Deutschen Forschungsgemeinschaft.

Im begleitenden Blogpost erläutert Dingledine, wie solche Verträge mit Regierungsgeldgebern aussehen. Dabei gebe es zwei Varianten. Zum einen eine Art Kostenerstattungsmodell, bei dem sie belegen müssen, dass und wie sie Geld ausgegeben haben. So läuft es bei den Mitteln vom Außenministerium und der National Science Foundation ab. Das zweite Modell basiert auf vereinbarten Meilensteinen: Man vereinbart mit dem Förderer eine bestimmte zu erfüllende Leistung und definiert dafür pauschal Kosten. Ist der Meilenstein erfüllt, wird der jeweils fixe Betrag ausgezahlt. Bei diesem Modell, auf dem die Mittelvergabe von Radio Free Asia und vom Stanford Research Institute beruht, hat das Tor Project eine größere finanzielle Souveränität. Wurden die tatsächlichen Kosten aber unterschätzt, muss die Organisation die Differenz selbst tragen.

Für diejenigen, die «befürchten, dass Regierungen zu uns kommen, weil sie uns dafür bezahlen wollen, etwas Böses zu tun», fügt er noch hinzu, wie die Beantragung von Geld abläuft. Man halte Ausschau nach Geldgebern, die allgemein in dem Bereich aktiv sind, in dem das Tor Project arbeitet. Zu denen gehe man mit einem ausgearbeiteten Plan, was man tun will und wie viel das kosten wird, und dann hoffe man darauf, dass sie zusagen. So laufe es und: «Es kommt niemals an irgendeiner Stelle vor, dass jemand zu uns kommt und sagt: ‹Ich zahle dir X Dollar für Y.›»

Die Gelder für das Tor Project stammen aus Verträgen und Zuschüssen, die sich zum Teil auf sehr konkrete Einzelprojekte beziehen. Worauf genau, geht aus den Finanzberichten nicht hervor. Allerdings hatte die US-amerikanische NGO Electronic Privacy Information Center (EPIC) den Tor-Geldgeber Broadcasting Board of Governors gezwungen, Details über seine Zuwendungen an das Tor Project offenzulegen. EPIC berief sich dabei auf das US-amerikanische Informationsfreiheitsgesetz, wonach die Regierung und die Behörden auf Antrag Dokumente aus der Verwaltung offenlegen müssen, sofern sie nicht als geheim eingestuft sind. Nachdem das BBG sich erst quergestellt hatte und Antwortfristen verstreichen ließ, konnte sich die EPIC dann doch durchsetzen. Im September 2013 veröffentlichte die Behörde ein 75-seitiges PDF, das einen Einblick in die Arbeitsweise des Tor Projects und die Förderpraxis seines Geldgebers erlaubt.

Wie aus dem Dokument hervorgeht, wurde 2012 beispielsweise Folgendes veranschlagt: Um an der Verbesserung des Tor-Browsers arbeiten zu können, werden zwei Leute angestellt und es wird Hardware gekauft, Kosten: 215 000 Dollar. Das Tor Project will dafür sorgen, dass es 125 neue und leistungsstarke Tor-Knoten gibt, die im Idealfall von kleinen Unternehmern zur Verfügung gestellt werden und sich global über Nord-Amerika, Europa, Asien, Afrika und Südamerika verteilen, Kosten: 225 000 Dollar. Zudem sollen auch zusätzliche 75 Bridge-Server entstehen, die dazu dienen, bei Internetzensur im Falle blockierter Knoten dennoch einen Zugang zu Tor zu ermöglichen, Kosten: 135 000 Dollar.

In den Jahren seit der Gründung waren es vor allem die drei Geldgeber Broadcasting Board Governors sowie das Außenministerium und das Verteidigungsministerium, die direkt oder durch «Pass through»-Zuschüsse das Tor Project finanzierten. Immer mal wieder gab es eher kleinere Beträge auch aus anderen Quellen: Im Jahr 2011 steuerte die schwedische Entwicklungshilfebehörde Sida 280 000 Dollar bei. Solche alternativen Geldquellen spielten aber in der Regel nur eine geringe Rolle.

Gelder vom US-Auslandssender

Besonders interessant findet der Journalist Yasha Levine, der lauteste Kritiker des Tor Projects, einen Förderer: den Broadcasting Board of Governor. Dieser sei sehr früh nach der Gründung des Tor Projects auf den Plan getreten und habe direkt oder über Behördentöchter in den Jahren 2007 bis 2014 5,2 Mio. Dollar an Tor gezahlt, von denen nach Levines Recherchen allerdings nicht alle Einzelzahlungen tatsächlich in den Finanzberichten des Tor Projects auftauchten.

Die Behörde illustriert am schillerndsten das Dilemma bei der Finanzierung von Tor. Der BBG wurde, wie Levine beschreibt, in der Frühphase des Kalten Kriegs geschaffen und trug wechselnde Namen. Er war Teil der ebenfalls neu gegründeten CIA, zuständig für «psychologische Kriegsführung», gerichtet gegen kommunistische Regierungen und andere Feinde. Sie baute diverse Radiostationen auf, aber auch Zeitungen, Zeitschriften und Forschungsinstitute, die im jeweiligen Zielland die öffentliche Meinung beeinflussen und möglichst einen Machtwechsel im Sinne der US-Regierung katalysieren sollten. Radio Free Europa und Radio Liberation beispielsweise produzierten Inhalte für Länder östlich des Eisernen Vorhangs, Radio Free Asia hingegen hatte vor allem China im Visier. Zudem gab es Radio Cuba und Voice of America. 1970 dann zog sich, so Levine, der CIA offiziell aus dem Betrieb der Auslandsmedien zurück, nachdem die Verbindung zwischen dem Auslandsgeheimdienst mit seinen umstrittenen Operationen und den Radiosendern, die sich als Anwälte einer besseren Welt positionierten, bekannt wurde. Stattdessen übernahm der Kongress die Finanzierung der Projekte. Washington baute sie dann, wie Levine meint, zu einem «massiven, aus Bundesmitteln finanzierten Propagandaapparat» aus.

Die Namen der verschiedenen, von der CIA ins Leben gerufenen Einzelprojekte änderten sich immer wieder. Im Jahr 1999 reorganisierte der damalige Präsident Bill Clinton das Ganze unter dem Dach des Broadcasting Boards of Governors, als eine Art Holding Company. Obwohl der heutige BBG nicht mehr über nicht öffentliche Kassen des CIA finanziert wird, habe sich seine Rolle als «Softpower»-Akteur kaum verändert, meint Levine. Der BBG mit seinen Abteilungen engagiere sich immer noch in psychologischer, Propaganda-basierter Kriegsführung gegen Länder und politische Bewegungen im Ausland, die als den US-Interessen zuwiderlaufend angesehen werden.

Der BBG wird, so Levine, von Militärs und den besonders konservativen «Neo-Cons» gemanagt. Und noch heute gibt es ein Netzwerk an Medien: Radio Free Europe und Radio Liberty, die sich in mehr als einem Dutzend Sprachen an die Bevölkerung in Russland und einigen postsowjetischen Staaten wie Ukraine, Serbien, Georgien und Armenien richten. Es gibt Radio Cuba, das auf Iran abzielende Radio Farda, Radio Sawa mit Ziel Irak, Libanon, Libyen, Marokko und Sudan und Radio Free Asia, das auf China, Nordkorea, Laos und Vietnam abzielt.

Zudem hat das BBG, wie Levine schildert, seine Aktivitäten auch auf die Unterstützung von Technologie ausgeweitet. Die mehr als 5 Mio. Dollar, die laut Levines Recherchen zwischen 2007 und 2014 in Richtung Tor Project geflossen sind, wurden direkt über die BBG-Tochter International Broadcasting Bureau gezahlt, indirekt über die Tochter Radio Free

Asia und seit 2013 auch über den frisch aus der Taufe gehobe-
nen Open Technology Fund, eine Tochter von Radio Free
Asia.

Dieser Open Technology Fund (OTF) erfüllt nach Eigen-
beschreibung die Aufgabe, «das vom US Kongress aufgege-
bene globale Mandat von Internetfreiheit zu erfüllen». Der
Fonds finanziert neben dem Tor Project auch noch weitere
Open-Source-Projekte, bei denen ein ähnliches Dilemma
besteht. Sie treten als effektive Waffe gegen staatliche Überwachung und Zensur auf, doch sie erhalten gleichzeitig Geld
von der US-Regierung, die seit Snowden für ihren über-
bordenden Überwachungswahn bekannt ist. 2,3 Mio. gab es
für Open Whisper Systems, das verschlüsselte Text- und
Sprach-Anwendungen ermöglicht und von den als hyperano-
nym geltenden mobilen Messengern TextSecure und Signal
und auch vom weit verbreiteten WhatsApp genutzt wird.
300 000 Dollar gingen an GlobaLeaks, eine Software-Lösung,
mit der sich Wikileaks-ähnliche Whistleblower-Plattformen
aufbauen lassen. Das Project Tor hat in den Jahren 2013 bis
2016 (die aktuellen Zahlen sind schon auf der Webseite des
Fonds verfügbar) etwa 3,1 Mio. Dollar erhalten. Auch das
Guardian Project, das eine wichtige Rolle bei der Tor-Software spielt, erhielt Geld, bisher etwa 0,9 Mio. Dollar. Das
Projekt, das in keinem Zusammenhang mit der britischen
Tageszeitung steht, programmiert verschiedene Anonymisie-
rungsanwendungen, unter anderem auch Tor-Apps für das
mobile Betriebssystem Android. Zusätzlich zu den Geldern
liefert ein «Legal Lab» kostenlose Hilfestellung bei juristischen Fragen, und die geförderten Projekte können eine vom
OTF betriebene Cloud-Infrastruktur für ihre Anwendungen
nutzen.

Paradoxe Konstellation

Das ist eine schräge Situation, deren Widersprüche beim Tor Project am auffälligsten sind: Die entwickelte Software gilt als ärgste Widersacherin staatlicher Überwachungsgelüste, und kryptoanarchistische Tor-Fans sehen sie als Stachel im Pelz der überwachungswütigen NSA. Doch die Gehälter der Tor-Angestellten speisen sich indirekt fast ausschließlich von Geldern eben der Regierung, der die NSA untersteht.

Levine findet harte Worte für die Konstellation und hält sie für heuchlerisch. In einem Interview mit dem deutschen Politikmagazin *Konkret* fragte er unter anderem: «Warum finanziert die Regierung das? Und wie können die Leute, die für das Tor-Projekt arbeiten und dort ein sechsstelliges Gehalt beziehen, behaupten, radikale Gegner der Regierung zu sein?» Er hält Tor aus Regierungssicht für eine «Softpower-Waffe» im außenpolitischen Wettrennen, vor allem mit China, dem neuen, ernst zu nehmenden Widersacher nach Zusammenbruch der Sowjetunion: «Also wurde Radio Free Asia wieder zum Leben erweckt, vor allem im Internet. Aber China konnte einfach die IP-Adressen dieser Websites blockieren. Das geht sehr leicht. Die US-Regierung brauchte also eine Technologie, die es Chinesen erlauben würde, diese Zensur zu umgehen. Und Tor war die beste Lösung. Es war eine Art Brechstange, die den Amerikanern erlaubt, die chinesische Firewall zu knacken.»

In der Praxis funktioniere das nur bedingt, da die chinesische Zensur eben auch Tor-Knoten blockieren kann und sich der Versuch, Tor zu nutzen, in China kaum empfehle, da man dann schnell das Regime auf sich aufmerksam mache. Der eigentliche Zweck sei deswegen wohl eher eine «Strategie der Kostenverursachung» zwischen den Weltmächten: ein digitales Wettrüsten.

Levine erwähnt auch die unter Tor-Kritiker*innen diskutierte «Honeypot»-These. Sie fußt auf der Annahme, dass es staatlichen Stellen unter Nutzung großer Überwachungsressourcen möglich sei, Tor-Nutzer*innen zu enttarnen. In regelmäßigen Abständen gibt es wissenschaftliche Studien, die behaupten, so etwas sei in Modellversuchen gelungen. Die Antwort des Tor Projects darauf ist in der Regel ein Blogpost, der die Bedeutung der Ergebnisse hinterfragt, oft mit Verweis darauf, dass es sich um begrenzte Experimente unter idealisierten Bedingungen handelt, die in der Realität kaum vorzufinden sind. Am meisten Wirbel verursachte eine Studie, nach der es möglich ist, innerhalb von sechs Monaten 80 Prozent der Tor-User zu identifizieren. Besonders brisant war, dass die Studie von Paul Syverson stammte, dem noch heute beim Naval Research Laboratory angestellten Erfinder von Tor.

Der These zufolge könnte Tor ein «Honigtopf» sein, der all die Leute anzieht, die einen guten Grund haben, ihre Kommunikation geheim zu halten. Dann müsste man nur eine einzige Software knacken, nämlich Tor, und erhalte Zugriff auf eine vorgefilterte Gruppe besonders attraktiver Überwachungsziele. Er sei sich nicht sicher, ob das erkläre, wieso die Regierung Tor finanziert, so Levine in dem *Konkret*-Interview im November 2016. Es könnte aber nachvollziehbar machen, wieso diese Tor noch nicht stillgelegt hat, trotz aller Verbrechen, die mithilfe von Tor begangen werden.

Das alles sind Spekulationen, über deren Plausibilität man trefflich streiten kann. Wie aber geht nun das Tor Project selbst mit diesem durchaus erklärungsbedürftigen Umstand um, der so sehr an der eigenen Glaubwürdigkeit kratzt: dass ein Staat große Ressourcen für Überwachungsprogramme aufwendet, die digitale Kommunikation möglichst umfassend auslesen und analysieren können, während er gleichzeitig eine Software finanziert, die den Anspruch erhebt, eine solche Überwachung ins Leere laufen zu lassen?

Glaubt die Tor-Führung, dass es sich schlicht um eine wundersame Überlappung von Interessen zwischen der US-Regierung und dem gemeinnützigen Tor-Projekt handle, die diese Finanzierung ermöglicht und unproblematisch macht? Lachen sie sich ins Fäustchen, weil sie glauben, den Staat auszutricksen, indem sie sich von ihm eine Technologie sponsern lassen, die dessen Interessen eigentlich zuwiderläuft?

Nach einiger Kommunikation mit dem Pressesprecher des Tor Projects bleiben von mir an das Management des Tor Projects gerichtete Fragen zur Finanzierung (und zu vielen anderen Themen) dann doch unbeantwortet. Auf die Frage, inwiefern das Tor Project in der Finanzierung durch Regierungsgelder ein Problem sieht, fällt die Antwort des Pressesprechers überraschend unpolitisch aus und eher ausweichend: «Staatliche Förderung kann unzuverlässig sein, da Haushaltskürzungen Förderungen und Zuschüsse möglicherweise vermindern. Unser Ziel ist es, finanziell nachhaltiger zu werden und weniger abhängig von staatlichen Geldern.»

Leitende Mitarbeiter des Tor Projects hatten sich aber zuvor an anderer Stelle zu dem Themenkomplex geäußert. In einer Mail an Tor-User, die ein Reporter der *Washington Post* 2013 ausgegraben hat, argumentierte der damalige Tor-Project-Chef Andrew Leman, dass die Teile der US-amerikanischen und schwedischen Regierungen, die die Organisation fördern, einfach ein Interesse an den Werten Privatsphäre und Anonymität im Internet haben und dass widersprüchliches Verhalten einer Verwaltung durchaus möglich sei: «Gehen Sie nicht davon aus, dass ‹die Regierung› ein einheitliches Gebilde mit nur einem Mindset ist.» Und Roger Dingledine, der sich gegenüber dem *Washington-Post*-Autor geäußert hatte, meinte, dass es sich bei den Geldern des Verteidigungsministeriums eher um ein Forschungsstipendium als um einen konkreten Beschaffungsvertrag («Procurement Contract») handele. Die US-Regierung würde vom Tor Project keine «Produkte kaufen», sondern: «Sie fördern allgemein Forschung und Entwicklung zu besserer Anonymität, besserer Performance, Skalierbarkeit und Zensur-Resistenz. Alles, was wir tun, machen wir öffentlich.» Und er fügt hinzu, dass die Regierung das Tor Project nie aufgefordert habe, eine Backdoor zur Verfügung zu stellen, mit der sie auf Daten und Prozesse der Software zugreifen könnte. Ohnehin sei der Regierung bekannt, dass sich das Tor Project einer solchen Aufforderung energisch widersetzen würde.

Eine Einordnung von außen ist schwierig: Es ist nicht bekannt und es gibt auch keine ernst zu nehmenden Hinweise darauf, dass es jemals eine fragwürdige, konkrete Gegenleistung gegeben hätte oder irgendwelche krummen Deals zwischen Tor Project und seinen Geldgebern. Die im Jahr 2013 vom Electronic Privacy Information Center vom Broadcasting Board of Governors erzwungene Offenlegung von Dokumenten ergab zwar detaillierte Beschreibungen finanzierter Einzelprojekte, bei zwei weiteren Fragepunkten förderte sie aber nichts zutage. Die NGO hatte auch Dokumente angefordert, die im Zusammenhang entweder mit Tor-Knoten stehen, die möglicherweise vom BBG betrieben werden, oder mit Modifikationen der Tor-Software, die von der Behörde vorgenommen wurden. Der für solche Anfragen zuständige BBG-Beamte teilte mit, dass sich zu den beiden Themen keine Dokumente gefunden hätten.

Es ist auch nicht auszuschließen, dass in einem großen Regierungs- und Verwaltungsapparat unterschiedliche Abteilungen tatsächlich grundverschiedene Interessen verfolgen: Die eine Behörde bemüht sich um eine möglichst umfassende, geheimdienstliche Informationserschließung auch mit zweifelhaften Mitteln. Woanders sitzen hingegen Beamt*innen, die im tatsächlichen Glauben an den Wert von Privatsphäre im Internet und an das Gute in der Welt handeln. Und es ist möglich, dass in einer Aufrechnung von Vor- und Nachteilen Erstere für die Regierung überwiegen: Ja, Tor erschwert einerseits das Ausspionieren von Kommunikation durch die NSA, andere Behörden und befreundete Geheimdienste. Andererseits ist die Unterstützung einer Organisation wie das Tor Project gut für das Image, in dem Sinne, dass die Vereinigten Staaten trotz aller Widersprüche sich doch für Freiheitsrechte und Demokratie engagieren. Wenn Leute auf der ganzen Welt trotz Internetzensur einen Dienst wie Facebook nutzen können, kann das zudem auch strategisch Sinn machen. Die großen Internetdienstleister aus dem Silicon Valley stellen nicht nur praktische Tools für Nutzer zur Verfügung, sie fungieren mit ihren Massen an Daten über Massen an Menschen auch als Auge und Ohr für NSA & Co.

Vielleicht verfolgt die Regierung auch schlicht einen pragmatischen Ansatz, und die momentane Situation ist für sie ein Gewinn: Lieber gleich eine Entwicklung aus dem eigenen Land finanzieren, bevor sich andere Entwicklungen durchsetzen. Denn in der Tat hatte es anfangs konkurrierende Ansätze für die Anonymisierung von Internetverkehr gegeben. Schon 1998, als Tor noch ein Prototyp war, startete die kanadische Firma Zero Knowledge ihr «Freedom Network», das, wie der Tor-Erfinder Paul Syverson in seiner Chronologie der frühen Tor-Jahre schreibt, viel Ähnlichkeiten mit dem Onion-Routing hatte. Allerdings war der Dienst klar kommerziell ausgerichtet und nur für zahlende Nutzer*innen zugänglich. Im Jahr 2000 ging das an der Technischen Universität Dresden entwickelte Netzwerk Jap (für Java Anon Proxy) online, das sich vom Tor-Zwiebelprinzip zwar methodisch stark unterschied, aber auch den Ansatz verfolgte, die Identität von Kommunikationspartnern zu verschleiern. Freedom Network wurde 2001 eingestellt, da sich zu wenige User gefunden hatten, um den Dienst profitabel zu betreiben. Und auch das mit akademischem Hintergrund betriebene Jap wurde in den 2000er Jahren als eigenständiges Netzwerk faktisch eingestellt. Tor hat sich durchgesetzt, wobei die anfängliche personelle Ausstattung und die spätere Finanzierung durch Regierungsressourcen gewiss eine Rolle spielten. Mit Technologien wie I2P oder Freenet existieren zudem konkurrierende Darknets, die deutlich weniger öffentliche Aufmerksamkeit als .onion haben (siehe Anhang). Sie kranken wie viele nicht-kommerzielle Netzprojekte daran, dass ihnen eine solide finanzielle Basis wie beim Tor Project fehlt.

Selbst wenn es staatlicherseits keine krummen Deals mit dem Tor Project gibt, hat die bestehende Konstellation für die Regierung dennoch den Vorteil, dass Tor und keines der konkurrierenden Ansätze das mit Abstand wichtigste Anonymisierungsnetzwerk der Welt geworden ist. In der Verwaltung existiert erhebliche Expertise zu den technologischen Grundlagen der Software, da diese in einer staatlichen Einrichtung, sozusagen im eigenen Haus entwickelt wurde. Man hat Zugang zu den Mitarbeiter*innen des Tor Projects, mindestens dann, wenn es um die Verlängerung einer Förderung geht. Und durch die regelmäßigen Anträge für zu fördernde Einzelprojekte wird man regelmäßig und gleichsam frei Haus über Probleme und anstehende Entwicklungen informiert.

Stimmen aus der Community

Da es vom Management des Tor Projects keine Stellungnahme zur Finanzierung der Organisation gibt, sollen noch einige Stimmen aus dem Umfeld von Tor und aus der Zivilgesellschaft die Debatte ergänzen. Moritz Bartl vom Verein Zwiebelfreunde hält es für durchaus wichtig, die Finanzierungssituation kritisch zu hinterfragen, warnt aber vor einem Denken in einem strikten Gut-Böse-Schema: «Ich kann mir gut vorstellen, dass den Leuten, die in der US-Verwaltung für die Förderprogramme zuständig sind, tatsächlich ohne Hintergedanken daran gelegen ist, einen freien Zugang zum Internet in anderen Ländern zu unterstützen und eine freie Gesellschaft zu fördern. Den Betreffenden ist sicherlich klar, was Tor ist und wie widersprüchlich die Sache ist: dass sie mit ihrem Engagement durchaus den Bestrebungen anderer Behörden zuwiderlaufen, die eher gegen Tor sind.» Der Broadcasting Board of Governors beispielsweise, die Mutterbehörde des Tor-Förderers Radio Free Asia, sei eine Medienbehörde, der es vor allem darum gehe, dass die Inhalte ihrer Auslandssender dort auch zugänglich sind. Dass die Förderbeziehung zum Tor Project möglicherweise auch strategische Vorteile in einem größeren Rahmen hat, sei eher ein Seiteneffekt, der erklärt, wieso andere Regierungsstellen nicht intervenieren.

Darüber hinaus gilt es zu bedenken, dass es für Open-Source-Technologie kaum sonstige Fördermöglichkeiten gibt: In Europa werden staatliche Gelder klassischerweise über große Forschungsprojekte verteilt, deren Beantragung so aufwändig ist, dass kleinere Organisationen da schlicht nicht mitmischen können. In den USA hingegen verteile die Regierung Geld auch über kleinere Töpfe mit niedrigen bürokratischen Schwellen. Auch innerhalb der EU habe es bereits Gespräche gegeben, die allerdings noch nichts ergeben hätten.

Marek Tuszynski vom Technologie-Kollektiv Tactical Tech betont ebenfalls, wie schwierig die Finanzierung von Software-Tools ist: «Ich wünsche mir, dass es viel mehr Förderungsoptionen gibt, so dass die Finanzierung von Tools wie Tor vielfältiger wird, besonders in der EU, aber das ist nicht der Fall.» Solange es keine größere Vielfalt bei den infrage kommenden Förderquellen gibt, bleibe nur, sich anzuschauen, was die Tools genau machen und wie vertrauenswürdig sie sind. Bei den nichtkommerziellen Tools dominiere nun einmal die Förderung durch US-Mittel, das müsste aber nicht per se ein Problem sein, besonders, wenn der Programmcode als Open Source öffentlich vorliegt, wie es bei Tor der Fall ist. Darüber hinaus sei es einfach eine politische Entscheidung: «Tor geht offen damit um, wo die Gelder herkommen – wenn Ihnen das nicht gefällt, dann nutzen Sie es einfach nicht.»

Auch das Medienkollektiv Systemli, das der linken Szene Tools für politische Arbeit bereitstellt, verweist auf die Grautöne: «Der US-amerikanische Staat ist wie alle Staaten ein heterogenes Gefüge mit unterschiedlichen, oft widersprüchlichen Interessen, gegebenenfalls auch innerhalb eines Ministeriums. Zum Beispiel können verschiedene Abteilungen des Verteidigungsministeriums einerseits Interesse an der Entwicklung von sicherer, anonymisierender Software haben und andererseits ebendiese kompromittieren wollen.»

Ihr Vertrauen in die Organisation sei sehr hoch, und sie glauben nicht, dass die von US-Ministerien stammenden Mittel Tor kompromittieren. Verschwörungstheorien halten sie für Unsinn und sehen darin sogar eine größere Gefahr für Sicherheit und Anonymität im Internet, als es die Gelder aus Regierungsquellen darstellen. Schließlich verweisen sie darauf, dass das Tor Project jedes Jahr einen Transparenzbericht über seine Finanzen herausgebe, was bei vielen anderen Projekten nicht der Fall ist. Insgesamt halten sie eine breitere Finanzierungsbasis dennoch für sinnvoll: «Unbestreitbar wäre es aber gut für das Projekt, wenn mehr NGOs, Parteien, Verbände und Einzelpersonen an Tor spenden. Dies würde dem Projekt mehr Handlungsfreiheit, Unabhängigkeit und Sicherheit verschaffen und es weniger angreifbar für eine potenzielle Einflussnahme einzelner ‹Großspender*innen› machen».

Dünne Haut beim Tor Project

Auffällig ist, dass das Tor Project jenseits der Veröffentlichung von Jahres-Finanzberichten eher widersprüchlich mit dem Dilemma umgeht. Wer es benennt, wird mitunter hart angegangen. Auf dem Blog des Tor Projects hatte ein anonymer Nutzer im Herbst 2013 auf die Informationsfreiheitsanfrage des Electronic Privacy Information Center (EPIC) gegen das Broadcasting Board of Governors aufmerksam gemacht. Unter seinem Pseudonym arma antwortete Dingledine zornig auf den Hinweis: «Ich bin allgemein ein Fan des EPIC, aber das ist wirklich dämlich», schrieb er. Der BBG habe das Tor Project einfach nur unterstützt, damit sie mit neuen Knoten die Kapazität des Netzwerks vergrößern können. Aber das zähle für das EPIC anscheinend alles nicht. Dann legt er weiter nach und schimpft: Wenn die Antwort des BBG ergebe, dass die Behörde dann doch keine eigenen Tor-Knoten betreibt, werde auch das wohl wenig nutzen, da eine solche Antwort die «Verschwörungstheorien» beim EPIC wohl nur weiter anfeuern werde.

Den Journalisten Yasha Levine, der in langen, aufwändig recherchierten Artikeln die finanzielle Abhängigkeit des Tor

Projects von der Regierung problematisiert hatte, traf es deutlich härter. Er beschwerte sich einige Monate später über eine Schmutzkampagne gegen ihn, vor allem auf dem Kurznachrichtendienst Twitter. So bezeichnete eine Tor-Entwicklerin ihn als «Yasha the Foul» oder als «fucktard's fucktard». Der damalige, prominente Tor-Mitarbeiter Jacob Appelbaum bezeichnete Levines Text als «ein Haufen Bullshit». Als er auf Twitter aufgefordert wurde, sich doch lieber inhaltlich mit dem Artikel auseinanderzusetzen, unterstellte er Levine unredliche Motive: «Ich habe keine Zeit für Idioten, die mit diesem Unsinn ihre andere Agenda betreiben. Eine völlig Zeitverschwendung.»

Heftiger Gegenwind kam auch von mit dem Tor Project befreundeten Organisationen: Ein Netzaktivist nannte Levine einen «einsamen Verschwörungstheoretiker». Ein Mitarbeiter der Bürgerrechtsorganisation American Civil Liberties Union zielte noch weiter unter die Gürtellinie und schrieb sarkastisch: «Es sieht so aus, dass Tor von den Weisen von Zion entwickelt wurde und @ioerror für den 11. September verantwortlich ist.» «ioerror» ist das Twitter-Pseudonym von Jacob Appelbaum, die genannten «Protokolle der Weisen von Zion» hingegen ein gefälschtes pseudo-dokumentarisches Textdokument, das Anfang des 20. Jahrhunderts in Russland kursierte, um Stimmung gegen die jüdische Bevölkerung im Russischen Reich zu machen.

Der Medien-Professor David Golumbia von der Virginia Commonwealth University argumentierte, am meisten hätten ihn die starken Reaktionen auf Levines Thesen überrascht. Eigentlich hoch angesehene und verdiente Figuren der Öffentlichkeit hätten sich zu fragwürdigen Attacken hinreißen lassen. Die Angriffe gegen die moderat vorgetragenen und mit Fakten belegten Recherchen von Levine hätten jeglichen angemessenen Ton und jegliche Untermauerung durch Fakten vermissen lassen.

Levine nahm es sportlich und schrieb: Wenn ein Artikel derart feindselige Reaktionen hervorrufe, bedeute das erfahrungsgemäß, dass man auf der richtigen Spur sei. Dass er so heftig attackiert wurde, auch von Leuten außerhalb des Tor Projects, habe einen einfachen Grund, meint er. Sie hätten sich ebenfalls ertappt gefühlt, da auch sie sich in ähnlicher Gemengelage bewegen. So habe eine leitende Mitarbeiterin der Electronic Frontier Foundation, die in vergleichsweise zurückhaltendem Ton seiner Geschichte jegliche Relevanz absprach, in einem Beirat der BBG-Tochter Open Technology Fund gesessen. Und ein anderer Kritiker, der Levine unterstellt hatte, vom CIA finanziert zu werden, hatte für sein Verschlüsselungs-Start-up selbst Geld vom Regierungsfond OTF erhalten.

Netz-Nonprofits und das liebe Geld

Sei es nun als Reaktion auf Levines Artikel oder aus eigener Einsicht: Auf einem Treffen der Tor-Community, das im Februar 2015 im spanischen Valencia stattfand, wurde über Änderungen der Finanzierungssituation diskutiert. Als Reaktion auf die zunehmende öffentliche und interne Diskussion wolle die Organisation sich mit Nachdruck bemühen, mehr Geld aus alternativen Quellen zu erschließen, um die bestehende Abhängigkeit zu reduzieren. Das habe eine hohe Priorität, berichtete das stets gut in Interna eingeweihte IT-Nachrichtenmedium Dailydot.com. Als Ziel sei gesetzt worden, zukünftig auf eine Quote von nur noch 50 Prozent US-Regierungsgeldern zu kommen.

Die Finanzierung nichtkommerzieller Projekte im Netz ist eine Geschichte für sich, und sie hält, nicht nur beim Tor Project, Fallstricke bereit: Von wem könnten Gelder für die Erstellung von Open-Source-Software kommen, wenn es nicht gelingt, genügend Einzelspenden von Nutzer*innen einzuwerben (was selten gelingt)? Und wenn es einen finanzkräftigen Geldgeber gibt, kann man es sich wirklich erlauben, diesen aus ideologischen Gründen abzulehnen?

In einigen Fällen werden solche Projekte als Forschungsvorhaben an Universitäten betrieben. Das an der Uni Dresden entwickelte Anonymisierungsnetzwerk Java Anon Proxy beispielsweise entstand in einem solchen Kontext. Einige nichtkommerzielle Netzprojekte kommen größtenteils aus, ohne dass jemand bezahlt wird. Die linke Nachrichtenplattform Indymedia beispielsweise wird von ehrenamtlichen (und anonymen) Freiwilligen betrieben und betreut.

Allerdings ist das gerade bei Softwareprojekten nicht immer möglich. Der Betrieb von Servern kostet Geld, und bei anspruchsvolleren Projekten wird zumindest ein Grundstock an Leuten benötigt, die zuverlässig und regelmäßig die Software betreuen, damit sie fehlerfrei und sicher läuft und mit neuen technologischen Entwicklungen mithalten kann. Das geht nicht immer auf rein ehrenamtlicher Basis, so dass viele Non-Profits im Netz sich die leidige Frage stellen müssen, wie sie an Geld kommen. Und nicht immer läuft das ohne Konflikte ab.

Die in Südafrika entwickelte Software Wordpress, die die Basis vieler Blogs und Nachrichtenseiten im Netz ist, basiert auf einem Zwitter-Geschäftsmodell. Hinter der Software steht eine Stiftung namens Wordpress Foundation, die vom Wordpress-Erfinder aus seinem kommerziellen Unternehmen Automattic Inc. ausgegliedert wurde. Das Unternehmen verdient sein Geld vor allem mit der Blog-Plattform Wordpress.com, die auf den Blogs, sofern sie kostenfrei betrieben werden, Werbung schaltet, aber auch kostenpflichtige Premiummodelle anbietet. Die mehr als 500 Angestellten des Unternehmens entwickeln in ihrer bezahlten Zeit auch die kostenlose und frei verfügbare Wordpress-Software weiter. Hinter Linux, der Basis für verschiedene alternative PC-Betriebssysteme, steht ein gemeinnütziges Konsortium, das sich vor allem über die Jahresbeiträge von etwa 200 Mitgliedsunternehmen finanziert. Diese bewegen sich, je nach Unternehmensgröße, zwischen 5000 und 500 000 Dollar.

Großverdienerin unter den Netz-Non-Profits ist die Mozilla Foundation, die den Internetbrowser Firefox betreibt, der auch Basis des Tor-Browsers ist. Die Foundation ist nicht profitorientiert, sie hat aber eine kommerzielle Tochter, die ihre Gewinne an die Stiftungsmutter abführt. Diese verdient immens viel Geld, indem sie beispielsweise das Recht, Standardsuchmaschine im Firefox-Browser zu sein, meistbietend versteigert. Diese Werbedeals sind tendenziell problematisch, da sie stets einen großen Anbieter promoten. Lange Zeit war Google die Standardsuchmaschine und bezahlte dafür in den Jahren 2012 bis 2014 jährlich 280 Mio. Dollar. Das war besonders heikel. Das Firefox-Projekt war einmal mit dem Ziel angetreten, zu verhindern, dass es einen Quasimonopolisten auf dem Browsermarkt gibt – den Internet Explorer von Microsoft, des damals dominierenden Technologiekonzerns. Und nun half Mozilla dem Quasimonopolisten Google, seine Marktposition beizubehalten und sogar noch weltweit auszubauen. Mittlerweile ist der Vertrag mit Google ausgelaufen und wurde nicht verlängert. Mittlerweile gibt es neue Verträge: In Russland ist die dortige Suchmaschine Yandex voreingestellt, in China Baidu, und zumindest für die USA ist nun Yahoo Standardsuchmaschine. Yahoo bezahlt dafür als Gegenleistung pro Jahr 375 Mio. Dollar an Mozilla, das in der Stiftung und in der Firmentochter mehr als 1000 Personen beschäftigt.

Am besten läuft es bei Wikimedia, der Organisation hinter der Online-Enzyklopädie Wikipedia, die sich über eine Vielzahl an Einzelspenden finanziert. Der Löwenanteil des Geldes wird durch eine Spendenkampagne am Ende eines jeden Jahres eingeworben. Dabei wird auf Wikipedia und den kleineren Schwesterprojekten wie dem Reiseführer Wikimedia Commons so lange ein auffälliges Werbebanner eingeblendet, bis ein anvisierter Zielbetrag erreicht ist. Für die weltweite Mutterorganisation Wikimedia Foundation kamen auf diese Weise im letzten Jahr 77 Mio. US-Dollar zusammen, die teilweise global verteilt werden. Der Verein Wikimedia Deutschland, der als eines der wenigen lokalen «Chapter» eine eigene

Spendenkampagne durchführt, nahm hierzulande in wenigen Wochen knapp 9 Mio. Euro von mehr als 400000 Einzelspender*innen ein. Die Wikimedia Foundation kann sich 280 Angestellte leisten, bei Wikimedia Deutschland sind es um die 70. Immer wieder heißt es sogar bewundernd, dass deutlich mehr Geld zur Verfügung steht, als eigentlich für die Kernaufgaben benötigt wird. Die Finanzierung nichtkommerzieller Projekte jenseits fragwürdiger Regierungsquellen ist also zumindest nicht unmöglich. Die 2,6 Mio. Dollar Jahresbudget beim Tor Project sind vergleichsweise überschaubar.

Auf dem Tor-Treffen in Valencia wurden, wie Dailydot von der damaligen, leitenden Tor-Mitarbeiterin Karen Reilly erfuhr, verschiedene Optionen diskutiert: So könnte man versuchen, mit dem Mittel des politischen Lobbyismus Fördertöpfe anderer Regierungen zu erschließen, etwa in der Europäischen Union. Die beste Geldquelle seien allerdings viele Kleinspenden sowie größere Zuwendungen reicher Einzelpersonen. Schon 2014 habe die Bedeutung einzelner Spenden erheblich zugenommen, 2015 solle das noch forciert werden. Nach jedem Download des Tor-Browsers – 2014 geschah das 120 Millionen Mal – solle in Zukunft um eine Spende gebeten werden.

Ende 2015 fand dann die erste Crowdfunding-Kampagne des Tor Projects statt. Innerhalb von sieben Wochen kamen etwas mehr als 200000 Dollar in 5000 Einzelspenden zusammen. Es gibt zudem auf torproject.org eine eigene Fundraising-Seite, die um einmalige oder regelmäßige Spenden bittet. Wer 23 Dollar spendet, erhält als Gegengeschenk eine Packung mit Tor-Aufklebern, bei 75 Dollar gibt es ein Tor-T-Shirt und bei 100 Dollar ein von einer Künstlerin gestaltetes Poster zu Tor in limitierter Auflage.

Hadern mit dem Darknet: das böse D-Wort

Die immer wieder verbesserten Mechanismen des «Zwiebel-Routings» liefern die Basis für die anonyme Bereitstellung von Inhalten. Im Tor Project wird gezielt daran gearbeitet, die «Hidden Services» des Darknets sicherer und vielfältiger nutzbar zu machen. Mit der Tatsache allerdings, dass dieses dann doch häufig ganz anders genutzt wird, als es ihnen vorschwebt, gehen die Verantwortlichen des Tor Projects eher hilflos um. Dass es auch illegale oder wirklich üble Nutzungen gibt, verschweigen sie am liebsten.

Schauen wir uns an, wie auf Torproject.org die Zielgruppe von Tor beschrieben wird. Auf der Unterseite «Überblick» heißt es unter der Frage «Wer nutzt Tor?», dass die Software ursprünglich im Militärkontext entwickelt wurde, mit dem vorrangigen Ziel, Regierungskommunikation zu schützen. Heute jedoch werde Tor für eine große Bandbreite an Zwecken beim Militär, in Medien, in Ermittlungsbehörden, in aktivistischen und in vielen anderen Kreisen genutzt.

Einige «Tor-Typen» finden dort keine Erwähnung, obwohl sie, wie wissenschaftliche Studien nahelegen, zumindest nicht völlig irrelevant sind: User, die illegalen Aktivitäten im normalen Netz nachgehen und sich mit dem Tor-Browser vor einer Enttarnung schützen wollen oder die auf der hoch professionellen, illegalen Einkaufsmeile unter .onion Drogen kaufen oder verkaufen. Und auch Personen, die sich dem Zugriff durch Ermittlungsbehörden entziehen wollen, während sie sich Bilder missbrauchter Kinder anschauen. Dass es jenseits der aufgezählten Tor-Nutzungen noch eine andere Welt gibt, wird nur vage angedeutet, wenn es heißt: «Wie jede Technologie, vom Bleistift bis zum Handy, kann auch Anonymität gleichermaßen auf gute wie auf schlechte Art genutzt werden.»

Vor allem mit einem Wort scheint das Tor Project zu hadern. Ein fast sicherer Weg, es sich mit Angestellten und Ehrenamtlichen von Tor zu verscherzen, ist erstens, zu fragen, ob Tor nicht auch für illegale und sehr fiese Dinge genutzt wird, und zweitens, für .onion das Wort «Darknet» zu verwenden.

Generell ist der Unmut durchaus verständlich. Medien stürzen sich mit Vorliebe auf die illegalen Aspekte, produzieren reißerische Schlagzeilen und schlachten sie in Geschichten aus, die der Komplexität von .onion und der Tor-Software mit den vielen Grautönen nicht gerecht werden. Oft wird voneinander abgeschrieben, und nur selten wird erwähnt, dass sich der Großteil an Cybercrime dann doch nicht im überschaubaren .onion-Darknet abspielt, sondern im klassischen Web: in Passwort-geschützten Foren unter .com oder .net, auf Portalen mit zweckentfremdeten Endungen pazifischer Inseln wie .to oder auch in geschlossenen Facebook-Gruppen.

Im Oktober 2013 hat das Tor Project das in Seattle ansässige PR-Unternehmen Thomson Communications engagiert. Die Zielvorgabe war, die Begrifflichkeit zu verändern, mit der über das Tor Project und über Online-Anonymität geredet wird. In den Monaten zuvor hatten Mitarbeiter und Tor-Ehrenamtliche diskutiert, welche Begriffe statt «Darknet», «Dark Web» oder «hidden services» in Frage kommen könnten. Das Problem der aktuellen Terminologie, so hieß es, sei der negative Anklang der Wörter «dark» und «hidden». Das Wort .onion hingegen spreche sich nicht gut aus und sei nicht sehr anschaulich. Auf der Wiki-Seite gibt es Empfehlungen für eine andere Sprachregelung. «Onion site» könnte Web-Inhalte unter .onion bezeichnen, also all das, was per Tor-Browser aufrufbar ist und manchmal auch als «Dark Web» bezeichnet wird. «Onionspace» hingegen könnte für die Gesamtheit aller Angebote stehen, gleichgültig, ob es sich um Web-Inhalte oder Sonstiges handelt. Statt zu sagen: «Meine Site ist im Dark Web», könnte man dann sagen: «Meine Seite befindet sich im Onion-Space.»

Von einer «pro-aktiven» Zusammenarbeit mit Medien, wie sie in diesem Zusammenhang außerdem geplant war, ist bis heute allerdings kaum etwas zu merken. Das Tor Project scheint in eigener Sache eine eher restriktive Kommunikationspolitik zu verfolgen. Geht man davon aus, dass die Kommunikationspolitik des Tor Projects ein Resultat der Medien-Beratung der PR-Agentur Thomson Communications ist, liegt die Vermutung nahe, dass die empfohlene Strategie wohl am ehesten lautete, die kritischen Fragen zum «Darknet» und zu diskussionswürdigen Widersprüchen einfach auszusitzen.

Sexismus-Skandal bei Tor

Im Juni 2016 stand das Tor Project im besonderen Fokus der Berichterstattung. Allerdings hatte die mediale Aufmerksamkeit wenig mit den sonstigen Sensationsgeschichten über das Darknet zu tun. Im Zuge einer Affäre sich überschlagender Ereignisse wurde Jacob Appelbaum entlassen, neben Roger Dingledine das zweite Aushängeschild von Tor. In kurzer Zeit wurde Appelbaum zur Persona non grata in Hackerkreisen, und bis heute ist die Tor-Community über die Frage gespalten, was genau passiert ist.

Außenstehenden mussten die Geschehnisse im Sommer anfangs wie eine Blackbox erscheinen. Am 2. Juni 2016 vermeldet Shari Steele, Geschäftsführerin des Tor Projects, auf dem Haus-Blog der Organisation: «Der langjährige Netzaktivist, Sicherheitsforscher und Entwickler Jacob Appelbaum ist am 25. Mai von seiner Position im Tor-Projekt zurückgetreten.» Einen Tag später geht eine Seite online, die ein mediales Erdbeben verursacht. Auf jacobappelbaum.net werden schwere Vorwürfe gegen den Entwickler erhoben. Dort heißt es: «Hallo! Wir sind ein Kollektiv an Leuten, die von Jacob Appelbaum belästigt, intellektuell bestohlen, gedemütigt sowie – sexuell, emotional und körperlich – missbraucht wurden.» Weiter hieß es, dass «Jake» es genießt, «mithilfe seines aufgebauten sozialen Kapitals, seines Einflusses und seiner Macht Leute zu manipulieren, um das zu kriegen, was er will». Es geht um Mobbing durch Appelbaum, um gezielte Ausgrenzung und Drohungen, aber auch um sexuelle Übergriffe: Appelbaum habe einer Frau, neben der er lag, während diese schlief, die Hand in die Hose gesteckt. Eine andere Frau beschreibt, sie sei auf einer Party bewusstlos gewesen, und als sie aufgewacht war, habe sie gemerkt, dass Appelbaum mit ihr Sex hatte. In Deutschland würde so etwas als «sexueller Missbrauch widerstandsunfähiger Personen» gelten und als Vergewaltigung bestraft werden.

Bis heute ist nicht klar, wer die Webseite aufgesetzt hat. Allerdings erscheinen zwei Wochen später Blogposts, in denen die Pseudonyme gelüftet werden; es handelt sich um zwei junge Tor-Programmiererinnen. Eine der beiden schreibt, dass sie schon seit einem halben Jahr Aussagen von Opfern von Appelbaum sammle. Nun reagiert am 17. Juni die deutsche Hackervereinigung Chaos Computer Club und teilt per Kurznachrichtendienst Twitter mit, dass Appelbaum in Zukunft unerwünscht sei. Am 13. Juli gibt es eine Personal-Rochade beim Tor Project. Das «Board», der Aufsichtsrat der Organisation, tritt zurück und wird vollständig durch neue Leute ersetzt. Am 27. Juli folgt eine längere Mitteilung der Tor-Geschäftsführerin Shari Steele auf dem Organisations-Blog: Interne Untersuchungen durch eine externe Ermittlerin seien jetzt abgeschlossen. Viele Leute innerhalb und außerhalb des Tor Projects haben berichtet, wie sie von Appelbaum gedemütigt und eingeschüchtert worden seien, und mehrere haben «unerwünschtes, sexuell aggressives Verhalten» erleiden müssen. Im Zuge der Untersuchung seien zwei weitere Leute wegen unangemessenen Verhaltens aus dem Tor Project ausgeschlossen worden. Als Reaktion habe das Tor Project unter anderem auch Richtlinien gegen Belästigung erlassen und Verfahren für den Umgang mit Beschwerden definiert, zudem wird es auch einen Beirat geben, der für Konflikte innerhalb der Tor-Community zuständig ist. Von dem Vergewaltigungsvorwurf ist in der Mitteilung allerdings keine Rede mehr.

In den nächsten Monaten wurde versucht, zu rekonstruieren, was genau passiert ist. Unter dem Titel «Jacob Appelbaum: Was hat dieser Mann getan?» erscheint schon im August 2016 ein ausführlicher *Zeit*-Artikel dazu. Im Oktober schließt sich im britischen *Guardian* und im Dezember in der Tageszeitung *taz* ein weiterer Artikel einer Berliner Journalistin an. Der *taz*-Artikel war übertitelt mit: «Der Fall Jacob Appelbaum: Über Gerechtigkeit». Die Sache, so heißt es, ähnele, ganz wie Tor selbst, einer Zwiebel, bei der sich der Kern erst offenbart, nachdem Schicht für Schicht abgetragen wurde.

Appelbaum wird als Rockstar der Hackerszene beschrieben, dessen Ansehen auf einem Level mit den Digital-Dissidenten Julian Assange und Edward Snowden ist. Vor einigen Jahren hatte Appelbaum hierzulande besondere Prominenz erlangt, er war nach Berlin gezogen, da er sich wegen seiner engen Verbindung zum Wikileaks-Gründer Assange in den USA vom Staat verfolgt fühlte. In Berlin fasst er schnell Fuß, seine Fähigkeiten sind auch jenseits des Tor Projects gefragt. Unter anderem deckt er für den *Spiegel* auf, dass das Handy der Kanzlerin vom US-Geheimdienst NSA abgehört wurde. Auf großen Bühnen lässt er sich für seine Vorträge über Tor und über Online-Überwachung feiern, beteiligt sich an Sexpartys und veranstaltet sie selbst, es gibt Gruppensex, es wird viel getrunken, und Drogen kursieren.

Der Mittdreißiger mit der großen Nerd-Brille, dem braun gewellten Haar und jungenhaften Gesicht ist stets umstritten. Er gilt als charismatisch und mitreißend. Andere beschreiben ihn auch als arrogant, als jemanden, der die Gefühle anderer nicht respektiert und Grenzen verletzt. Und es gibt auch Unmut über ihn: Stets sei er es, der den Ruhm ernte, während viele andere die Programmierarbeit hinter Tor leisten. Beschwerden über sexuelle Grenzüberschreitungen durch Appelbaum sind wohl schon länger anhängig.

Die Recherchen der *taz*- und *Guardian*-Journalistin Anna Catherin Loll lesen sich streckenweise wie ein Krimi. Nachdem eine erste Beschwerde über Appelbaum im Frühjahr 2015 beim Tor-Management wenig bewirkt habe, weil die betreffende Tor-Mitarbeiterin frustriert das Handtuch warf und ging, Appelbaum aber blieb, folgte «der nächste Akt der Geschichte: Es wurden Gerüchte verbreitet». Im September 2015 habe es in Berlin ein Essen gegeben, bei dem in einer Gruppe beratschlagt worden sei, wie man Appelbaum loswerden und erledigen könne, sollte er nicht freiwillig gehen. Etwa ab diesem Zeitpunkt hätten Leute aus der Hackerszene «Ratschläge» erhalten, sich lieber von Appelbaum fernzuhalten, um nicht selbst in Mitleidenschaft gezogen zu werden. Ende des Jahres habe in der Szene dann das Wort «rapist», also Vergewaltiger, kursiert. Zitiert wird in dem Artikel außerdem eine anonyme Zeugin, die aussagt, sie habe die Entwicklerin, die wohl einen großen Anteil an der Anti-Appelbaum-Aktion hat, während einer Konferenz in einem Hotel getroffen. Sie habe in einer Gruppe gesessen, an einem Computer deutsche Rechtsvorschriften zitiert und gefragt, wie wohl in Deutschland eine Falschaussage geahndet würde. Und dann habe diese noch gesagt: «Wenn ein Inferno nötig ist, dann muss es eben ein Inferno sein.»

Verwunderung besteht darüber, dass keine der beiden Seiten vor Gericht gegangen ist, obwohl so viel im Raum steht: einerseits der Vergewaltigungsvorwurf, andererseits womöglich eine Verleumdung, da Appelbaum zwar Fehler einräumt, die übelsten Vorwürfe aber bestreitet. Gegenüber den *Zeit*-Journalisten Lars Weisbrod und Christian Fuchs ringt sich Appelbaum nach langen Gesprächen zu einem offiziellen Statement durch. Als Führungspersönlichkeit habe er versagt, eine Menge Fehler begangen und Mist gebaut, wofür er die Verantwortung übernehme: «Ich habe die Privatsphäre von Menschen verletzt, geschmacklose Witze gemacht und explizite Sprache in unangemessenen Momenten benutzt.» Der Vorwurf der Vergewaltigung aber sei eine «Fiktion». Eine der beiden Tor-Entwicklerinnen, die sich zwei Wochen nach Erscheinen der Webseite per Blogpost gemeldet hatten, schreibt, dass sie als Anarchistin nicht viel vom System der klassischen Strafverfolgung halte, das für beide Seiten nur die Gewalt fortsetze. Auf Nachfrage des *Zeit*-Journalisten sagt sie, dass sie weder Appelbaum ins Gefängnis bringen noch Geld wolle. Es gehe ihr ausschließlich darum, dass er sein sexistisches Verhalten einstelle.

Vieles bleibt unklar. Von vielen Seiten gibt es ernst zu nehmende Vorwürfe gegen Appelbaum, die den Eindruck nahelegen, dass hier jahrelang ein übergriffiger Typ ungestört Menschen sexuell belästigen, mobben oder auch nur fertigmachen konnte. Andere beklagen, dass ihm durch eine Rufmordkampagne und durch einen intransparenten Umgang damit Unrecht angetan wurde. Auch im deutschen Chaos Computer Club gebe es Leute, die mittlerweile bedauern, wie schnell sich der CCC von Appelbaum distanziert hat, schreibt die *taz*-Autorin. Eine andere Person liefert eine mögliche Erklärung, wieso Appelbaum bei den internen Debatten den Kürzeren gezogen hat: «Eigentlich müsste man für ihn aufstehen, aber das wagt niemand. Dazu war er einfach ein zu großes Arschloch.»

Die Verantwortlichen beim Tor Project haben am Ende überraschend reagiert. Hackerszenen und -projekte, in denen es bei allen «krypto-anarchistischen» Vorstellungen oft um viel geht, nämlich um Reputation sowie um Zugang zu Aufträgen und Stellen, sind üblicherweise sehr männlich dominiert. Dass zurzeit eine Frau Geschäftsführerin des Tor Projects ist, sollte darüber nicht hinwegtäuschen. Und in Zirkeln, in denen Männer üblicherweise die Machtpositionen besetzen, gibt es mitunter einen schwierigen Umgang mit sexuellen Übergriffen auf Frauen. Vorfälle sind oft nicht rechtssicher nachweisbar, und es gibt Männer-Klüngel, so dass Beschwerden nicht ernst genommen werden. Die Organisation handelte dennoch ganz anders, als sich erwarten ließ: Appelbaum arbeitet heute nicht mehr für die Organisation, die beiden Entwicklerinnen hingegen schon.

8

Der Kampf der Behörden

Was die Polizei im Darknet tut
und wieso sie nicht nur ohnmächtig ist

Es ist ein endloses Katz-und-Maus-Spiel, bei dem sich beide Seiten im Vorteil sehen. Auf den professionellen Marktplätzen des Darknets fühlt man sich sicher, dank Anonymisierungstechnologien wie Tor und Bitcoin. Doch das sei schon lange nicht mehr so, meint die Polizei. Die will sich nicht mit rechtsfreien Räumen im Netz abfinden, sondern trotz technologischer Barrieren geltende Gesetze durchsetzen.

Im Februar 2015 klickten vor einem unscheinbaren Wohnhaus im Leipziger Viertel Gohlis die Handschellen. Mit der Festnahme und späteren Überführung von «Shiny Flakes» war der Polizei ein Coup gelungen: Knapp 50 000 Euro Bargeld wurden beschlagnahmt und mehr als 300 Kilo Drogen. Der noch nicht einmal 20-jährige Darknet-Händler hatte im großen Stil Rauschmittel aller Art verkauft und sich dabei so sicher gefühlt, dass er durch kleine Unachtsamkeiten die Polizei auf seine Spur gebracht hatte. Wie immer nach einer Festnahme bemühte sich die Polizei, auch in diesem Fall ihre Botschaft auszusenden: Niemand kann sich bei illegalen Geschäften sicher fühlen, auch im Darknet sind wir euch auf den Fersen.

Hessische Cybercrime-Kompetenz

Die Szene im Darknet hat sich in den letzten Jahren immer weiter professionalisiert. In der Verschleierung von Identitäten, Nachrichten und Finanzströmen hat sie eine erhebliche Expertise entwickelt. Dieses Know-how wird über Tutorials auch Neulingen zugänglich gemacht. Dem versucht der Staat, mit wachsenden Ressourcen zu entgegnen. Mittlerweile verfügen das Bundeskriminalamt, die Landeskriminalämter sowie die mit ihnen zusammenarbeitenden Staatsanwaltschaften über eigene Abteilungen für Cyberkriminalität, die Jahr für Jahr aufgestockt werden, darunter auch hoch spezialisierte IT-Fachleute.

In der hessischen Kleinstadt Gießen sitzt eine der wichtigsten Stellen für die Aufdeckung illegaler Aktivitäten im Darknet. Die Zentralstelle zur Bekämpfung der Internetkriminalität (ZIT) ist eine nach Gießen ausgelagerte Abteilung der Generalstaatsanwaltschaft Frankfurt am Main. Wegen der räumlichen Nähe zum Bundeskriminalamt mit Sitz im ebenfalls hessischen Wiesbaden ist die ZIT ein enger Partner des BKA und bearbeitet überwiegend überregionale Fälle. Oft ist am Anfang einer Ermittlung unklar, wo die Täter sitzen. Die Anmerkung «shipping from Germany» verrät nur, dass da wohl jemand von irgendwo aus der Bundesrepublik Drogen, Medikamente oder Falschgeld verschickt. In solchen Fällen übernimmt stets die ZIT, meint Staatsanwalt Dr. Benjamin Krause, der in der Behörde viele Darknet-Fälle bearbeitet hat. «Wenn man nach dem ursprünglichen Tatortprinzip gehen würde, könnte jede regionale Staatsanwaltschaft sagen: Wir sind nicht zuständig. Das gab es vor vielen Jahren, und das BKA war sehr froh, als es mit der ZIT eine Stelle gab, die nie gesagt hat, wir nehmen die Verfahren nicht.» Die ZIT erklärt sich so lange für zuständig, bis Täter*innen identifiziert sind. Dann geben sie die Fälle an die Spezial-Staatsanwaltschaften der jeweiligen Bundesländer ab.

Zwischen den verschiedenen Länder- und Bundesbehörden existiert eine klare Arbeitsteilung: Die Angestellten vom BKA, den Landeskriminalämtern oder dem Zoll machen die eigentliche Wühlarbeit. Sie suchen nach illegalen Angeboten mit Bezug zur Bundesrepublik, sie erstellen Profile der handelnden Personen und Netzwerk-Diagramme über deren Verbindungen. Sie observieren Postboxen, die für den Versand heißer Waren genutzt werden, und tätigen Schein-Käufe. Die Staatsanwaltschaften tragen die Verantwortung für die Ermittlungen, sie sind jeweils «Herrin des Verfahrens», wie es im Juristendeutsch heißt. Sie beurteilen, ob geplante Ermittlungsmaßnahmen rechtskonform sind und ob die gesammelten Beweise ausreichen, um einen Fall vor Gericht zu bringen. Zwar gibt es mit der Bundesanwaltschaft auch eine Staatsanwaltschaft auf überregionaler Ebene, die ist aber nur für einige wenige, als staatsgefährdend geltende Themen zuständig, etwa für Terrorismus. Für die «normalen» Fälle von Cyberkriminalität fungiert die ZIT als Ansprechpartnerin des Bundeskriminalamts. Noch etwas anderes unterscheidet die hessische Behörde von anderen Landes-Spezialstellen, meint Krause. Meist gehen Staatsanwaltschaften Anzeigen nach. Die ZIT hingegen recherchiert gemeinsam mit der entsprechenden BKA-Abteilung selbst gezielt Straftaten und legt Schwerpunkte fest, etwa dass in nächster Zeit besonders die digitale Verbreitung von Kinderpornographie im Fokus stehen soll oder der Drogen- oder Waffenhandel.

Die Tätigkeit der ZIT hat drei Säulen, erzählt Krause. Die eine ist Kinderpornographie und sexueller Missbrauch. Zweitens kümmert man sich um den Handel mit illegalen Waren und Dienstleistungen, das umfasst die verschiedenen Spielarten des Dark Commerce, bei dem Drogen, Falschgeld und Waffen gehandelt werden. Die dritte Säule ist die «klassische» Cyberkriminalität: die Manipulation von Systemen, sei es durch Verschlüsselungsattacken, durch die Entwendung von Daten oder das Kapern und Fernsteuern von Rechnern. 2000 Verfahren hat die ZIT 2016 bearbeitet, nur wenige Jahre zuvor waren es weniger als 100. Allerdings vermag Krause nicht, zwischen Fällen im normalen Internet und im Darknet zu differenzieren. Er schätzt aber, dass im letzten Jahr in seiner Behörde allein 70 bis 80 Personen mit Bezug zu Waffenhandel im Darknet identifiziert wurden.

Darknet versus Clearnet

Eine Differenzierung zwischen Darknet- und Clearnet-Fällen werde in seiner Behörde nicht vorgenommen, so Krause, da das für die Arbeit keine Relevanz habe. Das ist eine der überraschendsten Aussagen des Staatsanwalts. Internet-Aktivist*innen beklagen sich gern, wie sehr Behörden und Politik zu einer Dämonisierung des Darknets neigen, als Hort des Bösen, voll mit Kinderpornographie, harten Drogen und gefährlichen Waffen.

Bei Krause dagegen ist von einer pauschalen Dämonisierung nichts zu hören. Er sagt Sätze wie: «Ich würde nicht sagen wollen, dass das Darknet per se etwas Illegales oder Anfangsverdacht Begründendes ist, wie wir das gern juristisch ausdrücken. Für mich als spezialisierter Strafverfolger ist das Darknet eigentlich nicht mehr und nicht weniger als eine Möglichkeit der verschlüsselten Kommunikation.» Das Darknet sei ein Kommunikationsmittel, das zu legalen wie zu illegalen Zwecken genutzt werde, wie alles im Leben. Bezogen auf Cybercrime sei das über das Tor-Netzwerk erreichbare Darknet stets nur einer der verwendeten Kanäle. Egal ob Kinderpornographie oder Handel mit Kreditkartendaten, Drogen und Waffen – vieles davon geschehe auch im normalen Internet, auf Facebook und vor allem in Passwort-geschützten Foren, die sich oft unter zweckentfremdeten Länderendungen kleiner Inselstaaten befinden.

Und tatsächlich: Auch auf Facebook gibt es geschlossene Gruppen mit Hunderten von Usern, in denen Angebote für Drogen und Medikamente gepostet werden, und sogar mitunter auch für Falschgeld, Waffen oder gefälschte Führerscheine. Seriöse Erhebungen darüber gibt es nicht. Aber vergleicht man die bescheidene Größe des Tor-Darknets, das immer noch eine digitale Nische ist, mit den zwei Milliarden monatlichen Nutzer*innen des großen, blauen, sozialen Netzwerks, liegt die Vermutung nahe, dass allein im «Bluenet» namens Facebook mehr illegale Geschäfte angebahnt und abgewickelt werden als im gesamten Darknet.

In einem der großen deutschen Kriminalfälle des letzten Jahres wurden fünf Foren der «Underground Economy» hochgenommen, international 69 Wohnungen und Firmenräume durchsucht und neun Leute als dringend tatverdächtig festgenommen. Auf den Seiten wurden, wie es in der gemeinsamen Pressemitteilung von BKA und ZIT heißt, «Waffen, Betäubungsmittel (z. B. Heroin, Kokain, Cannabis, Amphetamine, Ecstasy), Falschgeld, gefälschte amtliche Ausweise (z.B. deutsche, niederländische und italienische Personaldokumente) und ausgespähte Daten (z. B. Kreditkarten- und Online-Banking-Daten und ‹gehackte› Zugänge zu verschiedenen Internetdiensten)» gehandelt, die ganze Palette also. Das Angebot umfasste zudem «auch kriminelle Dienstleistungen, beispielsweise die Infektion von Computern mit Schadsoftware oder DDoS-Attacken, Anleitungen zur Begehung von Straftaten (‹Tutorials›) und illegale Streaming-Dienste». Die hochgradig illegalen Plattformen befanden sich allerdings nicht unter der mehrfach verschlüsselten Internet-Endung .onion, sondern Seiten wie Faking.cc, auf der geklaute Daten gehandelt wurden, standen im ganz «normalen» Adresssystem des klassischen Internets.

Zwar ist es dort, anders als im Darknet, technisch möglich, Adressen löschen zu lassen, doch da nicht alle Endungen gleichermaßen mit der Polizei kooperieren und deswegen Lösch-Ersuche regelmäßig ins Leere laufen, ist das eher Theorie als Praxis. Die viel genutzten illegalen Streaming-Plattformen Kinox.to oder Movie4k.to etwa residieren, anscheinend unbehelligt von Ermittlungen, auf der zweckentfremdeten Länderendung des südpazifischen Königreichs Tonga. Und die

Seite Rescator.cc, «Marktführerin» unter den Handelsplattformen für gestohlene Kreditkartendaten, ist auf einer Adresse unter der Endung der zu Australien gehörenden Kokosinseln zuhause. Alle Portale sind auch mit einer einfachen
Google-Suche auffindbar.

Oft existieren illegale Foren und Marktplätze identisch sowohl im Clearnet als auch im Darknet. Bei der legalen Netzwirtschaft würde man von «Multichannel-Marketing» sprechen. Krause sieht zwei Gründe, wieso sich die illegalen
digitalen Aktivitäten nicht immer bzw. nicht nur im Darknet
abspielen. Zum einen lässt sich mit entsprechendem Know-
how auch im Clearnet ein vergleichbares Sicherheitsniveau
erreichen. Mithilfe von Verschleierungsdiensten wie Cloud-
flare etwa kann der tatsächliche Speicherort eines Servers genauso gut versteckt werden wie im Tor-Darknet, meint
Krause. Deswegen sei es letztlich egal, ob Tor oder Cloudfare
genutzt wird. Und zum anderen sprechen mitunter rein praktische Erwägungen für das Clearnet: «Im Darknet hätten die
Täter einen nicht so großen Kundenbereich erreichen können
wie im freien Internet. Das war wohl der ausschlaggebende
Grund für diese unternehmerisch denkenden Straftäter.»

Schwierige Ermittlungen
in der digitalen Welt

In beiden Fällen sind die Ermittlungen schwieriger als sonst.
Im Werkzeugkoffer von Polizei und Staatsanwaltschaft fehlt
ein wichtiges Instrument, so Krause: «Die Identifizierung
von Tatverdächtigen mittels technischer Methoden ist ausgeschlossen. Technische Standardermittlungen sind nicht
möglich, etwa die Telekommunikationsüberwachung, die einfache Server-Beschlagnahmung oder an Dienste-Anbieter gerichtete Anfragen nach Bestands- und Kundendaten.» Bei
normalen Ermittlungen lassen sich IP-Adressen ablesen und
mit vertretbarem Aufwand die dahinterstehenden Personen

identifizieren, sogar die Server lokalisieren. Alles das geht nicht, wenn Anonymisierungstechnologien genutzt werden.

Schwierig bis unmöglich ist auch die Nutzung eines anderen Königsinstruments der Ermittlungspraxis: die Überwachung und Nachvollziehung von Finanzströmen. Wird für krumme Geschäfte ein normales Bankkonto genutzt, lässt sich per Standardformular das jeweilige Finanzinstitut zur Zusammenarbeit auffordern. Beim Bitcoin, der Leitwährung des Darknets, aber ist das nicht möglich. Und eigene Recherchen bringen auch nicht viel. Zwar wird jede Bitcoin-Transaktion in einem großen, dezentralen Kassenbuch namens Blockchain aufgezeichnet, doch die jeweiligen anonymen Konten bestehen nur aus Nummern und enthalten keinerlei Hinweis auf die dahinter stehenden Identitäten. Zwar ist es theoretisch möglich, in der Blockchain Transaktionen nachzuverfolgen und mit etwas Glück unvorsichtigen Einzelpersonen zuzuordnen, meint Krause, doch das sei unglaublich aufwändig und in den meisten Fällen nicht erfolgversprechend. Zumindest für Standardermittlungen würden Bitcoins deswegen als anonym gelten.

Deswegen bleibt nur eines: menschliche Detailarbeit durch verdeckte Ermittlung, vor allem durch Schein-Käufe, bei denen Polizist*innen vorgeben, Drogen oder auch Waffen erwerben zu wollen. Die Hoffnung ist, dass sich die Händler*innen unvorsichtigerweise selbst verraten oder zumindest Anhaltspunkte für weitere Ermittlungen liefern. Dabei sind der Polizei in Deutschland enge Grenzen gesetzt. Beispielsweise Drogen zu Ermittlungszwecken zu kaufen, ist ihnen erlaubt. Sie hingegen im Darknet anzubieten und zu verschicken, wäre strafbar. Ähnlich verhält es sich bei Kinderpornographie. Den Ermittlungsbehörden ist es erlaubt, die kursierenden Bilder missbrauchter Kinder auf besonders abgeschirmten Behördenrechnern zu downloaden, um sie als Beweise sicherzustellen, nach Hinweisen auf Ort und Zeit des Missbrauchs und nach den Identitäten von Opfern auf der einen und Uploadern auf der anderen Seite zu suchen. Selber

Bilder anzubieten, um die Tarnung perfekt zu machen, ist ihnen dagegen juristisch untersagt.

Diese rechtlichen Schranken seien bekannt, so Krause, und die Kriminellen würden sie ausnutzen. Schon früh und lange vor der Erfindung des Tor-Darknets hat sich in der Kinderpornographie-Szene eine perfide Methode namens «Keuschheitsprobe» verbreitet, nachdem klar war, dass sich auch in Passwort-geschützte Foren Polizist*innen einschleichen können. Um überhaupt zu einem solchen Forum zugelassen zu werden, müssen «Interessierte» mittlerweile oft selbst Bilder hochladen. Die Idee dahinter: Man werde überhaupt erst zu den Foren zugelassen, wenn man selbst Straftaten begeht. Diese Straftaten aber dürften sie als Ermittelnde selbstverständlich nicht begehen. Ein ähnliches Vorgehen kennt Krause beim Waffenhandel. Da gebe es durchaus die Praxis, von potenziellen Käufer*innen die Versendung von Waffenteilen und Munition zu verlangen, um zu zeigen, dass sie «sauber» seien. Es sei dann immer eine Frage der Kreativität, mit solchen Einschränkungen umzugehen. Aber Straftaten seien tabu.

Gelingt es den Ermittlungsbehörden, jemanden zu identifizieren, versuchen sie, sich von dort aus in das soziale Geflecht des Darknet-Handels vorzuarbeiten. Gemäß der Kronzeugenregelung des Paragraphen 46b des Strafgesetzbuchs bieten sie den Festgenommenen die Möglichkeit, die zu erwartende Strafe zu reduzieren, indem sie kooperieren und den Behörden die Zugangsdaten für ihren Darknet-Account übergeben. Der Account wird dann eine Weile weiterbetrieben, und da er schon länger aktiv ist, wird ihm in der Regel auch Vertrauen entgegengebracht. An den Marburger Händler, der die Waffe für den rechtsradikalen Amokläufer von München geliefert hatte, war man beispielsweise so gekommen. Bei der Frankfurter ZIT hatte man bereits die Accounts von zwei Käufern behördlich gekapert, die beide eine Waffe bei dem fraglichen Händler gekauft hatten. Die Ermittler haben ihn gefragt, ob er nicht noch mehr liefern kann. Und da sich der vorgebliche Käufer und der Händler schon kannten, hatte dieser kein Problem damit, sich für eine Übergabe der Waffe zu treffen. Und dann schlug man zu.

Erfolge: Zugriffe gelingen doch

Trotz aller technischen und rechtlichen Schranken können Polizei und Staatsanwaltschaften regelmäßig doch immer wieder Erfolge präsentieren, die dann auch die Medien erreichen. Meistens handelt es sich um Drogenhandel im Darknet, in letzter Zeit gab es aber auch Festnahmen wegen Waffen- und Falschgeldhandels.

Im November 2015 erfolgten Razzien in acht Bundesländern bei insgesamt 15 Personen, die Falschgeld gekauft und verkauft hatten. Im Juni 2016 überwältigte eine kleine Polizeiarmee einen Mechatronik-Studenten im Hörsaal der FU Schweinfurt. Er stand unter dringendem Verdacht, Waffen gehandelt zu haben. Der bisher größte Fisch war der «Prinz des Darknets», wie der Leipziger Drogenhändler namens «Shiny Flakes» in einer *Spiegel*-Story genannt wurde. Der junge Mann mit abgebrochener Kellner-Ausbildung, hohen IT-Kenntnissen und großem Ehrgeiz hatte ein Geschäft aufgezogen, für das man ihn als erfolgreichen Start-up-Gründer gefeiert hätte, wäre sein Business nicht so illegal gewesen. In kurzem Zeitraum hatte er sich einen Ruf als bester deutscher Darknet-Drogenhändler aufgebaut und innerhalb von zwei Jahren 900 Kilogramm Rauschmittel verkauft, knapp eine Tonne also. Die in der Wohnung gefundenen 320 Kilogramm Drogen hatten einen Marktwert von geschätzten 4 Mio. Euro. Sie lagen fein säuberlich in den Regalen seines Zimmers in der elterlichen Wohnung. Auf 200000 Euro im Monat wurde sein Umsatz geschätzt.

Einmal pro Monat hatte ihm ein Kurier Nachschub aus Holland gebracht. Um möglichst wenig digitale Spuren zu hinterlassen, kommunizierte der junge Mann mittels 14 verschiedener Mobiltelefone. Getarnt hatte er seine krummen Einnahmen als Umsätze aus einem offiziell angemeldeten Webdesign-Gewerbe. Shiny Flakes bot seine Ware auf drei unterschiedlichen Darknet-Märkten an, parallel dazu unterhielt er einen eigenen Shop im offenen Netz. Er galt als launisch und überheblich. Wer sich nach einem Kauf beschwerte, wurde schnell als Troll oder Schwachkopf beleidigt. Doch seine Dienste wurden trotzdem geschätzt. Er lieferte zügig, und sein «Stoff» war von hoher Qualität. Der illegale Jung-Unternehmer wähnte sich sicher.

Doch irgendwann war es auch bei ihm so weit. Am Nachmittag des 26. Februar 2014 schlug die Polizei zu. Er hatte sich gerade, wie jede Woche, auf einem Parkplatz mit seinem Drogenkurier getroffen, der ihm knapp 60 Kilogramm Drogen in sieben handlichen Kartons geliefert hatte. Während er auf dem Weg zu seinem «Kinderzimmer» war, überwältigte ein mobiles Einsatzkommando erst den Kurier, kurz darauf brach ein Spezialkommando des LKA Sachsen die Tür zur elterlichen Wohnung auf. Neben Bargeld und den Unmengen heißer Ware fand die Polizei auf seinen Rechnern auch eine Datei namens «wichtige_logins.txt». Ein Volltreffer, denn sie enthielt die Zugangsdaten für seine Händlerkonten auf den damals dominierenden Marktplätzen Agora und Evolution sowie für einige Bitcoin-Börsen. Darüber hinaus fanden sie eine Lieferliste mit 14 000 Datensätzen.

Und kurz vor Drucklegung des Buches wurde bekannt, dass der Polizei ein Coup gelungen war, der alle Erfolge der bisherigen Jahre überstrahlte: Der Marktplatz Alphabay, der mehr als zwei Jahre lang ungestört existiert hatte und mit der Zeit zum unangefochtenen Marktführer im Darknet aufgestiegen war, war beschlagnahmt worden. Gründer und Betreiber war ein 25-jähriger Kanadier gewesen, der sich in Thailand von den Einnahmen ein luxuriöses Leben leisten konnte. Am 5. Juli 2017 nahm die thailändische Polizei ihn auf ein Amtshilfeersuchen US-amerikanischer Behörden hin fest. Sie beschlagnahmte mehrere Luxusautos und Immobilien sowie acht Millionen US-Dollar in Bitcoins und anderen Kryptowährungen. Der Betreiber nahm sich in der Haft in Thailand schließlich das Leben.

Die Crux mit dem Versand

Die Spur zu dem Täter fand die Polizei an einer Schwachstelle des Darknet-Handels, an der der anonyme digitale Raum und die analoge Welt aufeinanderprallen. Da es sich bei den meisten Produkten, die im Dark Commerce gehandelt werden, nicht um Dateien aus Bits und Bytes handelt, sondern um Waren physischer Natur, können die Geschäfte zwar digital angebahnt und per Bitcoin bezahlt werden. Doch dann müssen die Drogen, Medikamente oder Geld-Blüten von echten Menschen an echten Orten verschickt und am Bestimmungsort entgegengenommen werden. Der Versand geschieht meist mithilfe der Deutschen Post, die so unfreiwillig Teil der Dark-Commerce-Infrastruktur ist.

Kleinere Mengen von Drogen werden sorgfältig verpackt in Briefumschlägen verschickt. Die angebotene «Stealth», die sichere Tarnung der heiklen Ware, gilt als Qualitätsmerkmal und geht mit in das User-Feedback auf den Marktplätzen ein. Die Händler*innen nehmen diesen Faktor sehr ernst. Sie verpacken die Ware geruchssicher und überlegen sich häufig Tricks, um Briefe wie unverdächtige Firmenpost aussehen zu lassen. Handelt es sich um kleinere Lieferungen, werden die Briefe in einen normalen Briefkasten eingeworfen.

Die Empfänger*innen entscheiden bei der Auswahl der Adresse selbst, wie viel Risiko sie eingehen wollen. Gehen sie davon aus, dass eine kleinere Menge leichter Drogen nicht gefährlich ist, lassen sie den Brief an ihre echte Adresse schicken. Für vorsichtigere Zeitgenossen gibt es verschiedene Optionen, die als eine Art «Best Practices» in Darknet-Ratgebern kursieren. «Drops» heißen als sicher geltende Empfangsstellen in der Szenesprache. Es gibt «Hausdrops», bei dem man beispielsweise unter der wirklichen Adresse einen falschen Namen mit an sein Klingelschild klebt. Oder man bringt an einem nicht genutzten Briefkasten in einem Mehrfamilienhaus ein fiktives Namensschild an. Der Klein- oder Maxi-Brief wird dann von der Post dort eingeworfen und kann im Anschluss herausgezogen werden. Beliebt für den Empfang illegaler Produkte sind Postboxen, die unter Fake Accounts angelegt werden. Darüber hinaus werden im Darknet auch gekaperte oder gefakete Postboxen zum Kauf oder zur Miete angeboten, für überschaubare Preise von um die 30 Euro. Schwieriger wird es bei größeren Lieferungen. Sei es, dass Cannabis nicht für den eigenen Konsum grammweise, sondern zum Weiterverkauf in Kilogramm-Größen verschickt wird. Oder dass die Ware schlicht nicht in einen größeren Briefumschlag passt, was bei Waffen der Fall ist. Dann geht der Weg in der Regel zu einer Packstation der Deutschen Post. Und das kann heikel werden, wenn nämlich auffällt, dass in einer dieser Stationen immer wieder verdächtige Pakete auftauchen. Diese Schwachstelle wurde auch Shiny Flakes zum Verhängnis.

Der junge Mann war durch eigentlich banale Fehler aufgefallen. Angesichts der hohen Bestellzahlen, die er täglich abzuwickeln hatte, war es ihm immer wieder unterlaufen, versehentlich Pakete falsch zu frankieren. Wie immer in solchen Fällen versuchte die Post, diese an den vermerkten Absender zurückzuschicken, der ein Fake war. Die Pakete wurden dann geöffnet und der Leipziger Polizei übergeben, bei der seit Anfang 2014 immer wieder solche Sendungen auftauchten. Die Polizei verfolgte den Weg der Pakete und identifizierte schließlich eine Packstation. Diese Station wurde zwei Monate lang per Kamera überwacht. Immer wieder tauchte der illegale Jungunternehmer auf und legte Pakete in die Packstation, im Januar zweimal, im Februar dreimal. Shiny Flakes war der Polizei ins Netz gegangen.

Oft überführen sich die Täter*innen durch kleine Fehler faktisch selbst. Bei Shiny Flakes war es der Leichtsinn, die

Postbox nicht regelmäßig zu wechseln. Zudem hatte es schon vorher Indizien gegeben, dass er im Visier der Behörden stand. Die Polizei hatte während des Zeitraums der Überwachung immer wieder Sendungen abgefangen. Doch die auf der Plattform auftauchenden Beschwerden über ausbleibende oder verzögerte Lieferungen wertete Shiny nicht als Warnsignal, sondern tat sie als unbegründete Quengelei ab. Auch im Fall der Aushebung einer kleinen Gelddruckwerkstatt im Februar 2016 war es die Unvorsichtigkeit der Täter, von zwei Männern Anfang zwanzig, die das Bayerische Landeskriminalamt auf ihre Spur brachte. In den Abfallsäcken, die aus der von ihnen angemieteten Garage kamen, waren Reste von 50-Euro-Scheinen gefunden worden.

Auch der mutmaßliche Alphabay-Gründer hatte sich, wie aus der Anklageschrift der US-Staatsanwaltschaft hervorging, durch mangelnde Aufmerksamkeit selbst verraten, und zwar über eine E-Mail-Adresse: pimp_alex_91@hotmail.com. Die stand anfangs in Nachrichten, die neue Alphabay-User bekommen hatten. Der junge Mann hatte die Adresse zudem seinem PayPal-Konto zugeordnet und einige Jahre zuvor in einem Technikforum verwendet, zusammen mit seinen tatsächlichen Namen. Der bis dato erfolgreichste Darknet-«Unternehmer» überhaupt hatte eine Grundregel der Anonymität verletzt: Er hatte eine Verbindung zwischen seiner wahren und seiner Darknet-Identität hergestellt.

Das Suchen nach Fehlern, die hoffentlich irgendwann geschehen, sei der einzige Weg, wenn technische Ermittlungen im Darknet standardmäßig ins Leere laufen, meint Staatsanwalt Dr. Krause: «Vielleicht geben sie irgendwo doch etwas über sich preis. Oder sie werden leichtsinnig, zu müde und träge für Sicherheitsvorkehrungen. Oder sie wollen effektiver sein und wechseln dann doch nicht jedes Mal den Briefkasten oder die Postbox. Dann müssen wir da sein und den Fehler ausnutzen.» Auch das sei wiederum nichts Cybercrime-Spezifisches, fügt er hinzu. Es gehe bei Ermittlungen stets darum, Fehler zu finden, da es das perfekte Verbrechen kaum gebe.

Auch bei einem Bankraub mit geklautem Auto und geklauten Kennzeichen, bei dem sämtliche Überwachungskameras kaputt geschossen sind und alles perfekt gelaufen ist, bleibe nur eines: den größeren oder kleinen Fehler finden, der schließlich zum Ziel führt.

Typologie: die netten Nerds von nebenan

Einen klaren Unterschied sieht Krause allerdings an anderer Stelle: bei der Typologie der handelnden Personen. Im Vergleich zu klassischer Kriminalität müsse man umdenken. Klassische kriminelle Karrieren beginnen meist schon früh mit einer Jugendstrafe. Dann baut sich die «Karriere» auf, und irgendwann kommen die wirklich schweren Straftaten im Erwachsenenalter. Wer im Darknet illegalen Aktivitäten nachgeht, tut das in der realen Welt dagegen meistens nicht. Oft würden die Personen über ihren Bezug zur Informationstechnik ins Kriminelle abdriften, gelockt von der Aussicht auf Anerkennung und natürlich Geld. Plötzlich handeln sie dann von null auf hundert im großen Maßstab mit Betäubungsmitteln, oder sie legen gleich mit hoch professionellem, erwerbsmäßigem Computerbetrug los. Die kriminelle Karriere «startet» dann gleich aus dem Stand mit riesigen Strafen. Oft sind das keine «Straftäter-Typen», wie man sie sich vorstellt. Krause erinnert sich an einen jungen Mann, «Typ lieber, 19-jähriger Schwiegersohn», der auf einer illegalen Streaming-Plattform viel Geld mit der urheberrechtlich unzulässigen Vermittlung von Fußballübertragungen zu monatlichen Spottpreisen gemacht hat.

Auch im Bundeslagebild Cybercrime beklagt sich das BKA regelmäßig über einen neuen Kriminellen-Typus, der von den Möglichkeiten der digitalen Unterwelt profitiert: Die meist IT-affinen, meist jungen Männer arbeiten mitunter hoch effektiv arbeitsteilig, ohne sich gegenseitig kennen zu müssen. Und sie können vom Modell «Cybercrime as a Service» profitieren, so dass die technologische Einstiegsschwelle sinkt. Auf den jeweiligen Marktplätzen oder Foren sind Tutorials für alle Spielarten von Cybercrime zu finden, zum anderen können Tools und Dienstleistungen für verschiedenste illegale Vorhaben erworben oder gemietet werden. Das können gekaperte Postboxen sein oder auch Software, mit der sich fremde Rechner zu Erpressungszwecken vorübergehend lahmlegen lassen.

Eine Parallele zur Offline-Kriminalität sieht Krause allerdings bei der Intensität der illegalen Aktivität und der Profitabilität. Beides schwanke stets stark: «Wir hatten einige, die keinem Beruf nachgegangen sind und das hauptberuflich gemacht haben, mit einem sehr guten oder alternativ auch mit keinem überragendem Einkommen. Im gleichem Maße hatten wir die Täter, die hauptberuflich einen legalen Beruf hatten und das als Nebeneinkunft durchgeführt haben.»

Egal, ob die illegalen Geschäfte eher Hobbycharakter zu haben scheinen oder wie bei Shiny Flakes im großen Stil betrieben werden, eines gilt immer: Hat die Polizei die betreffenden Personen erwischt, und gelingt es Staatsanwälten wie Krause, sie vor Gericht zu überführen, schlägt der Staat mit der Härte seiner Gesetze zu.

Im Februar 2016 wurde ein im Hörsaal der Fachhochschule Schweinfurt festgenommener 26-jähriger Student wegen Verstoßes gegen das Kriegswaffen- und das Waffengesetz zu vier Jahren und drei Monaten verurteilt. Er hatte zwischen Januar 2013 und Januar 2015 mehr als ein Dutzend Dekorations-Maschinenpistolen und andere Waffen eingekauft, umgebaut und über das Darknet weiterverkauft. Dem jungen Mann, der über eine Paketbox in der Schweinfurter Innenstadt an Adressen in ganz Europa geliefert hatte, waren die Behörden über Scheinkäufe auf die Spur gekommen, nachdem ein Paket von der britischen Polizei abgefangen worden war. Sogar fünf Jahre und sechs Monate gab es vom Landgericht Heidelberg für einen Waffenhändler, einen gelernten Optiker, der ebenfalls mit voll- und halbautomatischen Waffen gehandelt hatte. Und sieben Jahre gab es Ende 2015 für den Leipziger Darknet-Drogen-Baron Shiny Flakes. Und dabei hatte er noch Glück, er wurde nach Jugendstrafrecht verurteilt. Ein Gutachten hatte ihm, bei all seiner hohen Intelligenz, fehlende emotionale Reife attestiert. Zudem schuldet er dem Freistaat Sachsen drei Millionen Euro als Abschöpfung vermuteter Gewinne, die die Behörden nicht gefunden hatten und die Shiny Flakes unter Umständen auf noch nicht entdeckten Bitcoin-Konten bunkert.

Im Fokus der Strafverfolgung stehen meistens die größeren Fische, im Idealfall die Betreiber*innen der illegalen Plattformen, wenigstens aber die Händler*innen. Haben die Behörden aber das Glück, bei der Beschlagnahmung auch an Kauf- und Liefer-Listen zu kommen, arbeiten sie diese ebenfalls ab. Einige Monate nach Festnahme von Shiny Flakes sprach sich herum, dass auch Leute, die schlicht bei ihm gekauft hatten, Briefe von der Polizei erhalten hatten. Dem selbstbewussten «Hier sind wir sicher» auf den Marktplätzen, stellt der Staat immer wieder ein trotziges «Wir kriegen euch alle» entgegen.

Der Staat als Hacker?

Nicht immer ist übrigens klar, wie genau die Polizei bei Ermittlungen vorgeht. In der Szene munkelt man, dass es den Ermittler*innen doch möglich sein könnte, die Anonymität des Tor-Darknets zu brechen. Es gibt jedenfalls Gerüchte und Indizien, die darauf hindeuten. Immer wieder wird die Community von wissenschaftliche Studien aufgeschreckt, die behaupten, dass durch die Ausnutzung von Software-Fehlern oder bekannten Netzwerk-Schwächen User enttarnt werden können. Und es wird darüber spekuliert, in welchem Ausmaß auch Geheimdienste Tor-Knoten betreiben und so versuchen, die Infrastruktur des Darknets zu unterwandern. Für Rätselraten bis heute sorgt einer der größten, internationalen Zugriffe: die im November 2014 publik gewordene «Operation Onymous». In einer konzertierten Aktion verschiedener Behörden in 17 Ländern, unter Federführung der Europol-Abteilung European Cybercrime Centre (EC3) und unter Beteiligung diverser US-amerikanische Behörden, gelang es, 410 versteckte .onion-Seiten stillzulegen, die zu 27 illegalen Webshops und Foren gehörten. Diese führten die ganz Palette: Drogen, Falschgeld, gefälschte Dokumente und gestohlene Kreditkartendaten. 17 Personen wurden verhaftet, sechs Monate hatten die Ermittlungen gedauert. Unter anderem wurde Silk Road 2.0 stillgelegt und der mutmaßliche Betreiber «Defcon» festgenommen.

Wie der Marktplatz, ein Klon der ursprünglichen, nach der Seidenstraße benannten Darknet-Institution «Silk Road», lahmgelegt wurde, steht mittlerweile fest: durch verdeckte Ermittlung unter Ausnutzung verhängnisvoller Fehler. Der Betreiber hatte sich leichtsinnigerweise selbst verraten, da er den genutzten Server irgendwann einmal über eine E-Mail-Adresse angemeldet hatte, die zu ihm zurückverfolgt werden konnte. Vor allem aber hatten die Behörden den Account eines wichtigen Mitarbeiters des Marktplatzes übernehmen können. Sie hatten somit einen Informanten im inneren Zirkel von Silk Road 2 platziert. Doch wie genau die Behörden an die Personen und Standorte hinter den vielen anderen Seiten kam, weiß bis heute niemand so genau. Können sie mittlerweile doch im großen Stil Darknet-User de-anonymisieren? Selbst beim Tor Project reagierte man überrascht. Und die Behörden kosteten ihren Triumph aus. In der Pressemitteilung ließ sich Troels Oerting, Chef des European Cybercrime Centre, beispielsweise zitieren mit: «Diesmal hat es auch Dienste im Tor-Darknet getroffen, wo sich für lange Zeit Kriminelle außerhalb des Radars gewähnt haben. Wir können jetzt zeigen, dass sie weder unsichtbar noch sicher vor einem Zugriff sind.» Die Kriminellen könnten sich nicht verstecken, heißt es weiter, und die Arbeit gehe weiter. Wie die Ermittlungsmethode genau aussah, wurde allerdings nicht verraten.

Warum, begründete der Europol-Beamte Oerting folgendermaßen: «Das ist etwas, was wir für uns behalten wollen. Wie wir vorgehen, können wir nicht mit der Welt teilen, weil wir es immer und immer wieder tun wollen.»

Und was sagt der deutsche Staatsanwalt zur Spekulation, dass Tor längst unterwandert ist? Dr. Krause winkt ab, selbst für den Fall, dass Staaten selbst Tor-Knoten betreiben würden. In jeder Anleitung zur Nutzung des Tor-Netzes für illegale Zwecke stehe der Warnhinweis, dass angeblich alles überwacht sei und deswegen eine zweite Sicherungsebene empfohlen werde. Neben Tor nutzten deswegen alle Darknet-Täter zusätzlich eine Anonymisierung über ein Virtual Private Network (VPN). Dabei wird der Traffic zuerst an einen der vielen VPN-Anbieter weitergeleitet, die meist in Jurisdiktionen mit schwacher Rechtsdurchsetzung sitzen. Von dort aus wird dann eine Verbindung zu Tor aufgebaut. Allein wegen dieser doppelten Anonymisierung sei Tor schon wieder anonym.

Wünsche des Staatsanwalts

Krause hadert übrigens nicht nur mit der Technologie, sondern auch mit rechtlichen Barrieren. Modernere Gesetze würde er sich wünschen, die den Anforderungen der heutigen Zeit besser gerecht werden. Die Strafprozessordnung beispielsweise, die regelt, wie Behörden vorgehen dürfen, wann eine Wohnung durchsucht und vor allem, wann Telekommunikation überwacht werden darf, stamme aus dem Jahr 1877, und einzelne Normen seien bis heute so gut wie unverändert geblieben. Stets gehe es bei ihrer Arbeit darum, welche unpassende Norm von vorgestern irgendwie für die heutige Zeit passend gemacht werden könne. Als Beispiel nennt er den § 99 der StPO zur «Postbeschlagnahme», dessen Grundgehalt seit der Zeit der Postkutsche identisch geblieben sei. Da es keine Norm für die Beschlagnahmung von E-Mails oder gar von Nachrichten in sozialen Netzwerken oder Messenger-Diensten gebe, müsse man fragen: Fällt beispielsweise der Dienst WhatsApp unter die abstrakt-generelle Norm der Postbeschlagnahmung oder alternativ der Telekommunikationsüberwachung?

Gefragt, was er sich konkret wünschen würde, antwortet er wie viele, die sich über die blinden Ermittlungsflecken im digitalen Raum ärgern: das Problem sei die End-to-End-verschlüsselte Kommunikation, bei der sich auf dem Weg zwischen beiden Kommunikationspolen nur ein verschlüsselter Zeichensalat abfangen lässt. Tor verschlüsselt auf diese Art, aber auch WhatsApp. Das Hauptanliegen der Strafverfolgungsbehörden sei deswegen, eine Lösung dafür zu finden, und die könne nur so aussehen, auf das jeweilige Endgerät, «eine Software draufzubekommen», die den Datenstrom ausleitet, bevor er verschlüsselt wird, der sogenannte Staats-Trojaner beispielsweise. «Dafür gibt es technische Ansätze, aber keinerlei praktikable Regelung. Dafür würde ich mir sehr stark eine rechtliche Regelung wünschen.»

9

Ausblick

Vom dystopischen Internet
zu einer Utopie des Darknets

Hier endet unsere Reise in die digitale Unterwelt. Wir haben erfahren, wie eine eigentlich simple Idee nahezu perfekte Anonymität ermöglicht: die Weiterleitung von Datenverkehr über ein Netzwerk zwischengeschalteter Knoten. Wir haben gesehen, wie die technologische Grundlage dafür von US-Militärs entwickelt wurde und später ein Projekt der Zivilgesellschaft entstand, das als Gegenspieler staatlicher Sicherheitsapparate gilt, sich aber nie ganz von der US-Regierung getrennt hat. Und wir haben die Organisation Tor Project kennengelernt, die so paradox wie das Darknet selbst ist.

Wir haben erforscht, wie dieses Darknet in all seiner Widersprüchlichkeit genutzt wird. Vor allem haben wir uns darüber gewundert, dass dieser anarchistische Kosmos zurzeit vor allem eine große Einkaufsmeile ist, wobei die Amazons und Zalandos der digitalen Unterwelt seltsam vertraut erscheinen. Und schließlich haben wir uns von Ermittlern erzählen lassen, wie sie die Autorität des Staates auch im Darknet durchsetzen wollen.

Klar geworden ist eines: Das Tor-Darknet ist noch wenig erschlossen und wenig «besiedelt». Dass die illegalen Marktplätze das Spannendste an .onion sind, ist nur möglich, weil ansonsten noch nicht viel los ist.

Dieses Buch würde es nicht geben, wenn in der digitalen Unterwelt nicht doch auch ein großes Versprechen schlummern würde. Wie das Darknet aussehen könnte, wenn sich seine Potenziale tatsächlich entfalten, lässt sich bestenfalls erahnen. Vielleicht wird es in Zukunft einfach nur ein deutlich breiter genutzter überwachungsfreier Raum. Aber könnte aus dieser Nische von heute eines Tages nicht vielleicht sehr viel mehr werden: eine ernst zu nehmende, vielfältigere und weniger kommerzielle Alternative zum heutigen Internet vielleicht, oder gar eine globale Werkstatt, in der an einer besseren und gerechteren Welt von morgen gebastelt wird?

Dystopie Internet:
Warum wir in finsteren Zeiten leben ...

Bevor wir unseren Blick in die Zukunft richten, müssen wir noch einmal auf die Gegenwart schauen, nicht die des Darknets, sondern die des ganz normalen Internets, das wir täglich nutzen.

Wir leben in finsteren Zeiten, und daran ist nicht das Darknet schuld. Aus dem Internet, in das einst große gesellschaftliche Hoffnungen gesetzt worden sind, ist ein repressives Instrument geworden, das die Macht- und Kontrollmöglichkeiten von Staaten und Konzernen potenziert und diese Datenmacht an wenigen Punkten ballt.

Von einem auch nur annähernd freien Internet kann in vielen Teilen der Welt, in Ländern wie China oder Saudi-Arabien, kaum die Rede sein. Doch auch im westlichen Teil der Welt stehen die Dinge nicht gut. Obwohl es Millionen von Web-Adressen, Programmen und Plattformen gibt, besteht in den wichtigsten Bereichen des digitalen Lebens eine Anbieterkonzentration, wie sie in der analogen Wirtschaft kaum denkbar wäre.

In vielen westlichen Ländern hat Google eine quasi-monopolistische Stellung als Suchmaschine inne, den Markt der

PC-Betriebssysteme dominiert ein Zweier-Gespann aus Microsoft und Apple, den der mobilen Betriebssysteme ein Duopol aus Google und Apple. Den Markt der Internet-Browser wiederum teilen sich zu 80 Prozent die Produkte von Google und Microsoft. Zu Google gehören darüber hinaus das tonangebende Videoportal Youtube, der E-Mail-Anbieter Gmail sowie riesige Werbenetzwerke. Das Microsoft-Universum umfasst neben dem Betriebssystem Windows auch noch das verbreitete Software-Paket Microsoft Office, das E-Mail-Programm Outlook und das weltgrößte Business-Netzwerk LinkedIn. Knapp zwei Milliarden Menschen nutzen monatlich Facebook, Teile des blau-weißen Netzwerk-Riesen sind zudem der mobile Smartphone-Messenger WhatsApp und das populäre Bilder-Netzwerk Instagram, die einst als Konkurrenten galten, schließlich aber aufgekauft wurden. Zu den großen Fünf im Internet gehört auch noch Amazon, dessen Umsätze in vielen Ländern die der nächst größeren ortsansässigen Webshop-Konkurrenten um ein Vielfaches übersteigen. Der große, globale Internet-Laden betreibt auch den meist genutzten Cloud-Dienst, dem Tausende Internetfirmen ihre Daten und Prozesse anvertrauen.

Vor allem auf den Servern von Google, Apple, Facebook, Microsoft und Amazon ballen sich die Nutzungsdaten der halben Welt: wer wonach sucht, welche Seiten anklickt und «liked», wer mit wem auf sozialen Netzwerken befreundet ist oder E-Mails austauscht, wer welche Musik hört und welche Bücher liest. Immer ausgefeiltere «Big Data»-Methoden erlauben es, dieses irrsinnige Wirrwarr an Daten auch tatsächlich auszuwerten.

Aus dem hoffnungsvollen Internet ist etwas geworden, das dem «Panopticon» ähnelt, wie es der französische Philosoph Michel Foucault einst beschrieben hat: ein Gebilde, das die Überwachung aller Aktivitäten aller Leute in dem System ermöglicht, während die Überwacher selbst größtenteils unbeobachtet agieren.

Szenarien der Überwachung

Es gibt verschiedene Spielarten von Überwachung. Meistens sind sie so perfekt in die jeweilige Funktionslogik eingebaut, dass sich Alternativen nur schwer denken lassen.

Der Browser als Spionage-Tool

Bereits kennengelernt haben wir die Überwachungspotenziale des Internetbrowsers: Wenn wir eine Webseite aufrufen, weiß der Browser davon, der Internet Service Provider, der uns einen Internetzugang zur Verfügung stellt, und auch die besuchte Webseite selbst. Zusätzliche Möglichkeiten zur Protokollierung bieten Plugins, die kleinen Programme, die einen Browser erweitern, um beispielsweise auf unseren Wunsch hin Werbung auf allen Webseiten zu blockieren. Da sie Teil des Browsers sind, haben auch sie Kenntnis der Seiten, die wir besuchen. Und Cookies erlauben es Webseiten und Werbenetzwerken, uns beim Surfen immer wiederzuerkennen.

Internet Service Provider, wie hierzulande die Telekom, kennen unsere tatsächliche Identität und die IP-Adresse, die sie uns für die jeweilige Internetsitzung zugeteilt haben. Browser, Plugins und besuchte Webseiten kennen nur unsere IP-Adresse. Wie wissenschaftliche Studien immer wieder zeigen, ist es aber durch eine intelligente Kombination verschiedener Datenquellen möglich, Rückschlüsse auf die dahinter stehenden Identitäten zu erlangen. Und Behörden können sich bei Internet Service Providern IP-Adressen direkt in Klarnamen «übersetzen» lassen.

Die Profil-Silos der Großen und Kleinen

Eine weitere Datenerhebung basiert auf unseren Profilen bei sozialen Netzwerken, bei E-Mail-Anbietern oder in Webshops. Wir legen diese Profile an, weil wir die Dienste ansonsten nicht oder nur eingeschränkt nutzen können. Diese Webseiten sind nicht darauf angewiesen, uns mithilfe von Cookies zu verfolgen. Wir geben uns freiwillig zu erkennen, sobald wir uns einloggen.

In den großen und kleinen Profil-Silos der Unternehmen sammelt sich viel täglich aktualisiertes Wissen: über unsere sozialen Beziehungen, mit wem wir befreundet sind oder in geschäftlicher Beziehung stehen (Facebook, WhatsApp, Xing, sowie alle Mail-Anbieter), was uns gerade interessiert (Google), welche Bücher wir lesen (Amazon), was wir sonst noch kaufen (Zalando, Ebay, Otto.de), oder auch, wann wir wo im Urlaub sind (Airbnb oder Booking.com).

Rechner-Betriebssysteme: die Gehirne unseres digitalen Lebens

Betriebssysteme stellen das Zentrum technischer Geräte dar, sie sind ein allem zugrunde liegendes gigantisches Software-Paket. Tendenziell haben sie Kenntnis von allem, was wir auf dem jeweiligen Gerät machen, ob wir nun im Internet surfen, Mails schreiben, DVDs schauen, Games spielen oder auf dem Rechner Tagebuch schreiben. Die meisten Menschen nutzen das Microsoft-Betriebssystem Windows oder das konkurrierende System von Apple, deren Software Geschäftsgeheimnis ist. Deswegen kann niemand von außen beurteilen, was die Software genau macht, welche Daten sie an die Server der jeweiligen Konzerne übermittelt und welche «Hintertüren» für Geheimdienste es gibt.

Mobile Welten: Überwachung auf Speed

Noch stärker mit unserem täglichen Leben verwoben sind Mobiltelefone. Damit wir für Anrufe oder SMS erreichbar sind, melden sie sich stets in der Zelle des Mobilfunknetzes an, die unseren jeweiligen Standort gerade abdeckt. So entstehen unterschiedliche detaillierte Bewegungsprofile, hinzu kommt die Information, wen wir anrufen oder wem wir eine SMS schicken. Diese Datensammelei war schon vor Einführung des mobilen Internets möglich. Seitdem sich Smartphones immer mehr durchgesetzt haben, hat sich die Situation aber noch zugespitzt, da diese praktischen kleinen Geräte nicht nur telefonieren können, sondern hochleistungsfähige Rechner sind.

Auch sie arbeiten auf Basis von Betriebssystemen, und auch hier bestimmen zwei Anbieter das Marktgeschehen: das von Google dominierte Android-System und das Apple-Pendant iOS. Die mobilen Betriebssysteme haben nicht nur Kenntnis der Telefoniedaten, sondern tendenziell von unserem gesamten digitalen Leben, da die Internetnutzung immer mehr über Smartphones oder auch Tabloids abgewickelt wird. Und anders als der klassische PC oder Laptop zuhause oder im Büro, sind die Smartphones fast immer dabei. Das mobile Betriebssystem weiß somit annähernd, was wir gerade machen, wo wir sind, wen wir kennen und treffen, mit wem wir worüber digital kommunizieren.

Abhorchen per Schadware

Bei den beschriebenen Szenarien fallen Daten standardmäßig an und ermöglichen eine «passive» Massenüberwachung. Wenn Staatsapparate Personen gezielt auf dem Radar haben, gibt es noch eine weitere Praxis: Programme, die ohne Wissen der Opfer durch Tricks auf deren Geräte geschmuggelt werden. Solche Trojaner können beispielsweise per Mail platziert werden, sie installieren sich, wenn ein harmlos wirkender Anhang geöffnet oder wenn einem Link zu einer manipulierten Webseite gefolgt wird. Ist ein Rechner mit einem Staats-Trojaner infiziert, können alle Inhalte auf dem Gerät ausgelesen,

alle Aktivitäten protokolliert und an die externe Partei über-
mittelt werden. Vor allem für autoritäre Staaten, die keinen
Zugriff auf die Daten der großen Netz-Konzerne haben, bie-
ten solche Trojaner eine alternative Methode, eine Rundum-
Überwachung zu erreichen. Allerdings haben auch deutsche
Behörden eine solche staatliche Schnüffel-Software in ihrem
Arsenal, deren Nutzung das Bundesverfassungsgericht enge
Grenzen gesetzt hat.

Datenmacht – und wie sie missbraucht werden kann

Wissen ist Macht. Und wer Zugang zu den Nutzungsdaten
der halben, globalen Internet-Bevölkerung hat und noch dazu
Informationen aus vielen verschiedenen Quellen, Geräten
und Angeboten zusammenführen kann, hat viel Macht. Nämlich die, fast alles über uns zu wissen: wo wir uns gerade auf-
halten, wo wir wohnen, mit wem wir befreundet sind, welche
politischen Interessen wir haben und welche sexuelle Orientierung, wie gesund oder krank wir körperlich oder seelisch
sind, welcher Religion wir anhängen und welche Bücher, Musik und Filme wir schauen.

Die großen Netzkonzerne können die Daten auswerten,
um uns «maßgeschneiderte» Produkte anzubieten oder Anzeigen vorzusetzen. Sie können Daten, die gern als Rohstoffe
des 21. Jahrhunderts bezeichnet werden, zur weiteren Verwendung weiterverkaufen. Spätestens seit den Enthüllungen
des ehemaligen Geheimdienst-Insiders Edward Snowden ist
bekannt, wie sehr sich auch Regierungen für diese Daten interessieren. Die publik gemachten Dokumente haben gezeigt,
welch absurd hohen Aufwand der US-Geheimdienst NSA
betreibt, um Daten auf der ganzen Welt abzugreifen, auszuwerten und nutzbar zu machen. Der mutige Whistleblower
hat auch gezeigt, wie die großen Netzkonzerne freiwillig oder
gezwungenermaßen ihre Daten zur Verfügung stellen. Auch
in anderen Ländern gibt es vergleichbare Bemühungen. In

Großbritannien arbeitet der Geheimdienst GCHQ an einem ähnlich ambitionierten Programm, in Russland sind Internetanbieter gezwungen, alle Datenpakete zur Auswertung an den Inlandsgeheimdienst FSB zu übergeben. Und in der Bundesrepublik ist zumindest bekannt, dass sich die Geheimdienste um eigene Kapazitäten für die Massenüberwachung bemühen und dass sie dabei eng mit den Geheimdiensten befreundeter Staaten zusammenarbeiten.

Vieles von dem, was wir über Überwachungsaktivitäten wissen, stammt aus Leaks von Leuten wie Snowden. Wie umfassend die Aktivitäten von Geheimdiensten in westlichen Demokratien und in fernen Diktaturen tatsächlich sind, lässt sich nicht sicher sagen. Doch schon das bisher Bekannte zeigt, dass das Internet totalitäre Züge angenommen hat. Wenn sie das wollen, haben Staaten einen umfassenden Zugriff auf die privatesten und detailliertesten Informationen aus dem Leben beliebiger Menschen. Was klingt, als wäre es dem berühmtesten dystopischen Roman, nämlich «1984» von George Orwell, entnommen, ist heute Realität.

Und die Entwicklung wird weitergehen. Über «Smart Home» dringt digitale Technologie in immer mehr Bereiche des täglichen Lebens ein, mit vielen Vorteilen, aber auch möglichen «Nebenwirkungen»: Wenn der Fernseher «smart» wird, kann er auf unsere gesprochenen Anweisungen hören, seine Mikrofone und Kameras schauen und horchen aber auch in unsere Wohnzimmer hinein. Die smarte Haustür wird sich von alleine öffnen, sobald wir uns ihr nähern, und somit stets auch erfassen, wann wir zuhause sind und wann nicht.

Auch Regierungen gieren nach immer mehr Daten, häufig wohl ohne Problembewusstsein über die Missbrauchsmöglichkeiten. Die Bundespolizei arbeitet zusammen mit der Deutschen Bahn an Tests für eine «intelligente» Kamera, die automatisch Gesichter erkennt, die «Vorratsdatenspeicherung» erzwingt die anlasslose Speicherung von Handy-Standortdaten, gewählten Rufnummern und Daten zur Internetnutzung durch Telekommunikationsunternehmen für einige

Wochen, und ab 2018 erhält das Bundeskriminalamt bei allen Flügen von und nach Deutschland frei Haus einen umfangreichen Datensatz über alle Fluggäste. Viele solcher Maßnahmen sind erst in den letzten Jahren hinzugekommen. Oft wird das als notwendige Antwort im Kampf gegen Terror oder normale Kriminalität begründet. Eine paradoxe Logik: Terrorismus attackiert mit Gewalt eine freie Gesellschaft – und die Antwort der jeweiligen Regierungen ist es, diese gesellschaftliche Freiheit Maßnahme für Maßnahme einzuschränken.

In vielen Ländern ist der Missbrauch von Daten offensichtlich, er findet täglich und mitunter brutal statt: IP-Adressen, die enttarnen, wer für einen missliebigen Blogartikel verantwortlich war, Smartphone-Standortdaten, die verraten, wer auf einer verbotenen Demonstration war, und vielleicht auch nur ein falscher Kommentar in einem sozialen Netzwerk können einen in Ländern wie Saudi-Arabien, Russland oder China um den Job oder ins Gefängnis bringen.

Besteht bei uns keine Gefahr? Auf Warnungen vor digitaler Überwachung antworten viele Menschen hierzulande folgendermaßen: Was soll schon passieren, ich habe nichts zu verbergen, und wir leben eh in einem Rechtsstaat. Von Netzaktivist*innen wird das oft leichtfertig als naiv belächelt und abgetan. Natürlich stimmt es irgendwie: Was die Lehrerin aus München oder der Fliesenleger aus Magdeburg an Politischem, Banalem oder Peinlichem digital von sich offenbaren, wird mit hoher Wahrscheinlichkeit niemanden genau interessieren. Es gibt wohl kein abgedunkeltes Zimmer im Kanzleramt oder im Bundesamt für Verfassungsschutz, in dem sich finstere Gestalten wahllos oder aus Lust an der Indiskretion durch Surf-Protokolle, Kontaktlisten und E-Mails dieser Einzelpersonen durchklicken.

Aber klar ist: Daten sind Macht, und Macht kann missbraucht werden. Vor allem auf dem Gebiet der Bundesrepublik besteht eine lange Tradition des staatlichen Terrors. Das Wissen um die Zugehörigkeit zu einer Gruppe oder Identität war die Möglichkeitsbedingung dafür, dass die Nazis große

Teile der jüdischen Bevölkerung, so viele Homosexuelle, Sinti und Roma, Kommunist*innen, Behinderte oder sogenannte Asoziale einsperren und umbringen konnten. Die Staatssicherheit der DDR hat in einem nahezu rechtsfreien Raum persönliche Kommunikation und Netzwerke überwacht, um oppositionelle Bestrebungen zu erkennen und im Kein ersticken zu können. Und von den Nazis geführte rosa Listen wurden in den Adenauer-Zeiten der frühen Bundesrepublik munter weitergeführt, um schwule Männer aus dem öffentlichen Leben auszugrenzen.

Solche Listen, Netzwerkprofile und Datenbanken wären heute viel leichter zu erstellen, aus Likes und Nachrichten auf Facebook, den sozialen Netzwerken, aus Suchanfragen auf Google, Smartphone-Daten und Klicks im Netz.

Die Realität zeigt, dass Gesellschaften kippen können; dass historische Errungenschaften wie Demokratie und die Geltung von Menschenrechten nicht selbstverständlich sind. Was, wenn ein Politiker wie Donald Trump irgendwann nicht mehr auf so viel Widerstand aus der Gesellschaft stößt? Was, wenn der zu beobachtende autoritäre Ruck und die Verschiebung nach rechts in Europa weitergehen? Gegen welche Bevölkerungsgruppen und welche Menschenrechte kann sich die datenbasierte Wissensmacht dann richten? Es ist nie die Technologie an sich, die Schaden anrichtet. Opfer von Technik ist streng genommen nur, wer über ein Kabel stolpert und sich dabei die Nase aufschlägt. Es sind stets Menschen, die andere Menschen einschränken, sanktionieren und einsperren. Aber vielleicht sind es auch die totalitären Potenziale von Technologie, die eine ganz neue autoritäre Entwicklung beflügeln, weil sie sie überhaupt erst ermöglichen.

Was tun?

Auf diese Gefahr müsste es eigentlich gesellschaftliche Antworten geben: Lösungen, die dafür sorgen, dass Angebote und Plattformen nicht mehr bei so wenigen Konzernen geballt sind. Und da sich so etwas kaum über die Kräfte des Marktes einstellen wird, bedarf es politischer Ansätze: etwa einer Entflechtung von zu großen wirtschaftlichen Einheiten. Denkbar wären auch gezielte Anstrengungen, für grundlegende Infrastrukturen wie Betriebssysteme oder Suchmaschinen gute, öffentlich finanzierte Gegengewichte zu schaffen.

Es bräuchte Regeln, die es Regierungen und Geheimdiensten verbieten, massenweise Daten abzugreifen, und die Unternehmen zu prinzipieller Datensparsamkeit zwingen. Es bräuchte Gerichte, die solche Gesetze durchsetzen und Rechtsbrüche von Geheimdiensten und Behörden wirksam sanktionieren. Vielleicht würde auch ein Grundrecht auf Datensparsamkeit helfen, das den Staat zwingt, bei allen neuen Maßnahmen stets hart abzuwägen, welche Missbrauchspotenziale es bei den neu erhobenen Daten gibt und wie der tatsächliche gesellschaftliche Nutzen der Maßnahme aussieht.

Es wäre wünschenswert, wenn Gesetze, verantwortungsvolle Gerichte mit IT-Kompetenz sowie mutige Medien uns schützen könnten. Doch darauf ist nicht allein zu vertrauen. Es braucht auch technische Lösungen zur digitalen Gegenwehr. Können die Anonymisierungssoftware Tor und das Darknet eine solche Lösung sein?

Tor hilft in einigen Fällen. Dank der besonderen Architektur seines Netzwerks sehen Internet Service Provider stets nur den ersten Tor-Knoten, den wir ansteuern, aber nicht die abgerufene Webseite. Und die Zielseiten sehen nur den letzten Knoten im Tor-Verschlüsselungspfad, aber nicht unsere IP-Adresse. Cookies werden zwar vom Tor-Browser akzeptiert. Sie verbleiben für die Dauer einer Sitzung und sind beim nächsten Browser-Start verschwunden. Wenig ausrichten kann Tor allerdings gegen die permanente Erhebung von Standortdaten durch Mobiltelefone, auch nicht gegen die mögliche Überwachung durch Betriebssysteme, durch Spionage-Software auf Rechnern und durch Profilbildung bei Diensten mit Login. Sollte die steigende Verbreitung des Tor-

Browsers dazu führen, dass mehr Leute in mehr Ländern Facebook nutzen, wird die Datenmacht des sozialen Netzwerks sogar eher noch zunehmen.

Tor ist dennoch der zurzeit wichtigste Baustein für eine digitale Welt mit weniger Datenballungen. Die Software ermöglicht es, sich in Teilen des digitalen Lebens gezielt anonym zu bewegen, und das Darknet ist die Potenzierung dieser Anonymisierung.

Das Darknet als Antwort?

Erinnern wir uns an die Vorteile des Tor-Darknets: Da dessen Inhalte nur bei Nutzung des Tor-Browsers sichtbar sind, ist die Anonymität der Nutzer*innen standardmäßig sichergestellt, sie werden zu ihrem Anonymisierungsglück gleichsam gezwungen. Die technische Verhinderung, dass Daten anfallen, ist der beste Schutz gegen den Missbrauch von Datenmacht, und vielleicht auch der einzig wirksame Schutz. Unter .onion ist es schwieriger, übertragene Inhalte abzugreifen oder zu manipulieren. Zudem sind auf dieser Basis ganze neue hyper-anonyme Dienste wie das Dateitauschprogramm OnionShare oder diverse Darknet-Messenger möglich. Und Adressen unter .onion sind nicht löschbar oder blockierbar, das Darknet versteckt den Speicherplatz so gut, dass man den fraglichen Seiten kaum auf die Spur kommt.

Etwa zwei Millionen Menschen nutzen täglich die Tor-Software, schätzt die Organisation Tor Project. 20 Prozent davon stammen aus den USA, 12 Prozent aus Russland und 11 Prozent aus Deutschland. Deutlich vager wird es bei der Frage, wie viele Leute mit Tor nicht nur anonym im normalen Netz surfen, sondern tatsächlich ins Darknet gehen. Eine solche Zahl liefert das Tor Project nicht. Ermittelt und veröffentlicht wird nur etwas anderes: 3,4 Prozent des Tor-Datenverkehrs entfallen auf die Darknet-Nutzung. Vom Anteil des Darknet-Traffics einfach auf den Anteil der Nutzer*innen zu schließen, ist nicht komplett sauber, ein solches Vorgehen liefert aber zumindest einen groben Hinweis auf die Größenverhältnisse. Weltweit ergibt sich so ein Wert von knapp 70 000 täglichen Darknet-Usern weltweit und etwa 6000 aus der Bundesrepublik. Im Vergleich mit der weltweiten Internet-Community ist das mikroskopisch. Diese wird auf etwa 3,7 Milliarden Menschen geschätzt.

Ähnlich ernüchternd fällt ein Blick auf die Größe des Darknets aus. Laut Tor Project gab es Mitte 2017 etwa 50 000 .onion-Adressen. Das ist winzig im Vergleich zur deutschen Endung .de mit 16 Millionen Web-Adressen und sogar noch kleiner als .berlin, eine der neuen Internet-Endungen, die es auf um die 60 000 einzelne Adressen bringt. Zudem ist klar, dass sich längst nicht auf allen .onions tatsächlich Web-Inhalte befinden. In ihrer Studie zur Vermessung des Darknets fanden zwei Forscher des britischen King's College London Anfang 2015 nur etwa 5000 tatsächliche .onion-Webseiten, von denen wiederum nur die Hälfte auch Inhalte enthielt. In einer etwas jüngeren Studie von Anfang 2017 stießen Forscher aus Singapur und den USA auf 7000 aktive Adressen. Die Größe des Darknets und seines Publikums steht in einem krassen Missverhältnis zur medialen Aufregung über die digitale Unterwelt. Und das soll der hoffnungsvolle Gegenentwurf zum Internet sein?

Zweifel am Sinn von .onion

Liegt die schwache Verbreitung vielleicht schlicht an der noch unvollkommenen Technologie? Schaut man sich die Beschränkungen an, denen das Tor-Netzwerk unterliegt, zeigt sich eine Reihe an Nachteilen. Zum einen ist der Tor-Browser deutlich langsamer als klassische Browser. Bei textlastigen Blogs und Foren macht sich das kaum bemerkbar. Sobald eine Webseite aber aus mehreren Bildelementen, aus Werbebannern oder gar aus Video-Inhalten besteht, wird .onion wirklich unattraktiv. Und auch die Beschaffenheit der Darknet-Adressen aus 16 zusammengewürfelten Zeichen schränkt die Attraktivität von .onion für Anbieter*innen von Inhalten ein. In einer kleineren Reform der Tor-Software soll die Länge in Zukunft sogar auf 54 Zeichen steigen. Das erhöht die Sicherheit des Netzwerks, sorgt aber endgültig dafür, dass sich niemand eine solche Adresse einprägen kann.

Der Politikwissenschaftler Thomas Rid, der am King's College London die Studie zur Vermessung des Darknets durchgeführt hat, fragt sich, welchen Sinn .onion überhaupt hat: «Was bringt mir als Betreiber eines legalen Onlineshops, einer Schul-Webseite oder eines E-Mail-Dienstes denn eine .onion-Seite an Nutzen?» Für die meisten Zwecke reiche das normale Netz. Und wenn Oppositionelle in Diktaturen politisch heikle Blogs anlegen wollen, können sie die Inhalte einfach irgendwo im Ausland speichern, wo die Regierung keinen Zugriff hat. Rid glaubt, dass die großen Vorteile der Anonymisierungssoftware Tor allein schon bei der Nutzung des gleichnamigen Browsers voll zum Tragen kommen, dafür brauche es einen Ort wie .onion nicht unbedingt. Allerdings sieht er auch die Nachteile: So schrumpfe das potenzielle Publikum einer Darknet-Seite auf einen sehr kleinen Kreis IT-affiner Leute.

Thomas Rid fragt sich sogar, ob .onion in seinem momentanen Zustand dem Zwiebel-Projekt und allgemein der Idee von Anonymisierung nicht vor allem schadet, da für viele Leute Tor und Darknet das Gleiche sind: «Deswegen hat die Technologie den Ruf des Illegalen, des Verruchten, des ganz Schlimmen. Es ist ein Problem, wenn das .onion-Darknet den Ruf von Verschlüsselungstechnologien wie Tor beschädigt. Stellen wir uns vor, ein Familienvater installiert den Tor-Browser, auch weil er seinen Kindern Anonymität ermöglichen will, was ja wichtig ist. Dann sitzt er vielleicht vor einer der vielen Überblickslisten zum Darknet, liest die Beschreibungen durch und sagt sich: ‹Um Himmels willen, da sollen die aber nicht draufklicken.›» Er erinnert sich, wie er einmal testweise auf einem kleinen Computer einen Tor-Knoten betrieben hat und sich dann plötzlich sehr unwohl fühlte – beim Gedanken, welche üblen Inhalte da vielleicht gerade transportiert werden.

Immer wieder gebe es die Diskussion, so Rid weiter, ob es in gewissen Fällen nicht möglich sein sollte, Adressen zu löschen. Im Moment geht das technisch nicht, aber die Technologie ließe sich dementsprechend umbauen. Viele Leute innerhalb der Tor-Community würden diese Möglichkeit verabscheuen, weil sie denken, dass das System nicht mehr funktionieren kann, sobald Menschen manuell eingreifen. Er hält ein Modell wie etwa beim Kurznachrichtendienst Twitter trotzdem für diskussionswürdig: Wenn eine bestimmte Anzahl von Leuten Inhalte als missbräuchlich melden und das Tor Project bei einer Prüfung zum gleichen Schluss kommt, wird im Fall der Fälle gelöscht.

Bei einem ersten Gespräch mit Thomas Rid im Herbst 2016 für die IT-Zeitschrift *iX* überwog bei ihm klar die Skepsis gegenüber dem Darknet und den Hidden Services unter .onion. Ein halbes Jahr später allerdings hat sich seine Meinung etwas verändert, bedingt vor allem durch die politischen Entwicklungen in den USA, wo ein gewählter Präsident rechtsstaatliche und demokratische Konzepte infrage stellt. Die grundlegenden Zweifel bleiben, Rid hält es allerdings für denkbar, dass sich die Bewertung eines Tages ändern könnte: «Machen wir hier einmal eine wichtige politische Grundannahme explizit, nämlich die folgende Annahme: Es wird auch in ferner Zukunft standfeste, selbstbewusste, stabile liberale Demokratien geben, in denen man Inhalte veröffentlichen kann, die illiberale Mächte gerne verbieten würden. Setzt man diese Annahme, dann brauchen wir Hidden Services, als Plattform für liberale politische Bewegungen nicht unbedingt. Warum Hidden Services, wenn es auch in Island oder der Schweiz oder Deutschland oder in den USA geht … noch! Nun kennen wir aber leider aus der Geschichte viele Beispiele, in denen freiheitliche Ordnungen in autoritäre Systeme umschlagen. Insbesondere in Deutschland. Es müssen gar nicht alle liberalen Demokratien kippen, sondern nur die politisch mächtigsten Jurisdiktionen. Wenn es also da draußen einmal richtig finster werden sollte, dann könnte das Darknet zu einem wichtigen Ort der politischen Erleuchtung werden.»

Voraussetzungen für eine Entwicklung des Darknets

Überzeugen kann der momentane Stand des Tor-Darknets auch Thomas Rid nicht, da die Technologie für die eigentlich geplanten Zwecke so gut wie gar nicht genutzt wird. Entgegen den großen Verheißungen finden sich vor allem Märkte für Drogen und sonstiges Illegales. Von einem wirklich spannenden Darknet lässt sich im besten Fall in Ansätzen sprechen. Ist das wirklich alles? Wo sind all die Blogs von freiheitsliebenden Menschen in Diktaturen, die Dokumente zu Machtmissbrauch, die alternativen Online-Communities, wenn die Gegenwart des normalen Internets so trist ist?

Überlegen wir uns, was passieren müsste, damit sich .onion vielleicht eines Tages doch durchsetzt. Wie oft im digitalen Kosmos steht das Darknet vor dem berüchtigten Dilemma zweiseitiger Märkte. Damit .onion so attraktiv wird, dass sich Nutzer*innen überhaupt mit dem neuen digitalen Ort beschäftigen, braucht es genügend interessante Angebote, möglichst solche, die es im sonstigen Netz nicht gibt. Im Gegenzug ist eine kritische Masse an Leuten die Voraussetzung dafür, dass das Anbieten von Inhalten und Diensten dort nicht als vergeudete Mühe erscheint. Viele digitale Projekte scheitern an dieser Hürde. Wie könnte .onion dieser Sprung gelingen?

Als Erstes könnte es helfen, wenn sich mehr Web-Projekte mit großer Reichweite eine Darknet-Adresse zulegen und auf diese Weise wenigstens mehr nicht illegale Nutzungsmöglich-

keiten für .onion schaffen. Das könnten beispielsweise Webseiten von Nichtregierungsorganisationen sein, von Verbän-
den oder auch von digital aufgeschlossenen Parteien. Dann
bräuchte es bessere Unterstützungs- und Navigationsdienste,
so dass die Trefferqualität der Darknet-Suchmaschinen steigt
und besser kuratierte Linklisten entstehen, die aktueller sind
und nicht mehr vor allem Verweise zu üblen Sachen beinhal-
ten. Für Dynamik könnten auch Watchblogs oder sonstige
Spezialmedien zum Darknet sorgen. Die tonangebende Seite
Deepdotweb.com ist am ehesten eine Art Branchenmedium
für den illegalen Darknet-Commerce. Und allgemein bräuchte
es mehr Inhalte jenseits der illegalen Marktplätze: Blogs, Foren, Wikis und Nachrichten-Medien, am besten Darknet-ex-
klusiv. Und vielleicht bräuchte es eine «Killer-Applikation»,
wie es in der Start-up-Sprache heißt: ein Angebot, das so
überzeugend ist und so gut vermarktet wird, dass sich eine
virale Dynamik zugunsten des Darknets entwickelt.

Natürlich steht und fällt die Akzeptanz von .onion auch
mit der Software. Wird Tor schneller und erreicht annähernd
die Geschwindigkeit normaler Web-Browser, könnte .onion
zu einer gleichrangigen Alternative zu anderen Internet-Endungen werden.

Einer weiteren Akzeptanz des Tor-Darknets steht jedoch
noch mehr im Wege. Eine .onion-Seite zu installieren, ist zwar
mit etwas IT-Wissen im Hintergrund recht banal, meint Moritz Bartl vom Verein Zwiebelfreunde, vor allem dann, wenn
das Verstecken der eigenen Identität keine Priorität hat. Dennoch dürften auch allgemeine technische Hürden beim Gang
ins Darknet eine Rolle spielen. Für das normale Netz gibt es
Angebote, die die unterschiedlichen technischen Wissens-
stände auffangen. Mit deren Hilfe lässt sich mit wenigen
Klicks eine Web-Adresse erwerben, ein Serverplatz buchen
und die Software zum Aufbau der Seite installieren. Solche
Hilfsdienste bräuchte es auch für das Darknet. Und wenn
.onion wirklich attraktiv werden soll, müssten vielleicht Konzepte aufgegriffen werden, die schon länger kursieren: ein

Namenssystem, das die kryptischen Zeichenfolgen einer .onion-Adresse in menschlich lesbare Darknet-Adressen übersetzt, so wie bei der Übersetzung der Zahlen-basierten IP-Adressen des normalen Internets in verständliche Domains wie berlin.de oder wikipedia.org.

Szenarien des künftigen Darknets

Es gibt großartige Technologien, die nie wirkliche Bedeutung erlangt, und eher schwache, die es geschafft haben. .onion ist gut durchdacht und nützlich. Doch über Erfolg oder Misserfolg entscheiden stets mehrere Dinge. Um erfolgreich zu werden, braucht es ein interessantes «Produkt» – das ist bei .onion trotz aller Schwächen der Fall. Es braucht Leute, die es weiterentwickeln und bekannt machen. Noch gibt es nur wenige, die Inhalte fürs Darknet schaffen, das Tor Project scheint sich eher für .onion zu genieren, als stolz darauf zu sein. Auch die sonstigen gesellschaftlichen Rahmenbedingungen spielen eine Rolle. Die Zeit ist eindeutig reif für eine solche Technologie, wenn man sich die dystopisch anmutende Realität des Internets anschaut. Dennoch interessieren sich bisher erst wenige Menschen für Tor und noch weniger fürs Darknet, da die Gefahr für Einzelne so wenig konkret erscheint. Vielleicht wird irgendwann eine neue Krise einen plötzlichen Run auf das anonyme Darknet auslösen. Das könnten vielleicht neue Enthüllungen mit der Sprengkraft der Snowden-Leaks sein, die zeigen, wie die Macht über Daten nicht nur eine abstrakte Möglichkeit ist, sondern täglich zum Schaden Einzelner missbraucht wird.

Statt eine spekulative Voraussage über die weitere Entwicklung zu treffen, wollen wir unterschiedliche Szenarien entwickeln und uns überlegen, wie das .onion-Darknet in, sagen wir, zehn Jahren aussehen könnte.

Szenario 1:
Es war einmal ... das Darknet

Das erste Szenario ist sehr pessimistisch: Niemand wird dann mehr über das Tor-Darknet sprechen. .onion steht in einer Reihe mit eigentlich interessanten Technologien und Angeboten, die irgendwann aus der öffentlichen Wahrnehmung verschwunden sind: der frühere VHS-Konkurrent Betamax, die digitale Parallelwelt Second Life oder das alternative mobile Betriebssystem Firefox OS.

Und das kam so: Irgendwann waren die Medien müde geworden, die immer wieder gleichen Geschichten über illegale Geschäfte im Darknet zu erzählen, ansonsten hatte sich wenig Berichtenswertes entwickelt. Die Nutzer*innen der Drogen-Marktplätze sind abgewandert, sie haben gemerkt, dass sich Rauschmittel noch bequemer und in größerer Auswahl über spezielle Austausch-Apps fürs Smartphone und über geschlossene Facebook- oder WhatsApp-Gruppen bestellen lassen. Auch Kriminelle haben gemerkt, dass .onion zwar theoretisch eine schöne Technologie für ihre Zwecke darstellt, dass die Kundschaft aber einfach nicht in relevanten Größen folgt. Andere frühe User sind ebenfalls abgesprungen: die Medien mit ihren SecureDrop-Postfächern für Whistleblower und die meisten anderen Seiten mit einer alternativen Zugangstür ins Darknet. Kaum jemand hatte ihre parallelen Darknet-Seiten genutzt, und der technische Betreuungsaufwand schien woanders besser investiert.

Für Niedergangsstimmung sorgte endgültig, dass auch Facebook seine Darknet-Präsenz einstellte. Nach dem Weggang eines früheren Verfechters der Technologie hatte sich niemand mehr im Unternehmen gefunden, der darin einen Sinn gesehen hätte. Schließlich hat auch das Tor Project aufgehört, weiter an .onion zu arbeiten. Bei einer offenen Abstimmung im Team kam eine große Mehrheit zum Schluss, dass die knappen Ressourcen der Organisation beim Tor-Browser besser aufgehoben sind und dass der Imageschaden durch das Darknet größer als dessen Nutzen ist. Die .onion-Technologie existiert weiterhin. Da sie aber nicht mehr weiter angepasst wird, ist sie so fehleranfällig geworden, dass selbst die hartgesottenen Fans sie niemandem mehr ernsthaft empfehlen würden.

Szenario 2:
Funktionierende Nischen

Von einer Mainstream-Verbreitung des Darknets kann nicht die Rede sein, allerdings haben sich unter .onion einige funktionierende Nischen entwickelt, die im jeweiligen Bereich zu einer festen Größe geworden sind, vor allem beim Drogenhandel. Etwa die Hälfte des Handels wird noch klassisch auf der Straße abgewickelt, der Rest hingegen «online». Die Vorteile des Tor-Netzwerks haben sich bei den Konsument*innen herumgesprochen: kein direkter Kontakt mit illegalen Milieus mehr, keine Gefahr, auf dem Weg vom Park nach Hause von der Polizei kontrolliert zu werden, und durchschnittlich höhere Qualität, garantiert durch das weiter verbesserte System von Kaufbewertungen.

Auch im Medikamentenbereich ist eine funktionierende Nische entstanden. Nicht erstattungsfähige Lifestyle-Medikamente werden verkauft, in Ländern ohne flächendeckende, gesellschaftlich finanzierte Gesundheitssysteme allerdings auch sehr «harte» Medikamente etwa zur Krebs- oder HIV-Therapie. Es handelt sich um illegal importierte Nachahmerprodukte aus anderen Ländern oder schlicht um Medikamente, die aus dem nationalen Gesundheitssystem entwendet wurden und im Darknet deutlich billiger als in normalen Apotheken angeboten werden.

Die medizinische Fachöffentlichkeit ist in der Bewertung des Darknet-Handels gespalten. Da es sich meist um tatsächlich wirksame und kontrolliert hergestellte Produkte handelt, kursiert hinter vorgehaltener Hand die Meinung, dass unter bestimmten Bedingungen gegen diesen «alternativen» Vertriebsweg aus ärztlicher Sicht wenig einzuwenden ist. Das gilt vor allem für arme Weltregionen und für Länder, in denen viele Menschen nicht krankenversichert sind und somit auch ärztlich verschriebene Medikamente nicht erstattet bekommen. Während sich viele Menschen auch verschriebene Arzneimittel über den legalen Vertrieb nicht leisten können, stellen die deutlich niedrigeren Preise des Darknets ein unkonventionelles Korrektiv dieses gesellschaftlichen Missstandes dar.

Zudem hat sich die Selbstregulierung weiterentwickelt: Einige Uni-Kliniken bieten neben anonymen Drogentests auch an, Proben von Medikamenten auf ihre Echtheit und Unbedenklichkeit prüfen zu lassen. Größere Marktplätze lassen den Handel mit Medikamenten nur dann zu, wenn die Händler*innen regelmäßige Tests nachweisen können. Und um die schädlichen Auswirkungen der Selbstmedikation ohne ärztliche Begleitung zu minimieren, gibt es Sprechstunden im Darknet. Außerdem wurde ein Alarmsystem entwickelt, das anschlägt, wenn zu befürchten ist, dass Medikamente missbräuchlich verwendet werden.

Eine große Bedeutung haben auch einige der Darknet-Services gewinnen können. Nur eine kleine Minderheit der Internet-User kennt die jeweiligen Programme überhaupt, in bestimmten Berufszweigen werden sie aber standardmäßig genutzt. Alle größeren Medien und auch viele regionale Tageszeitungen haben über die Tor-Software SecureDrop Whistleblower-Postfächer installiert, die im normalen Netz nicht aufrufbar, sondern nur unter .onion verfügbar sind. Diese werden zwar nicht täglich frequentiert, doch immer wieder gelangen auf diese Weise größere und kleinere politisch brisante Enthüllungen an die Öffentlichkeit. Und alle, die mit sensiblen Dokumenten arbeiten – Rechtsanwält*innen, Journalist*innen oder Leute aus Menschenrechtsgruppen – verwenden für bestimmte Aktivitäten standardmäßig Darknet-Tools wie OnionShare zum Versand von Dateien oder zum abhörsicheren Chatten.

Szenario 3:
Die kommerzielle Umarmung

Im dritten Szenario ist .onion tatsächlich Mainstream geworden, allerdings nicht so, wie es sich die kryptoanarchistische Tor-Community vorgestellt hat. Die legale Netzwirtschaft hat entdeckt, wie gut sich im Darknet Geschäfte machen lassen. Alles fing mit einer Marktforschungsstudie an, die die «früher argwöhnisch betrachtete Darknet-Gemeinde» (O-Ton der Studie) als besonders attraktive Zielgruppe beschrieben hat: jung, eher gebildet, IT-affin, urban, offen für Innovationen und somit tendenziell kaufkräftig und kaufwillig. Und da sie sich der alternativen Idee des Darknets emotional verbunden fühlen, haben sie eine prinzipielle Sympathie für alle Unternehmen, die sich in die digitale Unterwelt «wagen». Sie sind «High-End-Multiplikatoren», wie es heißt, die neue Produkte und Netzangebote zu einem Trend machen können.

Als Erstes hat die Beratungsbranche entdeckt, wie lukrativ dieses neue «Segment» sein kann. Schnell wurden neue Visitenkarten gedruckt, «Social-Media-Beratung» war gestern, die wirklich guten Honorare gab es bald für Vorträge und Beratung zu «Darknet-Marketing». Die Abgesandten großer Beratungsunternehmen und viele Selbständige sind durch die Konferenzräume von Konzernen und Unternehmensverbänden gepilgert und haben gepredigt, dass sich im Darknet das wirklich große Geld verdienen lässt.

Größere Medien haben begonnen, ihre Web-Inhalte parallel auch auf einer .onion-Seite anzubieten. Nicht, weil sie sich der Anonymisierungstechnologie so verbunden gefühlt haben, sondern aus einer Werbelogik heraus: So können sie die Darknet-User als besonders heiße Werbezielgruppe separieren und ihr speziell auf sie zugeschnittene Werbung vorsetzen, für hochpreisige Elektronikgeräte und technologische Spielzeuge, für Games und für Start-ups, die glauben, durch Werbung im Darknet eine virale Verbreitung ihres Produkts anzustoßen. Facebook hatte als Erstes bemerkt, dass sich für

Werbeeinblendungen im Darknet deutlich höhere Preise verlangen ließen. Auch Google mit seinem globalen Werbenetzwerk hat nachgezogen. Während der Konzern in den ersten
Jahren Suchanfragen per Tor-Browser verweigert hat, gibt es
die weltgrößte Suchmaschine mit ihren profitablen Text-An-
zeigen nun auch im Darknet – als spezielles Angebot nur mit
.onion-Adressen und als erweiterter Dienst, bei dem Treffer
aus dem klassischen Netz und dem Darknet gemischt werden.

Um Google und Facebook das Feld nicht allein zu über-
lassen, sind auch weitere Seiten ins Darknet gefolgt: Das Business-Netzwerk Xing hat einen .onion-Auftritt, die Mail-
Anbieter Web.de und T-online und die touristischen Vermitt-
lungsportale Airbnb und Booking.com. Da diese Dienste nur
per Login nutzbar sind, stört es die Geschäfte nicht allzu sehr,
dass Tor weniger Informationen als übliche Browser liefert.
Auch Medien mit ihren werbefinanzierten Onlineportalen
sind ins Darknet gegangen, Spiegel online, die taz und sogar
bild.de. Zwar sind auf Tor viele gängige Methoden der Datenerhebung nicht möglich, doch das Darknet hat einen Vorteil,
der das alles wettmacht: Niemand kommt auf die Idee, einen
Werbeblocker zu installieren, der so vielen Onlinemedien die
Werbebilanzen vermiest, weil er Anzeigen einfach ausblendet.
Adblocker werden über kleine Software-Erweiterungen in
den Browser integriert. Bei Tor gilt es jedoch als verpönt,
Browser-Erweiterungen zu installieren, da diese Stücke exter-
ner Software den kompletten Datenverkehr erfassen und an
Dritte weiterleiten können.

Im normalen Netz hatte es ein nie endendes Wettrüsten
zwischen Verlagen und Adblockern gegeben. Stets konnte, je
nach thematischem Zuschnitt und IT-Affinität des Publikums, bei zwischen 20 oder manchmal auch bei 60 Prozent
der Nutzer*innen keine Werbung eingeblendet werden. Einige Medien hatten damit begonnen, Adblocking-User einfach auszusperren, aber auch das war keine befriedigende
Lösung. Eine .onion-Adresse hat sich als die effektivste Anti-
Adblocking-Maßnahme überhaupt erwiesen. Einige IT- und

Technik-Portale, die stets unter besonders hohen Adblo-cking-Quoten litten, sind gar komplett zu .onion umgezogen und auf den alten Web-Adressen gar nicht mehr verfügbar. In einer sarkastischen Geste hat der internationale Werbeverband «Interactive Advertising Bureau» dem Tor Project einen Sonderpreis verliehen, den die Organisation aber unter heftigem Schimpfen abgelehnt hat.

Als vorteilhaft für die Digitalwirtschaft hat sich auch erwiesen, dass es im Darknet üblich ist, über ein Bitcoin-Konto zu verfügen. Viele Anwendungen und Webseiten haben ganz neue Bitcoin-basierte Mikro-Bezahlsysteme eingebaut, bei denen für die Nutzung bestimmter Features und für «Premium-Inhalte» Kleinstbeträge fällig werden. Während so etwas mit klassischen Zahlungsdienstleistern im Netz zu umständlich war, funktioniert das mithilfe der Kryptowährung sehr gut, bei der sich ein Bitcoin in Millionen Einzelteile zerlegen lässt. Die hohe Verbreitung des Bitcoins hat zudem dazu geführt, dass es neben den klassischen, illegalen Darknet-Märkten bald auch einen ganz legalen Darknet-Handel mit technologischen Geräten, Kleidungsstücken und Luxusgütern gab. Als ein visionärer Zalando-Manager einen Darknet-Shop für den Berliner Webshop-Konzern einrichten ließ, galt das noch als Spinnerei, doch schnell entstand dann ein florierender Waren-Umschlagplatz, auf dem auch Adidas, Samsung und Levis hochpreisige Markenprodukte verkauften.

Die Begeisterung der legalen Digitalwirtschaft für das Darknet hat einen Nebeneffekt: Das Tor Project muss sich keine Abhängigkeit von Regierungsgeldern mehr vorwerfen lassen. Das Budget der Organisation hat sich durch Spenden von Facebook, Google und vielen anderen Unternehmen der Werbe- und Digitalwirtschaft vervielfacht. In deren IT-Abteilungen werden hoch bezahlte Leute abgestellt, um die Tor-Software zu verbessern und das Darknet möglichst im Sinne der Unternehmen technologisch weiterzuentwickeln.

Netzaktivist*innen der ersten Stunde sind von der Entwicklung nicht begeistert. Aus dem stets etwas anrüchigen Darknet, das gerade deswegen so aufregend war, ist ein Ort geworden, der genauso öde durchkommerzialisiert wie der Rest des Internets auch ist. Die kommerzielle Produktentwicklungs- und Marketing-Power hat spannende, nichtkommerzielle .onion-Angebote an den Rand gedrängt. In den Kommentarspalten von Tech-Blogs und auf den großen netzaktivistischen Konferenzen heißt es oft: «So haben wir uns die Darknet-Revolution nicht vorgestellt.»

Szenario 4:
Eine Utopie namens Darknet

Bei dieser Entwicklung ist das Darknet zu einer Karikatur seiner selbst geworden. Was wäre sonst noch denkbar? Wie könnte gar eine Utopie namens Darknet aussehen?

Digitale Utopien sind rar. Menschen, die das Aufkommen des Internets noch miterlebt haben, erinnern sich, wie groß einst die Hoffnungen in Bezug auf das sich entwickelnde Internet waren. Ein herrschaftsfreier Raum sollte es werden, in dem die Regeln der «alten» Welt außer Kraft gesetzt sein sollten, in dem Schranken zwischen Menschen, wie Herkunft, Sprachen, Geschlecht und Stand, nichts mehr gelten, in dem alle plötzlich in einem globalen Dorf zusammenfinden und gemeinsam die Welt verbessern.

Heute dominiert Sprachlosigkeit in Anbetracht der dystopischen Gegenwart des Internets. Die digitalen Technologien haben die bestehenden Machtverhältnisse nicht etwa aufgehoben, sondern eher noch verstärkt. Der Fokus liegt im besten Fall auf Abwehrkämpfen gegen Überwachung und die große Macht der Netz-Konzerne. Wir müssen uns deswegen selbst Gedanken machen, wie eine konkrete Utopie des Darknets aussehen könnte.

Das Darknet als Gegen-Internet

Auf den ersten Blick ähnelt diese Utopie der dargestellten Karikatur des Tor-Darknets: In breiten Kreisen der Bevölkerung hat sich herumgesprochen, dass es diese besondere Netz-Endung namens .onion gibt, dass es ein irgendwie großartiger Ort ist, nicht so durchkommerzialisiert, nicht so verflacht und voller Hass wie das bekannte Netz. Ins Darknet geht man, wenn man selbst bestimmen will, ob und wann man sich zu erkennen gibt.

Es gab einige Entwicklungen, die das Darknet zu einer vollwertigen, digitalen Alternative gemacht haben:

100 Prozent Anonymität und 0 Prozent Zensur

Schon heute bietet Tor eine hohe Anonymität und Schutz vor Zensur. Allerdings gilt beides nur mit Einschränkungen. Als nicht lösbares Problem gelten ressourcenstarke Angriffe auf das Netzwerk, sogenannte globale, passive Attacken: Geheimdienste protokollieren massenhaft Tor-Traffic, indem sie den Datenverkehr an Schnittstellen im normalen Internet abgreifen. Den werten sie aus, und über Methoden der Mustererkennung können sie dann vielleicht doch rekonstruieren, welche Daten zu welchen Usern gehören (siehe Anhang). Außerdem lässt sich Tor in einigen Regionen der Welt nicht einfach so nutzen. Regierungen, die freie Kommunikation verhindern wollen, blockieren den Zugang zu den 7300 Tor-Knoten, deren IP-Adressen ja bekannt sind. Als Antwort darauf gibt es die «Bridges» genannten geheimen Knoten, deren IP-Adressen User nur auf Anfrage erfahren. Doch auch das hilft nicht immer. Der chinesischen Regierung mit ihrem riesigen Zensur-Apparat gelingt es oft, auch diese besonderen Knoten zu finden und eine Verbindung zu blockieren.

In der Utopie ist es dem Tor Project durch Tricks dann doch gelungen, im Wettrüsten mit Geheimdiensten und Zensurbehörden zu gewinnen. Beispielsweise erzeugen sie zusätzlich zu jeder Tor-Nutzung massenweise fingierten Datenverkehr, so dass auch die schlauesten Auswertungsprogramme keine verwertbaren Muster und Hinweise auf Identitäten mehr finden. Tor wird so geschickt in den Datenpaketen des sonstigen Internets versteckt, dass die Regime nur die Wahl zwischen zwei Möglichkeiten haben: Sie schotten das jeweilige Land von jeglicher Internetnutzung ab, was das Alltags- und Wirtschaftsleben in einer immer weiter vernetzten Welt empfindlich beeinträchtigen würde, oder sie finden sich damit ab, dass Tor der Bevölkerung den Weg in ein freies Internet ermöglicht. Seitdem ist das auch in China und Saudi-Arabien, in Iran und sogar in Nordkorea ohne größere Hürden möglich und ohne Gefahr, bei der eigentlich verbotenen Kommunikation entdeckt zu werden. Kann man eine Webseite im normalen Netz doch einmal nicht ansteuern, lässt sich deren Darknet-Version über spezialisierte .onion-Suchmaschinen finden.

Zurück auf Los

Die wirtschaftlichen Kräfteverhältnisse der klassischen digitalen Welt, die dort eine Veränderung unwahrscheinlich machen, gelten im Darknet nicht mehr. Es bilden sich neue Angebote, die grundlegend anders funktionieren. Statt Google gibt es eine Reihe guter, transparent arbeitender Darknet-Suchmaschinen. Statt Facebook, das zwar früh unter .onion präsent, aber wegen seines Datenhungers dort nie beliebt war, ist die Darknet-Crowd über unterschiedliche soziale Netzwerke verteilt. Diese ermöglicht es, problemlos über die verschiedenen Angebote hinweg miteinander zu kommunizieren. Amazon hingegen macht im Darknet kaum Umsätze. Stattdessen hat sich eine legale Darknet-Handelswelt ohne einen zentralen Mittelpunkt entwickelt, in dem Verkäufe direkt mit Händler*innen angebahnt und abgewickelt werden.
Verschiedene gemeinschaftlich erstellte Projekte nach dem

Modell der Online-Enzyklopädie Wikipedia sind entstanden, bei aufwändigeren Projekten finanziert ein Bitcoin-basiertes Mikrobezahlsystem den Grundbetrieb. Nach einigen gescheiterten Versuchen, auch unter .onion relevante Marktanteile zu gewinnen, haben die großen Netz-Konzerne diesen Ort verloren gegeben. Es gibt ein Selbstverständnis des Darknets als alternativer Ort, in dem Grundprinzipien wie Datensparsamkeit und Transparenz verteidigt werden. Portale, die überflüssigerweise Daten abgreifen wollen, werden schlichtweg ignoriert. Zum guten Ton im Darknet gehört es, den Code, also den Bauplan einer Software, gemäß den Prinzipien der Open-Source-Idee zu veröffentlichen. So kann jeder einsehen, was genau passiert.

Das Darknet als Motor für Inhalte

Die Suchmaschinen des Darknets haben tatsächlich eine Menge anzuzeigen. Es hat sich verwirklicht, was dem Darknet schon immer nachgesagt wurde: Es ist ein Ort für Oppositionelle, Aktivist*innen und Whistleblower geworden. Die Existenz eines ganz neuen und freien digitalen Raums hat Leute auf der ganzen Welt ermuntert, politische Inhalte zu schaffen. Über staatliche Gewalt wird im Darknet genauso berichtet wie über Rassismus und Korruption. Auf Blogs schildern Textilarbeiter*innen aus Bangladesh ihren Alltag, Oppositionelle aus Saudi-Arabien und China erzählen von ihren politischen Kämpfen. Es gibt Plattformen, auf denen ökologische Missetaten von Unternehmen dokumentiert werden und sich nachvollziehen lässt, unter welchen Bedingungen Produkte im Ausland hergestellt werden. Sorgfältig kuratierte und kommentierte Darknet-Wikis, deutlich besser funktionierende Suchmaschinen sowie Watchblogs helfen, die neue Vielfalt zu organisieren.

Auf Darknet-Postfächern etablierter Medien, aber auch auf eigenständigen Plattformen im Stil von Wikileaks werden täglich Dokumente hochgeladen, die korrupte und kriminelle Eliten in Bedrängnis bringen. Es gibt solche Portale für verschiedene Sprachen und Themen. Sie ermöglichen es, auch ohne größere IT-Kenntnisse ein hohes Maß an Anonymität beim Geheimnisverrat zu wahren. Alle öffentlichen Angelegenheiten haben deswegen eine hohe Wahrscheinlichkeit, für alle einsehbar im Darknet zu landen: Verträge zwischen Regierungen und Unternehmen, Akten aus Ministerien und Behörden, Entwürfe zu Handelsverträgen und Gesetzen, Kontenlisten in Steueroasen, Algorithmen der großen Netzkonzerne. Eine immer weiter wachsende digitale Bibliothek füllt sich mit Leaks, so etwas wie «Herrschaftswissen» gibt es kaum mehr. Keine große oder kleine Schweinerei auf globaler oder lokaler Ebene, keine Korruption, keine Menschenrechtsverletzung, ohne dass sie an irgendeiner Stelle ins Darknet durchsickert.

So ist es zu einer Konstellation gekommen, die das Gegenteil der heutigen Situation darstellt: maximale Privatsphäre der User bei gleichzeitig maximaler Transparenz öffentlich relevanter Vorgänge.

Globale Zivilgesellschaft im Darknet

Insgesamt hat sich eine funktionierende, globale Zivilgesellschaft herausgebildet, die sich vernetzt, über Missstände diskutiert und über Möglichkeiten, daran etwas zu ändern. Übersetzungstechnologien in Echtzeit sind so gut geworden, dass es einen tatsächlich globalen Austausch gibt, bei dem Herkunft und Sprache keine Rolle mehr spielen. Die berüchtigten Hass-Botschaften, die im normalen Netz das Leben vergiften, begegnen einem kaum mehr. Da so viele Menschen das Gefühl haben, dass es «ihr» digitaler Raum ist, fühlen sie sich auch dafür verantwortlich. Wer im Schutz der Anonymität wüst pöbelt und beleidigt, verliert schnell die Lust daran. Zu groß und zu hartnäckig ist stets die Widerrede.

Die globale Zivilgesellschaft im Darknet zeigt, was lange nicht für möglich gehalten wurde: dass Selbstorganisation im digitalen Raum funktionieren kann. Es wird mit verschiedenen Wahl-, Konfliktschlichtungs- und Delegationsverfahren experimentiert. Und zur Überraschung vieler funktioniert das trotz des experimentellen Chaos. Grundlage des Miteinanders ist ein gemeinsam ausgehandelter, globaler Darknet-Gesellschaftsvertrag. Er definiert die Wahrung der Privatsphäre als Grundregel und gibt höchstmögliche staatliche Transparenz sowie den gegenseitigen Respekt aller voreinander als Ziel vor. Menschen, die in der Welt durch Ländergrenzen getrennt und durch die Schranken von Hautfarbe, Geschlecht oder Geld in Hierarchien geordnet sind, stehen hier mit gleicher Stimme nebeneinander.

Für eine solche Entwicklung hätte es nicht in allen Fällen zwingend das Darknet gebraucht. Die .onion-Technologie war eher ein Katalysator für den verbreiteten Wunsch nach einer anderen digitalen Wirklichkeit. Und als deren Realisierung greifbar war, sind viele Menschen aufgesprungen und haben mitgemacht. Aus dem Darknet ist somit ein alternatives, vollwertiges Gegen-Internet geworden, das Zuflucht vor Überwachung und Ausspähung bietet, aber auch vor Hass und Verflachung im normalen Netz.

Ist noch mehr möglich? Auch die analoge Welt außerhalb des Darknets ist weit entfernt von einem Wunschzustand. Ideale der Aufklärung wie Freiheit, Gleichheit oder auch nur Anspruch auf ein halbwegs menschenwürdiges Leben sind in großen Teilen der Welt nicht verwirklicht.

Die Verteilung von Ressourcen auf globaler Ebene funktioniert nicht annähernd: Menschen hungern und verhungern, während anderswo Lebensmittel weggeworfen werden. Menschen schuften unter sklavenähnlichen Bedingungen in Textilfabriken, damit in anderen Regionen der Welt billige T-Shirts verkauft werden können. In vielen Ländern herrscht Rassismus, Unterdrückung von Frauen und Diktaturen. Wahlen werden manipuliert oder nicht zugelassen, Eliten bereichern sich an den Ressourcen armer Länder, Oppositionelle werden unterdrückt und willkürlich inhaftiert.

Und auch in den westlichen Demokratien ist längst nicht alles perfekt. Selbst in den reichsten Ländern müssen Menschen unter Brücken schlafen. Regierungen und Unternehmen bekennen sich im eigenen Land zu humanistischen Werten, verhalten sich im Ausland aber oft so, als ob es so etwas wie Menschenrechte nicht geben würde: Unsere Regierungen versorgen scheinbar ungeniert auch üble Regime mit Waffen und Geld, unsere Unternehmen lassen unter elenden Bedingungen Produkte in armen Ländern produzieren, zerstören dabei die Natur und damit dortige Lebensgrundlagen.

Ein Hack der Diktaturen

Fassen wir die utopischen Entwicklungen der digitalen Unterwelt zusammen: Das Darknet ermöglicht eine wirklich freie Kommunikation sowie einen tatsächlich weltweiten Zugang zu Informationen, Voraussetzung für eine starke oppositionelle Gegenöffentlichkeit auch in Ländern mit repressiver Regierung. Es gibt eine weit verbreitete «Leaking-Kultur» im Darknet, die dafür sorgt, dass Vorfälle von Machtmissbrauch stets an die Öffentlichkeit gelangen. Und es gibt eine aktive, global vernetzte Zivilgesellschaft.

Hat das Darknet auch das Potenzial, die realen Systeme zu verändern? Oder, wie es in Tech-Kreisen heißen würde: die analoge Realität zu hacken? Mit «Hacks» sind üblicherweise Attacken auf digitale Systeme gemeint. Eine breitere Definition sieht in einem Hack einen gelungenen Versuch, die Beschränkungen eines bestehenden Systems auf unkonventionelle Art mit Intelligenz und Kreativität auszuhebeln. Bei dieser Definition sind auch Hacks der Gesellschaft, der Wirtschaft, der Kunstwelt oder der Sprache möglich.

Dem Darknet und der Tor-Technologie ist ein Hack des Internets gelungen. Zwar wird weiterhin das klassische System von IP-Adressen verwendet. Durch ein Modell mehrfacher Weiterleitungen sorgt Tor aber dafür, dass die faktischen Internet-«Grundfeatures» Identifizierbarkeit und Zensierbarkeit nicht mehr gelten. Das Darknet treibt das Prinzip auf die Spitze, da stets für beide Seiten einer Kommunikation komplette Anonymität als Standard festgeschrieben wird. Ließen sich mithilfe des Darknets auch noch andere gesellschaftliche Systeme und deren Machtverhältnisse knacken?

Was, wenn Menschen in Ländern mit diktatorischen Regimen ohne Angst vor Verfolgung frei diskutieren könnten, wenn sie tatsächlich Zugang zu allen Informationen hätten: über Korruption und Folter im Land, über Wahlbetrug und Bereicherung? Und wenn eine wache Öffentlichkeit im Darknet mit globalen Kampagnen Demokratisierungsbemühungen unterstützte? Wäre das Darknet dann sogar unter Umständen in der Lage, Diktaturen zu stürzen? Während Revolutionen in der Realität mitunter traurig enden, weil im Machtvakuum des Umbruchs nur ein anderes diktatorisches Regime nach oben kommt, könnte es hier einmal anders sein. Im Darknet hätte sich schon eine Zivilgesellschaft gefunden, die dafür sorgen könnte, die neuen, demokratischen Verhältnisse zu organisieren.

Würden Missstände standardmäßig publik, könnte das auch die westlichen Demokratien verändern. Illegale Parteispenden und illegales Lobbying, die Demokratie unterminieren, würden auffliegen, über Leaks und Diskussionen im Darknet würden die Folgen von Menschenrechtsvergehen hiesiger Regierungen und Unternehmen bekannt und skandalisiert. Könnten dann weiterhin noch Produkte verkauft werden, die in armen Ländern gefertigt wurden, unter ausbeuterischen Bedingungen, die an Sklaverei erinnern? Würde es sich eine Regierung oder ein Konzern noch erlauben, im Ausland so zu agieren, als gäbe es so etwas wie Menschenrechte gar nicht?

Die entstandene, globale Zivilgesellschaft tritt in dieser Utopie mit globalen Kampagnen als ernst zu nehmende, politische Akteurin in Erscheinung. Aus seiner Außenseiterposition als Gegen-Internet heraus treibt das Darknet so auch positive Entwicklungen in der analogen Welt an. Es «hackt» die Wirklichkeit. Und es gelingt ihm tatsächlich, aus der Welt eine bessere zu machen: Oppositionen fegen autoritäre Regime hinweg, und westliche Länder werden zu einem faireren Verhalten auf globaler Ebene gedrängt.

Ein zweiter Versuch

Wir haben insgesamt vier Szenarien entworfen, die unterschiedlich pessimistisch und optimistisch sind. Wie wahrscheinlich sind sie? Dass das Darknet eines Tages dann doch sang- und klanglos aus der öffentlichen Wahrnehmung verschwindet, lässt sich nicht ausschließen. So etwas kann immer passieren. Allerdings dürfte die Idee eines verschlüsselten versteckten Netzes nicht aus der Welt zu kriegen sein, so dass in dem Fall andere Darknet-Konzepte an die Stelle von .onion treten werden. Wahrscheinlicher als ein Verschwinden des Tor-Darknets ist allerdings, dass .onion zumindest in Nischen weiter an Bedeutung gewinnen wird. Die hyper-anonymen Postfächer sind für Whistleblower und Medienschaffende sehr praktisch, Professionalität und Bekanntheit des Darknet-Drogenhandels werden weiter zunehmen. Wahrscheinlich ist auch, dass die legale Wirtschaft irgendwann aktiv werden wird – und zwar dann, wenn es unter .onion tatsächlich relevante User-Zahlen gibt. Die digitale Wirtschaft ist einfach zu schnell und zu anpassungsfähig, um nicht überall hoch profitable Geschäftsmodelle zu erschließen.

Und das vierte und optimistischste Szenario? Wir haben zwei unterschiedliche Abstufungen einer Utopie kennengelernt. Auf der ersten Stufe ist aus dem heute so dürftig entwickelten .onion ein rege genutztes und lebendiges Gegen-Internet geworden, das problematische Eigenschaften der klassischen digitalen Welt aufhebt. Auf der zweiten Stufe «hackt» es auch Machtverhältnisse in der realen Welt. Bei nüchterner Betrachtung spricht viel dagegen, dass es so kommen wird. Das fängt schon bei der technologischen Machbarkeit an: Sicher werden die klugen Köpfe von Tor immer neue Tricks finden, Ausspähaktionen und Sperren im Anonymisierungsnetzwerk zu verhindern. Doch die Regierungen mit ihren großen Ressourcen werden ebenso aufrüsten und jede technologische Finte von Tor mit noch raffinierteren Strategien beantworten.

Technologie agiert nie im luftleeren Raum. Politik hat die Macht, zu regulieren und bestimmte Aktivitäten zumindest zu erschweren, Wirtschaft kann sich einkaufen und durch eigene Aktivitäten eine Bewegung so beeinflussen, dass diese ihren eigentlichen Charakter verliert. Anfangs subversiv erscheinende Entwicklungen werden mitunter schnell von den dominierenden gesellschaftlichen Strukturen vereinnahmt.

Vor allem aber ist die Hoffnung, dass Technologie die Welt zum Besseren verändern könnte, in der Vergangenheit bereits oft enttäuscht worden. Die wirklich großen Utopien, wie digitale Entwicklungen die Welt demokratischer, friedlicher, freier und vielfältiger machen könnten, hatten ihre Zeit schon in den 1990ern Jahren. Wer noch erlebt hat, wie schwärmerisch einst von den Möglichkeiten des Internets gesprochen wurde, mag sich vielleicht gar nicht mehr auf diese Hoffnung einlassen.

Ein wichtiger Beitrag des Darknets könnte jedoch bereits darin liegen, dass überhaupt ein digitales Gegenmodell zum heutigen Internet existiert, und sei es in einer Nische. Vielleicht überrascht uns die künftige Entwicklung aber auch. Das Darknet könnte eine zweite Chance sein, eine bessere Welt aufzubauen. Wir haben immerhin den Vorteil, uns dabei nicht mehr blind vorantasten zu müssen, denn wir können bereits auf Erfahrungen zurückblicken und wissen, was falsch laufen kann und was passieren sollte. Und mithilfe des Darknets, das vielen heute so fremd erscheint, entsteht dann vielleicht wirklich etwas Großes. Mindestens einen Versuch ist es wert.

Anhang

Interviews

«.onion erinnert mich an das Internet der frühen 90er Jahre.»

Moritz Bartl ist Gründer und Vorstand des Vereins Zwiebel-freunde e. V., der verschiedene starke Tor-Knoten betreibt. Ein Gespräch über den Zustand des .onion-Darknets und die Vorzüge und Tücken der Anonymisierungssoftware Tor.

Was ist zur Zeit Ihr Eindruck vom .onion-Darknet?
Wir stehen gerade am Anfang der Entwicklung. Wir würden uns natürlich alle wünschen, dass mehr interessante Inhalte unter .onion entstehen. .onion erinnert mich an das Internet der frühen 1990er Jahre: Es gibt kaum funktionierende Such-maschinen, die Navigation läuft über Linklisten, bei denen al-lerdings geschätzt 80 Prozent der Links nicht funktionieren, und der digitale Raum wird einfach als ein Experimentierfeld genutzt.

Welche Vorteile bietet eine Darknet-Seite unter .onion?
Man schützt erstens die User, da diese .onion nur per Tor-Browser erreichen können. Zweitens kann man die Seiten nicht löschen. Dann ist eine Manipulation der übermittelten Seiteninhalte sehr unwahrscheinlich. Spannend ist zudem, dass man stabile .onion-Adressen auch über Firewalls hinweg und in klassischen Heimnetzwerk mit wechselnden IP-Ad-

ressen betreiben kann. Das könnte für das Internet der Dinge interessant sein, bei dem jedes Gerät adressierbar sein soll.

Basis von Tor ist ein Netzwerk von mehreren tausend Internet-Knoten. Wie aufwändig ist es, sich mit einem eigenen Knoten zu beteiligen?
Zeit, Kosten und Aufwand sind minimal. Mit 50 Euro im Monat, die man für das Anmieten eines Servers bezahlt, kann man schon einen guten Beitrag leisten. Man muss Updates einspielen, aber das lässt sich automatisch machen. Und manchmal kommen Anfragen von Strafverfolgungsbehörden nach IP-Adressen von Usern. Dann antwortet man: Wir können das technisch gar nicht wissen, und die stellen das ein.

Für wie wichtig halten Sie Tor?
In der Bundesrepublik geht es vielleicht darum, ob der Verfassungsschutz bei einer Kommunikation mithören kann. Es gibt aber auch Leute, für die es bei der Tor-Nutzung um Leben und Tod geht. Und da gilt: Je mehr Leute Tor verwenden, desto ungefährlicher wird es für einzelne. Wenn 90 Prozent der Leute den Tor-Browser auch in ihrem digitalen Alltag verwenden, steigt die Anonymität der politisch wirklich gefährdeten User.

Inwiefern ist Tor überall auf der Welt nutzbar?
In einigen Ländern gibt es Versuche, Tor zu blockieren. Das ist immer ein Wettlauf mit den Zensoren. Die chinesische Regierung beispielsweise hat angefangen, zu jeder IP-Adresse, hinter der vielleicht ein Tor-Knoten stecken könnte, eine Verbindung aufzubauen und den Knoten dann zu blockieren. Allerdings können nie alle Knoten erkannt und blockiert werden. Oft lässt sich Tor durch irgendeinen Trick dann doch nutzen.

Und wie sicher ist Tor tatsächlich?
Tor bietet wie jede Technologie keine absolute Anonymität.

Das größte Bedrohungsszenario ist das eines globalen passiven Angreifers: Daten werden mit massiven Überwachungsressourcen im Tor-Netzwerk oder an dessen Rändern abgegriffen. Dann wird versucht, herauszufinden, welche Teile der Daten zusammengehören. Dafür gibt es keine wirkliche Lösung. Es gibt Vorschläge, wie man das Netzwerk so gestalten könnte, dass das nicht geht oder deutlich schwerer wird. Dann würde sich Tor jedoch so verändern und verlangsamen, dass kaum jemand es noch nutzen würde. Allerdings halte ich wenig davon, wenn berichtet wird, Tor sei nicht mehr sicher. Es gibt im Vergleich keine Technologie, die eine ähnlich starke Anonymität und Sicherheitsarchitektur bietet.

«Wir stehen am Beginn eines neuen Phänomens.»

Die Sozialwissenschaftlerin **Dr. Meropi Tzanetakis** hat in einer zweijährigen Studie am Wiener Zentrum für sozialwissenschaftliche Sicherheitsforschung Kryptomärkte analysiert und Interviews mit Drogenkäufer*innen geführt. Mit «Drogen, Darknet und Organisierte Kriminalität» hat sie den ersten wissenschaftlichen Sammelband zum Thema herausgegeben. Sie sieht Vor- und Nachteile des Darknet-Handels.

Warum kaufen Leute Drogen im Darknet?
Das hat verschiedene Gründe: Mithilfe des Feedback-Systems auf den Marktplätzen lässt sich die Qualität der Drogen vor dem Kauf gut einschätzen. Dann ist es relativ unwahrscheinlich, dass ein Paket mit einer kleinen Bestellung als Drogenlieferung enttarnt wird. Und es ist bequem, weil man die Wohnung beim Kauf nicht verlassen muss.

*Was weiß man über die Kund*innen?*
Wir wissen aus anderen Untersuchungen, dass Leute, die im Darknet Drogen einkaufen, zu 80 Prozent männlich sind, in ihren Mitt- bis Endzwanzigern und sehr gut ausgebildet. Es

handelt sich also um ein sozioökonomisch gut situiertes Publikum. Und die Allermeisten sind Gelegenheits-, Party- und Freizeitkonsument*innen, die souverän mit Drogen umgehen.

*Und über die Händler*innen?*
Ein Viertel sagen, sie kommen aus den USA. Etwa 30 Prozent kommen aus Europa, 9 Prozent aus dem vergleichsweise kleinen Australien. Wir wissen, dass zwei Drittel der Händler*innen nicht vom Handel mit Drogen leben. Nur 5 Prozent dürften wirklich hauptberuflich vom Drogenhandel leben.

Wie bewerten Sie als Wissenschaftlerin den Darknet-Drogenhandel?
Er hat Vorteile und Nachteile zugleich. Ein Vorteil ist, dass Konsument*innen sich besser vor gefährlichen Verunreinigungen schützen können. Die Bewertungen ermöglichen eine Kontrolle, ob die Angaben der Händler*innen mit den Erfahrungen der bisherigen Kund*innen zusammenpassen. Problematisch ist, dass es keinerlei Beschränkungen beim Kauf gibt. Das betrifft Gruppen wie Kinder und Jugendliche, aber auch Personen ohne Erfahrungen, die sich aus Neugier etwas im Darknet bestellen, ohne die Wirkung einschätzen zu können, und die alleine konsumieren.

Wie wirkt sich das Darknet insgesamt auf den Drogenhandel aus?
Die Verfügbarkeit ist eine andere. Wir stehen am Beginn eines neuen Phänomens. Es ist plötzlich möglich, dass Menschen anonym illegale Substanzen anbieten und andere diese relativ anonym kaufen können. Es ist nicht mehr notwendig, dass man sich für die Übergabe von Geld und Drogen trifft.

Kann das Darknet die momentane Drogenpolitik verändern, wenn es die bisherige Regulierung so ins Leere laufen lässt?
Ich glaube nicht. Eine große Mehrheit innerhalb der Drogen-

forschungs-Community kommt zum Schluss, dass es eine andere Art von Politik bräuchte. Viele Studien haben klar gezeigt, dass die bisherige Regulierung nicht zu einer Reduzierung des Drogenkonsums führt. Es gibt jedoch leider eine Entkopplung der dominanten Drogenregulierungspolitik vom Forschungsstand.

In welche Richtung könnte eine veränderte Drogenpolitik gehen?
Es gäbe den Akzeptanzansatz: Menschen konsumieren Drogen, aber die meisten tun das ohne irgendwelche Beeinträchtigungen, genauso wie sie Bier trinken. Diejenigen müssen wir nicht weiter kriminalisieren. Risikogruppen sind die, die in irgendeiner Form verletzlich sind. Wir müssen uns damit beschäftigen, wie wir Kinder und Jugendliche schützen können, auch vor der Möglichkeit, im Darknet Drogen zu erwerben. Und wir müssen uns um Risikogruppen kümmern: Süchtige, vor allem solche in schwierigen sozialen Situationen. Das allerdings sind nicht die, die im Darknet Drogen kaufen. Vielleicht auch, weil bei einer akuten Abhängigkeit die mitunter längeren Lieferzeiten ein zu großes Problem darstellen. Beim Kauf auf der Straße sind Drogen hingegen sofort konsumierbar.

Literatur: Tzanetakis, Meropi und Stöver, Heino (Hg.): Drogen, Darknet und Organisierte Kriminalität. Nomos Verlag 2017

«Ohne Privatsphäre ist eine freie Presse nicht demokratisch gestaltbar.»

Indymedia ist eine global aktive Nachrichtenseite linker Aktivist*innen, auf der politische Entwicklungen dokumentiert und diskutiert werden und sich Gruppen vernetzen. Es gibt lokale Chapter, die Independent Media Center, die einzelne Versionen betreuen. Eine von ihnen ist de.indymedia.org. Das dahinter stehende Technologie-Kollektiv hat auch eine Darknet-Adresse als alternative Zugangstür zu den Inhalten eingerichtet.

Wie kam es dazu, dass de.indymedia eine .onion-Präsenz eröffnet hat?
Einer der Gründungsansprüche von Indymedia war, die Privatsphäre der postenden Menschen so hoch wie möglich anzusiedeln. So ist es beispielsweise Pflicht für ein Indypendent Media Center, dass es keine IP-Adressen aufzeichnet. Dass dies nicht ausreicht, da niemand den Zugangsweg vom Rechner bis zum Server kontrollieren kann oder will, hat das IMC-Germany immer wieder betont und fast von Anfang an dazu aufgerufen, auch für das Surfen und Posten auf Indymedia immer den Tor-Browser zur Anonymisierung zu nutzen. Die Eröffnung einer .onion-Präsenz war daher ein logischer Schritt.

Was waren Ihre Erwartungen?
Während Indymedia natürlich auch ohne .onion-Adresse über Tor ansteuerbar ist, hat die .onion-Adresse für Tor-Nutzende technische Vorteile, da das Problem des nicht-vertrauenswürdigen Exit-Knoten umgangen wird, der theoretisch Inhalte bei der Übertragung manipulieren kann. Desweiteren ist die .onion-Adresse eine Möglichkeit, Indymedia zu erreichen, ohne dafür auf das Adress-System des klassischen Netzes angewiesen zu sein. Dies ermöglicht auch einen Schutz vor Attacken auf bzw. über dieses Domain Name System.

Welche Erfahrungen haben Sie bisher mit der .onion-Präsenz gemacht?
Am meisten genutzt hat die .onion-Adresse dem Projekt, als es unter einer anhaltenden DDoS-Attacke (Distributed Denial of Service) stand. Während dieser Phase war de.indymedia.org weiterhin über die .onion-Adresse erreichbar. Das

Projekt hatte zwar immense Einbrüche der Zugriffszahlen während dieser Zeit, da nur ein Bruchteil der Nutzenden es gewohnt ist, über die .onion-Adresse zuzugreifen, aber die Publikationszahlen der Artikel waren relativ konstant. Das Projekt war nach wie vor erreichbar und nutzbar.

Was denken Sie allgemein über Tor als alternative Technologie fürs Internet?
In Zeiten von Überwachungsprogrammen wie Prism (NSA) und zukünftig eventueller allgemeiner Vorratsdatenspeicherung ist es sinnvoll, das Tor-Netzwerk zu benutzen. Je mehr Nutzende das Tor-Netzwerk hat und je verbreiteter die Nutzung des Tor-Browsers ist, desto stärker der Schutz.

Und über .onion?
Mit Hidden Services ist es möglich, eine demokratischere Alternative zum klassischen Adresssystem des Netzes zu haben und Zensurbestrebungen zu umgehen. Eine .onion-Adresse zu zensieren bzw. zu blockieren, das ist auch für repressive Staaten kaum hinzubekommen und dann leicht auszuhebeln. Die dafür notwendigen Mittel bringt der Tor-Browser bereits mit, so dass dies auch für Laien mit wenigen Klicks machbar ist. Warum es wichtig ist, seine Privatsphäre – und als Anbieter eines Services wie de.indymedia.org die Privatsphäre der Nutzenden – zu schützen, sollte jeder demokratisch denkende Mensch für sich selbst beantworten können. Für uns als Indymedia ist das wohl wichtigste Argument, dass ohne Privatsphäre eine freie Presse nicht demokratisch gestaltbar ist.

«Technische Standardermittlungen sind nicht möglich.»

Über den Tisch von Staatsanwalt **Dr. Benjamin Krause** sind schon viele Fälle von Cybercrime gegangen, die im Darknet wie auch im normalen Netz begangen wurden. Er arbeitet in der hessischen Zentralstelle zur Bekämpfung der Internet-kriminalität (ZIT), die als Partnerin des Bundeskriminalamts so lange ermittelt, bis klar ist, von wo aus eine Tat verübt wurde.

Wie illegal ist das Darknet Ihren Erkenntnissen nach?
Die Zahlen von Cybercrime-Fällen sind in den letzten Jahren beträchtlich gestiegen. Wie viel davon allerdings im Tor-Darknet stattfindet, erfassen wir nicht. Solche Statistiken haben keine Relevanz für uns.

Wieso?
Das Darknet ist nichts grundlegend Illegales. Sie werden von mir nie die Forderung hören, das Darknet zu zensieren. Es ist eine Möglichkeit der verschlüsselten Kommunikation, und das kann für legale wie für illegale Zwecke genutzt oder miss-braucht werden. Ähnlich ist es mit anderen Technologien. Es gibt keinen Kommunikationskanal im Internet, über den nicht auch Drogen gehandelt oder gar Kinderpornographie getauscht wird.

Inwiefern gibt es besondere Profile bei der Begehung von Ta-ten im Darknet?
Normalerweise laufen kriminelle Karrieren so ab, dass man schon im Jugendalter etwas begeht, das steigert sich dann im-mer weiter, und irgendwann kommen die schweren Strafta-ten. Täter im Darknet oder allgemein in der illegalen Unter-grund-Ökonomie des Internets sind typischerweise vorher noch nicht mit strafbaren Handlungen in Erscheinung getre-

ten. Bei einem typischen Dealer am Frankfurter Hauptbahnhof würde einem so etwas kaum begegnen.

Was macht Ermittlungen im Darknet schwierig?
Technische Standardermittlungen sind nicht möglich, etwa die Telekommunikationsüberwachung, die einfache Server-Beschlagnahmung oder an Diensteanbieter gerichtete Anfragen nach Bestands- und Kundendaten. Bei einem betrügerischen Account auf Amazon können wir uns unter gewissen rechtlichen Voraussetzungen die Kundendaten von User X geben lassen. So etwas funktioniert bei Darknet-Märkten natürlich nicht.

Wie anonym ist Tor aus Ihrer Sicht tatsächlich? Es wird immer wieder diskutiert, inwiefern Tor von Staaten und Geheimdiensten unterwandert ist ...
In jeder Darknet-Anleitung zu Tor steht, das Netzwerk sei angeblich komplett überwacht. Deswegen wird dort strikt empfohlen, mit seinem Browser zuerst eine Verbindung zu einem Virtual Private Network (VPN) aufzubauen. Genau diese Kombination von VPN und Tor beobachten wir auch bei Darknet-Tätern. Allein deswegen ist die Technologie schon sehr anonym.

Wie gelingt es dennoch, Leute zu identifizieren?
Das geht nur über klassische Methoden: Wir setzen verdeckte Ermittler ein, die im Darknet tätig sind. Und dann müssen wir so lange ermitteln, bis die Täter vielleicht irgendwo etwas über sich preisgeben. Das sind allerdings nie Massen-Ermittlungen, sondern man kann nur sehr Einzelfall-bezogen vorgehen. Die juristischen Anforderungen sind hoch. Verdeckte Ermittlungen müssen stets durch Staatsanwaltschaften angeordnet werden, teilweise auch durch Gerichte.

Eigentlich überführen sich die Leute im Darknet meist selbst, oder? Die Technologie ist sicher, aber es passieren Fehler.

Wie das halt so ist: Täter werden leichtsinnig oder träge, oder sie wollen besonders effektiv sein. Beispielsweise lässt sich viel mehr versenden, wenn nicht jedes Mal der Briefkasten oder die Postbox gewechselt wird. Das alles hat aber nichts speziell mit dem Darknet zu tun. Das perfekte Verbrechen gibt es auch in der realen Welt kaum. Es geht stets darum, Fehler zu finden, die Täter hoffentlich machen.

Darknet goes mobile

Tor läuft auch auf mobilen Endgeräten. Besonders bei einem der beiden großen Betriebssysteme hakt es jedoch.

Die Internet-Nutzung verlagert sich immer mehr von stationären Rechnern und Laptops hin zu Smartphones und Tablets. Auch auf den mobilen Geräten mit ihren kleineren Bildschirmen läuft die Kommunikation weiterhin oft über Webseiten, die mit Browsern angesteuert werden. Dennoch verliert der Browser als Navigationswerkzeug an Bedeutung. Eine große Rolle spielen Apps, eigene, kleine Programme, die speziell auf die Nutzung auf Smartphones und Tablets zugeschnitten sind.

Manche Digital-Angebote verfügen gar nicht mehr über eine Webseite, sondern sind nur noch so nutzbar. Und auch die meisten Webprojekte aus dem klassischen Netz haben eigene Anwendungen: Es gibt eine Spiegel-Online-App, eine Wikipedia-App und sogar Apps des Deutschen Bundestags. Sollen auf Smartphones und Tablets die IP-Adressen von Usern ähnlich gut wie auf PCs verschleiert werden, müsste es gelingen, dass auch die mobilen Anwendungen nicht direkt, sondern über einen Tor-Pfad auf die Systeme von Webseiten oder App-Projekten zugreifen.

In den App-Marktplätzen von Android und iOS finden sich Tor-Anwendungen unterschiedlicher Anbieter*innen. An einigen gibt es Kritik in puncto Datensicherheit oder prinzipiell Zweifel an ihrer Seriosität. Für das Betriebssystem Android stehen zwei Apps zur Verfügung, an denen das Tor Project mit beteiligt ist, und für iOS gibt es eine externe Anwendung, für die die Organisation eine Empfehlung ausspricht.

In Zusammenarbeit mit dem Tor Project hat die Non-Profit-Organisation Guardian Project (die nichts mit der gleichnamigen Tageszeitung zu tun hat) einen mobilen Tor-Browser für Android entwickelt: Orfox. Damit dieser läuft, muss zuerst eine weitere Guardian-App namens Orbot installiert werden. Die sorgt dafür, dass der Datenverkehr über einen Anonymisierungspfad aus drei Tor-Knoten geleitet werden kann. Somit kann man auch per Smartphone auf das .onion-Darknet zugreifen. Orbot ermöglicht es theoretisch auch anderen Apps, die IP-Adresse der User zu verschleiern. Die Facebook-App unterstützt so etwas schon: Sie erkennt, ob jemand Orbot installiert hat und sendet dann den gesamten Traffic über den von der Anwendung hergestellten Tor-Pfad. Über Orbot lassen sich regulär auch Twitter, die alternative Suchmaschine DuckduckGo sowie die Messenger-App ChatSecure nutzen. Wer noch mehr will, muss sich durch einen «Root»-Zugriff auf das Smartphone erweiterte Gestaltungsrechte verschaffen. Nach einem solchen Mini-Hack ist es möglich, den Datenverkehr aller auf dem Gerät installierten Apps über Tor zu leiten.

Beim Apple-Betriebssystem iOS ist es etwas schwieriger. Auch unter iOS gibt es verschiedene mobile Tor-Browser. Das Tor Project selbst stellt keines bereit, empfiehlt allerdings eine Anwendung, die schlicht «Onion Browser» heißt und von Mika Tigas entwickelt wurde, einem Mitarbeiter des nichtkommerziellen, US-amerikanischen Recherche-Büros ProPublica. Eine mit Orbot vergleichbare «Generalanwendung» gibt es hingegen nicht. Die Veränderung von Hintergrundprozessen, die stark in die Funktionsweise der Geräte eingreifen, lässt Apple nicht zu. Auch die Facebook-App lässt sich unter iOS deswegen nicht über Tor bedienen.

Und sonst noch? Andere Darknets

Zehn unterschiedliche Darknets listet der englischsprachige Wikipedia-Artikel auf. Das auf Tor basierende .onion ist das mit Abstand verbreitetste Konzept zum Aufbau eines abgeschlossenen, anonymen Netzes, aber längst nicht das einzige.

Die alternativen Technologien heißen Retroshare, GNU-net oder Riffle. I2P und Freenet sind die bekanntesten. Sie lösen das gleiche Problem, nämlich Überwachung und Zensur im Internet zu verhindern, dabei verfolgen sie aber unterschiedliche Ansätze. Und auch bei den Tor-Alternativen gibt es den Hauptkonflikt des Darknets: dass die Anonymität nicht nur für die anvisierten Zwecke, sondern auch für üble Inhalte genutzt werden kann, was sich aufgrund der technologischen Architektur nicht unterbinden lässt.

I2P und Freenet sind anders als Tor organisiert, sie haben andere inhaltliche Schwerpunkte und teilweise eine aktivere User-Gemeinde. Es gibt Stimmen, die meinen, dass deren Ansätze Anonymität und Zensurfreiheit besser ermöglicht, als Tor das vermag. Die im Ausblick formulierten Szenarien sind auch auf die Darknet-Alternativen übertragbar. Allerdings ist das Tor-Darknet deutlich bekannter. Auf .onion konzentriert sich hauptsächlich die Aufmerksamkeit von Medien, Wissenschaftler*innen und digitaler Zivilgesellschaft. Das kann, muss aber nicht zwangsläufig so bleiben.

Alternative Nr. 1: I2P

I2P (eine Abkürzung für «Invisible Internet Project») ermöglicht die anonyme Nutzung verschiedener Anwendungen wie E-Mail, File-Sharing oder Datenspeicherung, vor allem aber auch das Anbieten von Webseiten, den so genannten «Eepsites». Alle Inhalte des Netzwerks stehen unter einer inoffiziellen Internet-Endung namens .i2p. Anders als im .onion-Darknet setzen die Adressen sich nicht aus kryptischen Zeichenfolgen zusammen, sondern haben menschlich verständliche Namen wie «forum.i2p» oder «planet.i2p». Der größte Unterschied zur Tor-Software: Während der Tor-basierte Browser vor allem darauf ausgelegt ist, dass Nutzer*-innen damit anonym auf das normale Web zugreifen, spielt sich der Datenverkehr hier fast ausschließlich innerhalb des geschlossenen I2P-Netzwerks ab.

Die benötige Software gibt es unter geti2p.net. Navigiert wird mit ganz normalen Browsern, wobei den Usern Firefox empfohlen wird. Damit diese tatsächlich auf I2P-Inhalte zugreifen können, muss eine kleine Veränderung in den Browser-Einstellungen vorgenommen werden. Dabei wird festgelegt, dass der Browser von nun an nicht mehr klassisch, sondern über einen bestimmten Pfad auf Inhalte zugreift. Von da an kann er Webseiten unter .i2p anzeigen (allerdings nur noch diese). Ein Zugriff auf das normale Netz ist erst wieder möglich, wenn die Browser-Einstellung zurückgesetzt wurde.

Inhalte: Filesharing, SusiMail und Darknet-Schach
Wird das Programm gestartet, öffnet sich im Browser der Startbildschirm, eine bunte Seite, die sich «I2P-Routerkonsole» nennt. Dort sind verschiedene Informationsinhalte, Seiten-Listen und Programme verlinkt. Es gibt ein i2p-basiertes Programm namens «SusiMail» zum Versand und Empfang von E-Mails sowie Programme zum verteilten Speichern von Dateien, zum Chatten und zum Erstellen von Blogs.

Auch unter .i2p läuft die Navigation größtenteils über Listen. Auf dem Startbildschirm wird auf ein zentrales I2P-Wiki verwiesen. Das wiederum führt zu einem «Eepsite-Index», der Links zu etwa 50 .i2p-Seiten enthält. Darunter sind diverse Filesharing-Portale zum (meist urheberrechtlich nicht gestatteten) Tausch von E-Books und Filmen; auf diesem Nutzungsszenario dürfte bei i2p der Fokus liegen. Auf der Seite «Zerobin» kann man simple Textnachrichten schreiben, den Link dazu verschicken und einstellen, dass sich die Nachricht nach Ablauf einer bestimmten Zeit oder nach dem einmaligen Lesen selbst zerstört. Es gibt auch ein Schachspiel, eine Seite für das Ablegen von Manifesten und Essays sowie Foren, in denen über die Technologie selbst diskutiert wird, aber auch über allgemeine politische Themen, etwa über Terrorismus oder den Brexit.

Die Macher*innen scheinen viel Wert darauf zu legen, das Netzwerk leicht zugänglich zu machen. Für den Startbildschirm und die Sprache des Programms lassen sich 30 verschiedene Sprachen einstellen, neben Englisch auch Deutsch, Russisch, Chinesisch oder Slowenisch. Zudem gibt es allgemein verständliche Erklärungen zu verschiedenen Aspekten und Anwendungsmöglichkeiten der Technologie.

Ein Manko ist: Das Laden einer Seite dauert mitunter lange. Und manche Seiten laden schlicht gar nicht, wobei aus den Fehlermeldungen nicht immer klar ersichtlich wird, worin das Problem besteht. Es heißt, dass die Seite nicht mehr aktiv, das i2p-Netzwerk möglicherweise überlastet oder der eigene Router noch nicht genügend ins Netzwerk integriert ist. Dann wird empfohlen, es noch einmal zu probieren, irgendwann klappt es tatsächlich. Mit der Zeit wird I2P schneller, da das Programm nach jedem Neustart erst Verbindungen mit anderen Knoten aufbauen muss. Immer eine Fehlermeldung sieht man bei dem Versuch, mit dem Browser eine Webseite im klassischen Internet unter .de, .com & Co. aufzurufen. Der Zugriff auf das normale Netz ist nur in Ausnahmefällen vorgesehen, etwa bei der Online-Enzyklopädie wikipedia.org.

I2P-Technologie: «Tunnel» sorgen für Anonymität
Bei Tor gibt es auf der einen Seite die Betreiber*innen von
Knoten, auf der anderen Seite die «einfachen» User. Solche
Rollen sieht I2P nicht vor. Jeder Rechner sendet und emp-
fängt zum einen die eigenen Daten, ist aber auch Teil der
Netzwerk-Infrastruktur und leitet Datenverkehr anderer
weiter. Der Versand von Daten läuft über «Tunnel»-Pfade aus
ständig wechselnden Rechnern im Netzwerk.

Damit das funktionieren kann, sind Adressbücher nötig, in
denen für die menschlich lesbaren Adressen wie forum.i2p
vermerkt ist, wie diese technisch zu erreichen sind. Beim Start
des I2P-Programms ist eines dieser Verzeichnisse bereits integriert, es kennt aber nicht immer alle jeweils aktuellen Adressen. Deshalb kann der Browser manche IP-Adresse nicht
finden und fordert dazu auf, weitere Adressbücher zu abon-
nieren.

Laut einer Sprecherin des Projekts gibt es etwa 400 aktive
.i2p-Adressen. Sie fügt aber hinzu, dass es sich dabei nicht in
allen Fällen um Eepsites handeln muss (so wie nicht hinter
jeder .onion-Adresse eine tatsächliche Darknet-Webseite mit
Inhalten steht). Die Sprecherin schätzt die Größe der User-
Basis von i2p auf 40–50 000.

Das Erstellen einer eigenen Eepsite ist über ein Menü
möglich, das vom Startbildschirm aus erreichbar ist. Zuerst
wird eine .i2p-Adresse festgelegt. In einen Ordner auf dem eigenen Rechner werden die Inhalte der Webseite eingefügt.
Dann muss die Eepsite in eines der Adressbücher eingetragen
werden, so dass sie für andere erreichbar ist. Dass die Inhalte
auf dem eigenen Rechner liegen, bedeutet, dass die Seite nur
dann erreichbar ist, wenn man selbst online ist. Es gibt allerdings einen kostenlosen Dienst, bei dem die Inhalte aufbe-
wahrt werden können.

Eine weitere Besonderheit von I2P ist das Garlic-Routing.
Dieses «Knoblauch»-Verfahren gilt als Weiterentwicklung des
«Zwiebel»-Routings von Tor. Dabei können mehrere unter-
schiedliche Nachrichten («Zehen») mit unterschiedlichen

Empfänger*innen in einem einzigen Paket («Knolle») von Station zu Station geschickt werden. Solche Mischpakete erschweren Musteranalysen, wie sie bei Tor leicht möglich sind.

Ein lose organisiertes Team
Die Technologie des Invisible Internet Projects wurde bereits 2003 von einem anonymen Entwickler namens JRandom erdacht, dem Projekt schloss sich schnell eine kleine Gruppe Freiwilliger an. I2P hat keinerlei organisatorischen Rahmen, sondern wird von einem losen Zusammenschluss von Privatpersonen betrieben. Laut Angaben der Projektseite geti2p.net gehören zum Kern-Team 15 Personen, darunter auch welche aus dem deutschsprachigen Raum, sowie «sehr viele» Übersetzer*innen. Das Projekt arbeitet mit einem kleinen Jahresbudget von wenigen tausend Euro.

Alternative Nr. 2: Freenet

Freenet hat das am weitesten gehende Konzept. Auch hier stellen alle User gemeinschaftlich die Infrastruktur, die Inhalte werden allerdings tatsächlich auch in diesem verteilten Netzwerk gespeichert. Und auch bei Freenet gibt es Webseiten, die über einen Browser angesteuert werden. Diese nennen sich «Freesites», und es gibt sie zu allen möglichen Themen. Das Laden dauert manchmal störend lange, je nach Größe der Inhalte wenige Sekunden, aber auch schon mal mehrere Minuten.

Inhalte: Freenet-Blogs, Pornographie und Leaks
Als erster Schritt muss unter freenetproject.org eine Software heruntergeladen und gestartet werden. Es öffnet sich der auf dem Rechner installierte Browser, zu sehen ist eine sehr nüchtern wirkende Startseite, die in 21 Sprachen verfügbar ist. Sie enthält verschiedene Erklärtexte und verlinkt vor allem auf drei Überblickslisten. Diese sind (wie der Eepsite-Index von

I2P und anders als die Hidden Wikis unter .onion) sorgfältig kuratiert und blenden Waffen- und Drogen-Shops, Kinderpornographie sowie andere unerwünschte Inhalte aus. Die größte Liste nennt sich «Enzos Index» und enthält mehr als 2000 Einträge in unterschiedlichen Kategorien und Sprachen. Laut einer Seiten-eigenen Statistik sind 81 Prozent der Inhalte in Englisch, 12 Prozent in Französisch und 6 Prozent (absolut 145) in Deutsch. Bei einem Drittel der Inhalte handelt es sich um Freenet-Blogs, «Flogs» genannt. 10 Prozent der Seiten gehören zur zweitgrößten Kategorie Pornographie, ohne die wohl kein digitaler Raum denkbar ist. Dann gibt es viele Freesites, auf denen sich Filme, Musik, E-Books, Software und Ähnliches herunterladen lassen, etwa die Mitschnitte diverser deutscher Krimiserien, die erste Staffel der US-Polit-Serie «House of Cards» oder ein inoffizielles Archiv mit Ausgaben deutscher Zeitschriften. Nicht immer sind die Inhalte aktuell.

Die Statistik von Enzos Index enthält auch eine Angabe, wie viele der Seiten aus dem Index gelöscht wurden. Etwa 1200 wurden verbannt, da sie vom Betreiber als «anstößig» eingeschätzt wurden. In einer anderen Überblicksliste sind auch verstörendere Inhalte auf Englisch verlinkt: das «Terrorist's Handbook», die antisemitische Hetz-Schrift «Protokolle der Weisen von Zion» oder ein wirrer «Brief an die Weiße Rasse».

Ansonsten gibt es unter Freenet eine erstaunlich große inhaltliche Vielfalt. Es gibt diverse Blogs mit politischen und Alltagsthemen. Eine Reihe an Freesites trägt Leaks zusammen: etwa Leaks aus dem US-amerikanischen Wahlkampf oder der von Greenpeace ins Netz gestellte Entwurf zum Freihandelsabkommen TTIP. Es gibt Blogs und Foren über Politik, über Religion oder Wissenschaft. Und neben den Darknet-exklusiven Inhalten gibt es auch solche, die aus dem normalen Netz gespiegelt sind und teilweise nach einem Klick auf der Startseite dorthin führen. Insgesamt ist im Freenet deutlich mehr los als unter .onion. Die größte kuratierte Freenet-Linkliste, in der alle illegalen und üblen Seiten nicht

auftauchen, enthält etwa 2500 Seiten. Während man unter
.onion mit der Lupe nach politischen, spannenden oder wenigstens nicht klar illegalen Inhalten suchen muss und kaum
welche findet, gibt es diese im Freenet tatsächlich, zu allen
denkbaren Themen und in verschiedensten Sprachen.

Technische Seite: eine Knoten-Cloud, die vergisst
Wer die Freenet-Software startet, stellt auf seinem Rechner
Speicherplatz und Bandbreite für das Netzwerk zur Verfügung. Wie viel genau, legt man am Anfang fest. Es gibt keine
zentrale Übersicht über das Netzwerk. Die einzelnen Informationen liegen über alle Knoten verstreut im Netz. Soll auf
eine konkrete Freesite zugegriffen werden, kann die Software
annähernd errechnen, welche Knoten die Inhalte vermutlich
haben oder wissen könnten, wo sie liegen. Dann wird von
Knoten zu Knoten nachgefragt, bis die Seite gefunden ist.
Nach zwanzig erfolglosen Versuchen gibt das System die Suche auf.

Um eine Freesite zu erstellen, muss man in einem Ordner
auf dem eigenen Rechner zuerst ein kleines Bild in einem vor-
geschriebenen Format von 108 mal 36 Pixeln einfügen und es
mit «activelink.png» benennen. Dieses Bild spielt eine Schlüs-
selrolle; es ermöglicht dem Netzwerk, einzelne Freesites zu
finden und anzusteuern. Dann kommen die eigentlichen Inhalte für die Webseite in den Ordner. Mit einigen Klicks im
Menü von Freenet wird die künftige Seite als Projekt angelegt, mit einem Titel versehen, und sie ist in wenigen Minuten
verfügbar. Schließlich muss sie noch über Foren oder über die
Aufnahme in die verschiedenen Indexe bekannt gemacht werden. Die Adresse beginnt stets mit dem technischen Befehl
«localhost:8888», dann kommt eine sehr lange Zeichen- und
Ziffernfolge und schließlich der Titel der Seite. Eine Endung
wie bei .onion oder .i2p gibt es nicht.

Das Prinzip eines verteilten Netzwerks wird weiter getrie-
ben als bei den anderen Darknet-Technologien. Inhalte unter
.onion werden wie normale Webseiten auf klassischen Servern

gespeichert, nur die Standorte dieser werden mithilfe von Tor verschleiert, und unter .i2p liegen die Inhalte auf den Rechnern der jeweiligen Betreiber*innen. Der Ansatz von Freenet ist radikaler: Wird eine Freesite einmal angelegt, werden die Inhalte in viele Einzelteile zerlegt und mehrfach auf zufällig ausgewählte Rechner verteilt, die dem Netzwerk jeweils einen Teil ihres Speicherplatzes zur Verfügung stellen müssen. Sie werden verschlüsselt, so dass die Inhaber*innen der Rechner nicht wissen können, was bei ihnen gespeichert wird. Somit können sie auch rechtlich nicht zur Verantwortung gezogen werden. Die Inhalte lassen sich manuell nicht mehr löschen, es ist allerdings möglich, dass sie vom Netzwerk «vergessen» werden. Da die Speicherkapazität dieser großen Cloud aus allen beteiligten Rechnern begrenzt ist, kann es vorkommen, dass länger nicht mehr angefragte Inhalte von neueren überschrieben werden.

Aufgrund der auf die Spitze getriebenen Fragmentierung sind manche Dinge nicht möglich, die bei Webseiten als normal gelten. Zum einen können einmal erstellte Inhalte nicht mehr verändert werden, auch nicht von den Initiator*innen. Damit Seiten trotzdem weiterentwickelt werden können, erstellt man einfach eine neue (veränderte) Version der Freesite, die den gleichen Identifizierungscode verwendet und theoretisch als gleichwertiges Element neben der «alten» Seite steht. Das System versucht allerdings, stets die letzte Version einer Freesite zu finden. Zudem gibt es technologische Einschränkungen. Interaktive Webseiten, die Inhalte passend zu individuellen Eingaben von Usern generieren, sind nicht möglich. Noch mehr als unter .onion führt das dazu, dass eine Tour durchs Freenet wie ein Ausflug in die frühen Jahre der Webgestaltung wirkt. Es bedeutet beispielsweise auch, dass Darknet-Marktplätze wie unter Tor kaum möglich sind, da diese stets über die Abfrage komplexer Datenbanken funktionieren.

Eine weitere Besonderheit soll das Netzwerk je nach Anforderung vor Überwachung und Zensur schützen. Zum Be-

ginn der allerersten Freenet-Sitzung wählt man entsprechend
der eigenen Nutzungssituation eines von vier Sicherheits-
leveln aus. Auf der niedrigsten Stufe ist die Übertragungs-
geschwindigkeit am höchsten, aber der Schutz vor Überwachung am niedrigsten. Mit steigender Sicherheit und mit
steigendem Schutz vor Blockaden des eigenen Zugangs sinkt
die Geschwindigkeit der Datenübertragung. Auf den Stufen
drei («Ich möchte es für andere deutlich schwerer machen,
meine Kommunikation zu beobachten oder ich befürchte,
dass mein Provider und/oder meine Regierung versuchen
könnte, Freenet zu blockieren.») und vier («Ich plane, auf Informationen zuzugreifen, die dazu führen können, dass ich
verhaftet, gefangen genommen werde oder schlimmeres.»)
verbindet sich der eigene Browser nicht mit zufällig ausgewählten anderen Freenet-Usern. Stattdessen baut man einen
geschlossenen Zirkel auf, zusammen mit mindestens drei «befreundeten» Knoten, deren Identitäten man im Idealfall kennt
und denen man vertraut. Die Freenet-Macher*innen bezeichnen das als eigentlichen «Darknet-Modus». Dabei beziehen
sie sich auf eine frühe und sehr enge Definition, die zumindest
für .onion nicht zutrifft. Nach dieser Definition sind Darknets sozial geschlossene «Friend-to-Friend»-Netzwerke, denen nur beitreten kann, wer von schon bestehenden Usern
zugelassen wird.

Organisation mit Mini-Budget
Die Technologie geht auf eine Projektarbeit des irischen Stu-
denten Ian Clarke aus dem Jahr 1999 zurück, dessen Überlegungen von anderen aufgegriffen und in Software übersetzt
wurden. Schon im Jahr 2000 erschien die erste Version. Damals gab es ein großes Medienecho, wobei vor allem der As-
pekt möglicher Urheberrechtsverletzungen durch unkontrol-
lierbaren Dateitausch diskutiert wurde. Es gibt eine formale
Trägerin im Hintergrund: «The Freenet Project Inc.». Die
Organisation sitzt wie das Tor Project in den USA (im texani-
schen Austin) und hat einen fünfköpfigen, ehrenamtlich ar-

beitenden Vorstand, dessen Präsidet Ian Clarke ist. Auch Freenet arbeitet mit einem sehr kleinen Budget. Die Ausgaben der Organisation beliefen sich im Jahr 2015 auf nur etwa 14 000 Dollar, mit denen unter anderem IT-Freelancer bezahlt werden. Nach Aussagen von Ian Clarke waren zuletzt zu einem gegebenen Zeitpunkt 15 000 «Knoten», also einzelne Rechner, im Freenet-Netzwerk online. Wie viele Freesites es insgesamt gibt, weiß auch der I2P-Erfinder nicht. Die Größe der I2P-Kern-Community, zu der auch einige Deutsche gehören, schätzt Clarke auf etwa fünf Personen, die regelmäßig am Projekt arbeiten, sowie weitere 20 Leute, die sich gelegentlich beteiligen.

Wie sicher ist Tor?

Der Tor-Browser wird nicht nur für den Kauf und Verkauf von Drogen im .onion-Darknet genutzt, sondern auch von Menschen, deren Freiheit oder gar Leben vom Funktionieren der Software abhängt. Deswegen ist ein besonders kritischer Blick auf die von Tor versprochene Anonymität nötig.

Fragt man Expert*innen nach ihrer Meinung über die Sicherheit von Tor, hört man zwei Positionen, die unterschiedlicher kaum sein könnten. Die einen sagen, dass Tor aufgrund seiner dezentralen Architektur völlig anonym sei. Deswegen solle der Tor-Browser am besten von allen für alle Zwecke genutzt werden. Andere hingegen sind felsenfest davon überzeugt, dass Regierungen und Geheimdienste das Tor-Netzwerk in einer Weise unterwandert haben, dass es faktisch nicht mehr anonym sein könne.

Und dann gibt es noch die mittlere Position, dass auch Tor nie hundertprozentigen Schutz bietet, aber in jedem Fall sicherer als das Surfen mit Standardbrowsern ist. Mitunter hört man auch die These, Tor mache vielleicht für IT-kompetente Personen mit hohem Anonymisierungsbedarf Sinn. Für den massenhaften, «gewöhnlichen» Alltagsgebrauch hingegen sei die Software keinesfalls zu empfehlen. Grund: Auch schnöde Cyberkriminelle können Tor-Knoten betreiben, um Daten von Nutzer*innen abzugreifen oder ihnen manipulierte Webseiten vorzusetzen. Was soll man glauben?

Szenarien: passive und aktive Angriffe
Es gibt verschiedene mögliche Angriffsarten. Eine ist eine «aktive Attacke» auf das Netzwerk: Angreifer*innen betreiben selbst Tor-Knoten, verhalten sich aber anders, als es ihre

Rolle vorsieht. Sie leiten den Datenverkehr weiter, protokollieren jedoch die übermittelten Webseiten oder auch die Inhalte. Möglich ist auch, dass die Inhalte manipuliert werden: Nutzer*innen wird statt der angeforderten Webseite eine ganz andere vorgesetzt, die sie beispielsweise zur Preisgabe eines Passworts auffordert. Oder sie schmuggeln Schadware in die Übertragung ein, die den Rechner des Opfers infiziert.

Solche «bösartigen» Exit-Knoten können von Geheimdiensten betrieben werden oder auch von ganz gewöhnlichen Cyberkriminellen. In vielen Darknet-Tutorials zum Thema Anonymität werden Vermutungen angestellt, dass die Unterwanderung des Tor-Netzwerks durch Staaten weit verbreitet sei. Deswegen wird dort oft empfohlen, Tor mit einer weiteren Verschleierungsebene zu kombinieren, einem VPN-Dienst (Virtual Private Network). Dieser hat ein ähnliches, allerdings deutlich schwächeres Konzept wie Tor. Er schaltet sich zwischen den Browser und die Zielseite, so dass dort nur die IP-Adresse des VPN-Anbieters sichtbar ist. Es gibt die Möglichkeit, Tor an erste Stelle und VPN an zweite Stelle zu schalten oder anders herum. Es kommt somit noch eine zweite Ebene hinzu, die Geheimdienste zu knacken haben.

Beim zweiten Szenario handelt es sich um etwas, was das Tor Project eine «globale, passive Attacke» nennt: Die dritte Partei mit bösen Absichten muss sich nicht selbst mit eigenen Knoten beteiligen, sie greift stattdessen Datenverkehr an den Schnittstellen von Tor-Netzwerk und normalem Internet ab: dort, wo er ins Tor-Netzwerk eintritt – am Eingangsknoten – und dort, wo er wieder austritt – am Exit-Knoten. Dieses Abhorchen kann direkt bei großen Providern geschehen, die das Internet zum End-User nach Hause bringen. Möglich ist auch ein Anzapfen autonomer Systeme, den 60 000 miteinander kommunizierenden Einzelnetzen im Internet, bei denen Datenverkehr verschiedener Quellen zusammenfließt. Im eigentlich dezentral angedachten Tor-Netzwerk sammeln sich größere Teile des Tor-Traffics bei wenigen autonomen Systemen sehr großer Internet-Provider. Ein Angriff ist zudem an

Internet Exchange Points denkbar, von denen der weltweit größte in Frankfurt am Main steht. Diese Punkte bündeln auf noch höherer Ebene deutlich mehr Traffic. Solche Angriffe setzen enorme Ressourcen für die globale Überwachung und Auswertung von Internet-Daten voraus. Seit den Enthüllungen des Whistleblowers Edward Snowden ist aber bekannt, dass zumindest die US-Regierung mit ihrem Geheimdienst NSA über einen gigantischen informationstechnischen Apparat verfügt, in dem auch an der De-Anonymisierung von Tor gearbeitet wird. Schon in den frühesten Konzepten zu Tor hieß es, dass man gegen solche Ressourcen-starken Attacken machtlos sei.

Hat die angreifende Partei als Ergebnis einer aktiven oder einer passiven Attacke massenhaft Zugriff auf Datenverkehr aus dem Tor-Netzwerk erlangt, geht es darum, diesen zu «matchen»: herauszufinden, welcher Eingangs- und welcher Exit-Traffic zur gleichen Verschleierungsroute von Tor gehören. Dieses Matching basiert auf Musteranalysen. Es wird beobachtet, dass zum Zeitpunkt X eine Abfolge von Datenpaketen mit einem bestimmten Muster in das Tor-Netzwerk eintritt und Millisekunden später Datenpakete mit identischem Muster woanders wieder austreten. Die beiden Traffic-Pakete gehören also zusammen, die De-Anonymisierung ist gelungen.

Eine Studie, die im November 2013 auf einer Konferenz in Berlin vorgestellt wurde, beunruhigt noch heute. Sie war zum Ergebnis gekommen, dass es bei einem gezielten, passiven Angriff möglich ist, innerhalb von sechs Monaten 80 Prozent aller Tor-User zu de-anonymisieren. Von besonderer Brisanz war, dass die Autoren der Studie tatsächlich viel von Tor verstanden. Drei der fünf Forscher stammten von der US-Armee-Forschungseinrichtung Naval Research Laboratory, an der Tor in den 1990er Jahren entwickelt wurde. Und unter den Autoren war auch der Tor-Erfinder Paul Syverson, der die Entwicklung der Tor-Software seit mehr als 20 Jahren begleitet.

Leichtsinn, Sicherheitslücken und Honigtöpfe
Auch Leichtsinnigkeit im eigenen Verhalten kann die Anonymität gefährden, etwa wenn entgegen aller Warnungen dann doch zusätzliche Browser-Erweiterungen installiert wurden. Diese Plugins können über mehrere Tor-Sitzungen hinweg die Browser-Nutzung mitschneiden.

Eine eigene Gefahrenklasse sind Sicherheitslücken. Sie können direkt in der Tor-Software bestehen. Und da der Tor-Browser keine komplette Eigenentwicklung ist, sondern eine Modifizierung des Firefox-Browsers, wirken sich auch Lücken in Firefox auf die Tor-Sicherheit aus.

Solche Lücken, die in der Techie-Sprache «Bugs» genannt werden, können gezielt platziert werden oder auch unbeabsichtigt in die Software gelangen. Programmieren ist ein hoch komplexer Prozess, bei dem Risiken und Nebenwirkungen einzelner Programmcode-Bestandteile nicht immer sofort ersichtlich sind.

Eine gängige Erwiderung ist, dass so etwas bei Tor nicht passieren könne, da die Software Open Source ist: Der Code ist öffentlich einsehbar und kann auf Mängel oder gar Hintertüren hin untersucht werden. In der Praxis bietet das dennoch keinen absoluten Schutz. Nur ein Bruchteil der Bevölkerung kann programmieren, geschweige denn komplexe Programmcodes bewerten. Die großen Netzkonzerne beschäftigen Hunderte topbezahlter Expert*innen für das Schreiben und Überprüfen der hauseigenen Software. Auch dort gibt es immer wieder Fehler, die oft erst dann bemerkt werden, wenn jemand sie für kriminelle Zwecke ausnutzt. Dass bei Open Source die globale «Crowd» automatisch für Sicherheit sorgt, hat sich in der Vergangenheit zudem als nicht mehr als ein frommer Wunsch erwiesen. Im Jahr 2014 versetzte der sogenannte «Heartbleed»-Bug die technische Community in Schockstarre. In einer Software, die elementarer Bestandteil von Webseiten-Verschlüsselung gewesen war, hatte über Jahre eine offene Sicherheitslücke bestanden. Die Software war Open Source gewesen, doch es hatten sich schlicht nicht genügend Leute gefunden, den Quellcode tatsächlich zu untersuchen.

Alle geschilderten Gefahren bestehen auch beim normalen Surfen, und da in der Regel noch deutlich verschärft: Werden Webseiten mit den üblichen Browsern aufgerufen, müssen abgehorchte Traffic-Informationen gar nicht erst aufwändig «ent-schleiert» werden. Die Informationen, welche IP-Adressen welche Webseiten ansteuern, liegen gesammelt auf den Systemen von Internet-Providern, auf den Servern der besuchten Webseiten, und sie werden durch die vielen Leitungen und Knotenpunkte des normalen Netzes geschickt. Auch in den verbreiteten Browsern können Sicherheitslücken unbeabsichtigt hineingeschrieben oder gezielt eingebaut werden.

Bei Technologien der «digitalen Selbstverteidigung», wie Tor oder auch E-Mail-Verschlüsselung, gibt es immer wieder die Debatte, ob diese nicht unfreiwillig als «Honey Pot» fungieren: als eine Art sozialer Filter, mit dem Personen unbeabsichtigt auf sich aufmerksam machen. Indem sie den Tor-Browser nutzen, zeigen sie, dass ihnen der Schutz der eigenen Kommunikation wichtiger als anderen ist – und dass sie für eine Überwachung womöglich besonders interessant sind: weil sie vielleicht illegalerweise Drogen kaufen oder weil sie politisch auf eine Weise aktiv sind, die den jeweiligen Geheimdiensten oder Ermittlungsbehörden suspekt ist. Das Dilemma lässt sich nicht auflösen. Es ist eine Begleiterscheinung, solange nur eine kleine Minderheit der Bevölkerung Verschlüsselungs- und Anonymisierungstechnologien verwendet.

Stimmen aus der IT-Community

Zurück zur anfänglichen Frage: Wie sicher ist Tor trotz aller möglichen Bedrohungsszenarien? Eine endgültige Antwort darauf kann es nicht geben, deswegen seien drei Stimmen von Personen und Gruppen gegenübergestellt, die sich intensiv mit Sicherheitsfragen beschäftigen.

Moritz Bartl vom deutschen Tor-Verein Zwiebelfreunde e.V. hält aufgrund des besonderen Charakters der Tor-Community den Programm-Code für sehr sicher: «Bei Tor schauen tatsächlich viele Leute regelmäßig auf den Code und überprüfen ihn unabhängig vom Tor Project. Tor war und ist immer noch stark universitär geprägt. Deswegen unterscheidet sich Tor von vielen anderen Freie-Software-Projekten, bei denen nicht klar ist, ob es tatsächlich unabhängige Reviews der Code-Basis gibt.»

Die massive Gefahr, die von missbräuchlichen Exit-Knoten ausgeht, hält er für gebannt: «Vor einigen Jahren lief vieles unverschlüsselt ab, vor allem als Antwort auf die Snowden-Enthüllungen hat sich das aber geändert. Die verschlüsselte Übermittlung von Inhalten durch Browser via https setzt sich immer mehr durch. Dann sieht der Abgreifer zwar noch die besuchte Domain, aber zumindest keine Passwörter mehr.»

Dass das Tor-Netzwerk von Geheimdiensten unterwandert ist, hält er für nicht mehr als eine Legende: «Es gibt keine Anzeichen dafür, dass Geheimdienste und Staaten massenhaft Tor-Knoten betreiben. Ich kenne die meisten Leute, die hinter den leistungsstarken und schnelleren Tor-Servern stehen, und das sind die wirklich relevanten Knoten. Für Geheimdienste gibt es eh bessere Möglichkeiten, nämlich Daten beispielsweise direkt bei Hostern abzugreifen.»

Dass das Tor-Netzwerk von außen abgehorcht werden kann, sei nun einmal leider so: «Das wichtigste Szenario ist das eines globalen passiven Angreifers. Dafür gibt es keine wirkliche Lösung. Es gibt Vorschläge, wie man das Netzwerk so gestalten könnte, dass das nicht geht oder deutlich schwerer wird. Aber dann würde sich Tor so verändern und verlangsamen, dass kaum jemand es noch nutzen würde.»

Allerdings gibt es zu bedenken, dass konkrete Gefahren sich für User sehr unterscheiden können: «Bei der Frage, wie problematisch beispielsweise eine mögliche Abhorch-Attacke der NSA auf das Tor-Netzwerk ist, kommt es auf das jeweilige Angriffsmodell an. Es gibt mehr als 190 Länder, deren

Regierungen vielleicht ein Interesse haben, Traffic zu analysieren. Für manche User ist es schlicht egal, ob die NSA sie de-anonymisiert, da geht es um ganz andere Geheimdienste. Wenn sich Leute in Kasachstan oder im Iran vor der Regierung schützen wollen, ist das vielleicht weniger ein Problem, als wenn Leute begründete Angst vor der Überwachung durch westliche Geheimdienste haben.» Und manchmal liegt der Schutz konkreter Anonymität nicht immer im Möglichkeitsraum von Tor: «Bei dokumentierten Fällen von De-Anonymisierung, bei denen beispielsweise die US-amerikanische Bundespolizei FBI Leute hochgenommen hat, gab es Szenarien, bei denen Tor schlicht nichts hätte machen können: Es gab neue und noch nicht behobene Schwachstellen im Firefox-Browser, der Rechner der Zielperson war mit gezielt platzierter Schadware infiziert, oder die Behörden hatten schon einen Kreis an Verdächtigen gesammelt und konnten dann gezielt herunterbrechen, z.B. indem sie gesehen haben: immer wenn eine bestimmte Person Tor startet, geht ein bestimmter angemeldeter User irgendwo online.»

Vom im Darknet kursierenden Tipp, Tor mit einem Virtual-Private-Network-Dienstleister (VPN) zu kombinieren, ist er nicht überzeugt: «Das kann gefährlich sein, denn bei der Nutzung von VPN gibt es einige Gefahren: Man weiß nicht, wer den VPN betreibt, man muss der Person oder dem Unternehmen einfach vertrauen.» In China sei es leicht, an einen VPN-Dienst heranzukommen. Allerdings betreibe die meist der Staat, der einen freien Internet-Verkehr nicht komplett unterbinden, sondern vor allem schauen will, was da so passiert. Dann stelle sich die Frage, wie gut die eigene Anonymität bei der Bezahlung der oft kostenpflichtigen Dienste ist. VPN-Angebote können meist mit Bitcoins bezahlt werden. Doch da gebe es einige Tücken. Die Verwendung von Bitcoins ist nur wirklich anonym, wenn man gewisse Sicherheitsvorkehrungen trifft.

Und schließlich müsse gefragt werden, ob sich nicht auch Geheimdienste für den VPN interessieren, da diese tendenziell interessanten Traffic bündeln. Bartl sieht dennoch einige denkbare Vorteile von VPNs: Beispielsweise könne es in Netzwerken von Unternehmen oder Organisationen Firewalls geben, die die Nutzung von Tor nicht gestatten, und es gebe einige Webseiten, auf die sich gar nicht per Tor-Browser zugreifen lässt. Wenn man trotzdem anonym bleiben wolle, könnten VPN-Anbieter als Alternative helfen, falls die nicht ihrerseits auf der jeweiligen Blacklist stehen und blockiert werden. Allerdings bringe das in keinem Fall mehr Anonymität: «Wenn man davon ausgeht, dass Leute über so viele Ressourcen verfügen, dass sie Tor de-anonymisieren können, lachen die über VPN-Dienste, die sie viel leichter abhorchen können. Wenn Tor unsicher ist, ist VPN noch viel unsicherer.»

Auch Marek Tuszynski von der Organisation Tactical Tech glaubt, dass die Nutzung von Tor insgesamt Sinn macht. Zum einen stehe Tor im Vergleich mit anderen Software-Projekten gut da: «Wenn Sie die Sicherheit von Software beurteilen wollen, müssen Sie auf verschiedene Kriterien schauen: Ist es möglich zu sehen, wie das Tool arbeitet? Dafür müssen Sie in der Lage sein, den Code einzusehen, wie es bei Open-Source-Software der Fall ist. Wurde der Code jemals von einer bekannten und vertrauenswürdigen Stelle überprüft? Wie lange gibt es die Software schon (das heißt, wie stabil läuft sie, wie reif und kooperativ ist die Entwickler-Crowd, wie oft werden Updates veröffentlicht und so weiter). Ist die Software nutzerfreundlich (wie wahrscheinlich ist es, dass Leute wirklich verstehen, wie sie funktioniert, welche Nutzungsoptionen gibt es beispielsweise in Bezug auf Spracheinstellungen)? Und ist die Software gut dokumentiert? Bei Tor sind alle diese Kriterien überzeugend erfüllt.»

Allerdings mache das Tor natürlich nicht zu einem magischen Werkzeug. Bei der Sicherheitsfrage spiele auch eine Rolle, wie die Software genutzt wird und ob wirklich klar ist, was sie kann und was nicht: «Bei Tor gibt es oft Missverständnisse – statt eines Anonymisierungstools wird es als etwas gesehen, was die User völlig unsichtbar macht. Das aber sind zwei unterschiedliche Dinge.» Und wie bei anderen Tools gelte auch hier, dass die Sicherheit von Kommunikation und von Daten-Transfers stark von sonstigen Nutzungsgewohnheiten und der allgemeinen «digitalen Hygiene» abhängt: Sicherheit ist kein Ziel, dass Sie zu hundert Prozent und für immer erreichen können. Zudem ist Sicherheit stets auch ein ‹Gruppensport›: sie hängst ebenso von Ihnen selbst ab, von Ihrem Umgang mit dem Tool und Ihrer Sicherheitstaktik, wie von der anderen Seite der Verbindung.»

Auch bei Systemli macht man sich Gedanken über die Sicherheit von IT. Das politische Technologie-Kollektiv bietet Tools für linke Aktivist*innen an, deren Aktivitäten von Nazi-Gruppen aber auch von Behörden mitunter sehr kritisch beäugt werden. Sie legen ihren User*innen die Verwendung des Tor-Browsers ans Herz und bieten einige ihrer Angebote auch unter einer Darknet-Adresse an. Auch sie sehen die möglichen Probleme, empfehlen aber dennoch Tor. «Es gibt definitiv alle der genannten Angriffsmöglichkeiten. Man muss natürlich genau wie beim normalen Surfen aufpassen, dass man seine Login-Daten nur über eine SSL-gesicherte Verbindung überträgt. Dann kann da nämlich so einfach keiner reingucken. Bestimmt wirkt Tor auch als sozialer Filter, aber dieses Argument trifft auch auf alle anderen Dienste zu. Also welche Webseiten man besucht, welche Bank, welchen E-Mail-Provider oder VPN-Service und welches soziale Netzwerk man benutzt.»

Auf die Frage, wann sie den Tor-Browser empfehlen würden, plädiert auch das Technologie-Kollektiv für Differenzierung: Das sei eine Abwägung zwischen den Aspekten Sicherheit, Anonymität und Bequemlichkeit. Wenn Anonymität uninteressant ist, da man sich etwa beim Online-Banking oder beim Online-Shopping auf Ebay oder Amazon eh identifiziert, gebe es keinen direkten Vorteil durch Tor. Es sei denn, man vertraut dem jeweils verwendeten Netz-Anbieter weniger als dem Tor-Netzwerk. Allerdings erhöhe natürlich jeder zusätzliche Traffic über Tor das Grundrauschen, was die beste Antwort auf die Honeypot-Problematik sei. Insgesamt glaube man nicht an einfache Formeln nach dem Motto: «Nutzt immer Tor!» oder «Nutzt Tor nur für hochsensible Dinge!» Die User*innen müssen besser verstehen lernen, wie das Internet ihre Privatsphäre und ihre Integrität beeinflusst. «Wenn man in irgendeiner Form anonym im Internet surfen und so wenig Spuren wie möglich (z.B. Nutzerdaten für personalisierte Werbung) im Netz hinterlassen möchte, sollte man den Tor-Browser verwenden.»

Kleines Darknet-Glossar

Bitcoin Die größte verschlüsselte Digitalwährung (= Kryptowährung) funktioniert unabhängig vom klassischen Bankensystem und ohne staatliche Kontrolle. Bitcoin ist die Leitwährung der Darknet-Märkte. Bei entsprechenden Vorsichtsmaßnahmen lässt sich von Behörden nicht nachvollziehen, wer hinter einzelnen Bitcoin-Konten steht. Ein Bitcoin lässt sich in bis zu 100 Millionen unterscheidbare Einzelteile, genannt Satoshis, untergliedern. Bitcoins lassen sich auf speziellen Börsen mit klassischen Währungen kaufen, alternativ gibt es in einigen Städten auch Bitcoin-Automaten. Der Gegenwert unterliegt extremen Schwankungen und hat sich zwischen Mitte 2016 und Mitte 2017 zwischen 500 und 2500 Euro je Bitcoin bewegt.

Bridge Bei einer speziellen Gruppe von Tor-Knoten wird die IP-Adresse nicht veröffentlicht, sondern nur auf individuelle Anfrage mitgeteilt. Es gibt etwa 3500 solcher Bridges. Sie sollen die Nutzung von Tor auch dort ermöglichen, wo Regierungen die Kontaktaufnahme von Browsern mit regulären Knoten blockieren.

Broadcasting Board of Governors Die US-Behörde fungiert als Dach verschiedener staatlicher Auslandssender. Über die Tochter Radio Free Asia und den Open Technology Fund ist das BBG einer der Haupt-Sponsoren des Tor Projects.

Chaos Computer Club Die mit CCC abgekürzte Hacker-Vereinigung beteiligt sich aktiv an gesellschaftspolitischen Debatten zu Überwachung, Zensurfreiheit und IT-Sicherheit.

Der Verein sowie im CCC organisierte Privatpersonen betreiben verschiedene Tor-Exit-Knoten. Der stets kurz vor
Jahresende veranstaltete Chaos Communication Congress ist
eines der wichtigsten Treffen der internationalen Hackerszene, auf dem oft auch das Tor Project neue Entwicklungen
präsentiert.

Clearnet (offenes Netz) Im Gegensatz zum Darknet und
zum Deep Web können im Clearnet Web-Inhalte standardmäßig mit normalen Browsern angesteuert werden, und sie
tauchen in den Trefferlisten von Suchmaschinen auf. Andere
gängige Begriffe für Clearnet sind: offenes Netz oder Surface
Web.

Darknet Bei Darknets handelt es sich um technisch abge-
schlossene Netze, die sich nur mithilfe einer speziellen Software betreten lassen und deren Inhalte für normale Browser
sowie für Suchmaschinen unsichtbar sind. Kernfunktion ist in
der Regel, die Anonymität aller User im Darknet sicherzustellen. Andere Definitionen sehen darin Friend-to-Friend-
Netzwerke, die sich nur auf Einladung schon bestehender
Teilnehmer*innen betreten lassen. Mitunter wird «Darknet»
auch sehr breit verwendet und umfasst nicht nur Inhalte unter
.onion, sondern auch die Nutzung des offenen Netzes per
Tor-Browser. Das mit Abstand bekannteste Darknet ist das
Tor-basierte .onion. Die wichtigeren Alternativen sind Freenet und I2P.

DeepDotWeb Die unter deepdotweb.com firmierende Seite
trägt Nachrichten über Darknet-Märkte zusammen. Sie berichtet über Zugriffe von Behörden, wissenschaftliche Studien
und Entwicklungen auf den einzelnen Marktplätzen. Zudem
gibt es auch eine Überblicksliste mit allen aktiven Kryp-
tomärkten. Nach Eigenangaben hat die englischsprachige
Seite ein Kernteam von drei (anonymen) Personen und sucht
aktiv nach neuen Autor*innen, die in kleinen Bitcoin-Beträ-

gen bezahlt werden. DeepDotWeb könnte man als das füh-
rende Branchenblog der illegalen Darknet-Wirtschaft bezeichnen. Es wird auch von Ermittlungsbehörden konsultiert,
um über Entwicklungen im Darknet auf dem Laufenden zu
bleiben.

Deep Web   Das Deep Web umfasst alle Web-Inhalte, die
zwar mit einem normalen Browser besucht werden können,
die aber von Suchmaschinen nicht angezeigt werden und somit faktisch für die meisten User unsichtbar sind. Gründe dafür sind: Die Inhalte sind zu wenig verlinkt, um von Suchmaschinen gefunden zu werden, sie sind nur über komplexe
Datenbankabfragen zu erreichen oder die Webseiten sperren
Suchmaschinen durch einen Befehl aktiv aus. Das verbreitete
Bild, wonach das Deep Web bis zu 400-mal größer als das bekannte Web ist, gehört in das Reich der Mythen.

Deutschland im Deep Web   DiDW war das größte deutschsprachige Darknet-Forum. Es bestand seit 2013 und umfasste
laut Eigenangaben 500 000 einzelne Beiträge und 20 000 registrierte Profile. In dem Forum wurden technische, gesellschaftliche und politische Fragen diskutiert. Einem anarchis-
tischem Konzept folgend waren alle Arten von Inhalten, bei
nur sehr engen Grenzen, erlaubt. Es gab auch Threads mit
Kauf- und Verkaufsangeboten zu Drogen und Waffen. Mitte
Juni wurde der Betreiber der Plattform vom Bundeskriminalamt festgenommen, seitdem ist das Forum nicht mehr verfügbar.

DNS   Das Domain Name System ist das Adressbuch des
normalen Webs. Es wird von der globalen Internetverwaltung
ICANN beaufsichtigt. Das DNS übersetzt menschlich lesbare Domains wie wikipedia.org in maschinell interpretier-
bare IP-Adressen wie 91.198.172.192. Die Web-Domains sind
hierarchisch aufgebaut: Am Ende steht stets eine von etwa
1 600 Internet-Endungen, wie .de, .org oder .berlin, davor

steht die eigentliche Domain (wie wikipedia). Das Tor-Darknet verfügt mit .onion über eine inoffizielle Internet-Endung,
die allerdings mit normalen Browsern nicht aufrufbar ist.

Exit-Knoten   Die Ausgangsknoten sind eine knappe Ressource im Tor-Netzwerk, es gibt nur etwa 1000. Sie stellen
den Kontakt zur Seite im normalen Web her. Geschieht
etwas Illegales, sieht es für die Ziel-Webseite stets so aus,
als würde das von der IP-Adresse des Exit-Knotens ausgehen. Deswegen bekommen Betreiber*innen von Tor-Exit-
Knoten immer wieder Anfragen von Strafverfolgungsbehörden. Da sie Datenverkehr nur technisch weiterleiten, sind
sie rechtlich nicht haftbar. Viele Tor-Aktivist*innen scheuen
es trotzdem, ihre Knoten auch für den Zugang ins normale
Netz zu öffnen.

Exit Scam   Immer wieder kam es in der Vergangenheit vor,
dass Betreiber*innen von Darknet-Märkten mit den auf der
Plattform geparkten User-Guthaben verschwunden sind.
Beim Exit-Scam des Kryptomarktes Evolution im Frühjahr
2015 verschwanden Bitcoins im Wert von mehreren Millionen
Euro.

Freenet   Neben I2P ist Freenet eine der beiden größeren
Darknet-Alternativen. Es beherbergt mehrere Tausende
«Freesites», die sich nach Download einer Software mit einem
normalen Browser betrachten lassen. Die Umsetzung ist technologisch radikaler als bei .onion: Die Inhalte der Freenet-
Seiten werden in fragmentierter Form auf die Rechner von
Freenet-Usern verteilt, die stets automatisch Teile ihrer Fest-
platte dem Netzwerk zur Verfügung stellen. Bezogen auf
nicht-illegale Inhalte weist Freenet eine größere Bandbreite
als .onion auf. Hinter der Technologie stehen die US-Organisation «The Freenet Project Inc.» und eine kleine, weltweite
Community. Link: freenetproject.org.

Globale passive Attacken   Bei diesem Angriffsszenario wird Datenverkehr an den Rändern des Tor-Netzwerks abgegriffen, ohne dass eigene Tor-Knoten betrieben werden müssen. Das kann in den Systemen von Internet-Providern oder auf höheren Ebenen der Internet-Architektur geschehen. Mithilfe von Muster-Analysen versucht man dann herauszufinden, welche Knoten Teil der gleichen Tor-Verschlüsselungsroute waren. Im Idealfall gelingt es, Informationen vom Einstiegs- und vom Exit-Knoten zu «matchen». Beim Tor Project heißt es, dass das Netzwerk gegen solche Ressourcenstarken Attacken wenig ausrichten kann.

Hidden Service Die technologisch stets gut versteckten Inhalte und Angebote unter der Darknet-Endung .onion werden auch Hidden Services genannt. Diese können nur mithilfe des anonymen Tor-Browsers angesteuert werden, zudem wird auch die IP-Adresse hinter den Webinhalten verschleiert. Die Kommunikation mit Usern läuft über eine Art stillen Briefkasten in der Mitte, wobei zwischen Hidden Service und User stets ein doppelter Pfad aus zweimal drei Tor-Knoten liegt.

Hidden Wiki Es existieren verschiedene Hidden Wikis mit unbekannten Betreiber*innen. Die Listen mit Links zu Darknet-Seiten sind meistens erste Anlaufpunkte für viele neue Darknet-User. Meist enthalten sie überwiegend Links zu illegalen Inhalten. Diese alle anzuklicken, empfiehlt sich nicht, da nicht auszuschließen ist, dass es sich bei einigen Angeboten um betrügerische Geschäftsmodelle oder gar um Seiten mit gefährlicher Schad-Software handelt.

ICANN   Die selbst organisierte, global aktive «Internet Corporation of Assigned Names and Numbers» verwaltet sowohl die IP-Adressen als auch die mehr als 2500 Internet-Endungen, wie .de, .org oder .com. Die inoffizielle Tor-Internet-Endung .onion fällt nicht unter die Verwaltungshoheit der Organisation. Die ICANN hat sie allerdings Ende 2015 als «Domainname für spezielle Verwendung» anerkannt, so dass niemand sonst sie sich als klassische Internet-Endung sichern kann.

I2P Das Invisible Internet Project ist wie Freenet eine der beiden größeren Alternativen zum Tor-Darknet. Die Software wurde 2003 entwickelt, seitdem wird das Projekt von einer lose miteinander verbundenen Gruppe von Einzelpersonen betrieben. Die Inhalte sind unter der inoffiziellen Endung .i2p organisiert, auf die man mit normalen Browsern zugreifen kann, nachdem man eine spezielle Software installiert und eine Veränderung in den Browser-Einstellungen vorgenommen hat. Die Webseiten unter .i2p nennen sich «Eepsites». User der Software beteiligen sich automatisch mit an der Infrastruktur, in dem sie Anfragen anderer über «Tunnel» auf ihren Rechnern im Hintergrund weiterleiten. Link: geti2p.net.

IP-Adresse Die «Internet Protocol»-Adressen sind die Postadressen des Internets. Sie sind Zeichenfolgen wie 91.198.172.192, über die Webseiten technisch gefunden und kontaktiert werden können. IP-Adressen stehen menschlich verständlichen Domains wie wikipedia.org gegenüber. Beim Ansteuern einer Webseite werden diese vom Browser automatisch in IP-Adressen übersetzt.

Kryptomärkte Die Marktplätze unter .onion ähneln in Aufbau und Funktion den legalen E-Commerce-Pendants wie Amazon oder Zalando; es gibt Nutzer*innen-Feedback, Produktpolitiken und Streitschlichtungsmechanismen. Bezahlt wird mit Bitcoins. Kryptomärkte haben meist eine breite Palette an illegalen Produkten: Drogen, verschreibungspflichtige Medikamente, Falschgeld, gefälschte Pässe und mitunter Waffen. Der überwiegende Teil des Umsatzes wird allerdings mit gängigen Rauschmitteln wie Cannabis, Kokain und Ecstasy gemacht.

Kryptowährungen Digitale Währungen, die auf einer komplizierten, dezentralen Buchhaltung basieren. Am Netzwerk beteiligte Rechner überprüfen Überweisungen zwischen User-Konten auf ihre Korrektheit und protokollieren sie in einer öffentlichen Datenbank, so dass stets nachvollziehbar ist, wer gerade Eigentümer*in einer bestimmten, digitalen Geld-Einheit der Währung ist. Bitcoin ist die bekannteste Kryptowährung und die Leitwährung auf allen Darknet-Märkten. Mitunter werden auch Bitcoin-Alternativen wie Litecoin oder Monero akzeptiert.

NRL Das United States Naval Research Laboratory ist ein Forschungslabor der US-Armee. Paul Syverson, ein NRL-Mitarbeiter aus der Abteilung «High Assurance Computer Systems», entwickelte ab 1995 mit Geldern der Behörde die Tor-Software, ursprünglich mit der Begründung, geheimdienstliche und Regierungskommunikation abzuschirmen.

NSA Der US-Geheimdienst National Security Agency hat sich auf die technische Aufklärung spezialisiert. Seit den Enthüllungen des Whistleblowers Edward Snowden ist bekannt, dass die NSA mit einem massiven Aufwand globale Datenströme abfängt und auswertet. Teil der Leaks war auch eine Präsentation zu Tor aus dem Jahr 2012, aus der hervorgeht, dass sich die NSA um eine De-Anonymisierung des Netzwerks bemüht, dabei aber mit Schwierigkeiten kämpft.

.onion So wird das Darknet auf Basis der Anonymisierungssoftware Tor bezeichnet. Eine Adresse im Tor-Darknet endet stets auf .onion, davor steht eine 16-stellige, zufällig erzeugte Zeichenkette (Beispiel: 33y6fjyhs3phzfjj.onion). Eine .onion-Adresse ist die Basis von Hidden Services, den versteckten Darknet-Seiten. Sie ist stets kostenlos und lässt sich mithilfe der Tor-Software generieren. Es gibt etwa 60 000 .onion-Adressen, die nur mithilfe des Anonymisierungsbrowsers Tor aufrufbar sind.

Open Source Für viele kommerzielle Unternehmen ist die jeweilige Software oder der Algorithmus das wichtigste Geschäftsgeheimnis. Die Open-Source-Bewegung setzt darauf, Programme zu entwickeln, deren Bauplan (Quellcode) veröffentlicht und freigegeben wird; so können andere ihn einsehen und für eigene Zwecke weiter verwenden. Das hat den Vorteil, dass Sicherheitslücken leichter auffallen. Tor ist Open Source, ebenso die Software hinter den Darknet-Alternativen I2P und Freenet. Auch die Online-Enzyklopädie Wikipedia und der Browser Firefox basieren auf Open-Source-Lösungen.

SecureDrop Die Software erlaubt es Medien, ein besonders anonymes Postfach für Whistleblower im Tor-Darknet einzurichten. Es wird von der US-amerikanischen Freedom of the Press Foundation betrieben und von etwa 30 Medien genutzt, beispielsweise vom britischen Guardian und dem deutschen IT-Portal Heise.

Silk Road Der erste wirklich große Darknet-Marktplatz startete bereits Anfang 2011. Im Herbst 2013 wurde der Betreiber von der US-Polizei festgenommen, und die Seite ging offline. Bis dahin sollen auf dem Kryptomarkt 1,2 Milliarden Dollar umgesetzt worden sein, wovon 80 Millionen als Provision beim Betreiber verblieben. Das Ende von Silk Road führte, anders als geplant, nicht zu einem Rückgang des Darknet-Handels, sondern zu einer Diversifizierung der Kryptomarkt-Landschaft.

Tor Ursprünglich war Tor eine Abkürzung für «The Onion Router». Die Software leitet Anfragen nach Internetseiten über drei zufällig ausgewählte Knoten aus dem Tor-Netzwerk um. Dabei kennt jeder Knoten jeweils nur die vorherige und die nächste Station. Das führt dazu, dass die verräterische IP-Adresse von Internet-Usern nicht mehr sichtbar ist. Auf der Software baut zum einen der Tor-Browser auf, zum anderen ist Tor die Basis der Darknet-Endung .onion. Die Software wurde ursprünglich am Naval Research Laboratory, einer Forschungseinrichtung des US-Militärs entwickelt, 2006 übernahm die Organisation The Tor Project Inc. diese Aufgabe.

Tor-Browser Der Anonymisierungsbrowser Tor ermöglicht es, anonym im normalen Netz zu surfen, indem Anfragen nach Webseiten stets über mehrere Stationen umgeleitet werden. Zum anderen lässt sich nur so die Darknet-Endung .onion betreten. Technologisch handelt es sich um eine modifizierte Version des verbreiteten Firefox-Browsers. Er wird von der Organisation Tor Project entwickelt und lässt sich kostenlos herunterladen. Link: torproject.org.

Tor-Community Auf etwa 3000 Leute schätzt das Tor Project die Gruppe der weltweiten Tor-Unterstützer*innen. Sie stellen ehrenamtlich Tor-Knoten zur Verfügung, beteiligen sich an Diskussionen über die Entwicklung von Tor oder entwickeln Anwendungen auf Basis von Tor. Kommuniziert wird über Mailinglisten und verschiedene Plattformen auf der Seite des Tor Projects. Zweimal im Jahr trifft sich ein Teil der Community zu mehrtätigen Konferenzen.

Tor Project Die 2006 gegründet US-amerikanische Non-Profit-Organisation mit Sitz in Seattle entwickelt die Tor-Software und damit auch die Darknet-Endung .onion. The Tor Project Inc. hat 16 Festangestellte, im Jahr 2015 betrug das Budget 3,3 Mio. Dollar, wobei traditionell 80 bis 90 Prozent aus Fördertöpfen der US-Regierung kommen, vor allem vom Außenministerium, dem Verteidigungsministerium und der staatlichen Rundfunkbehörde Broadcasting Board of Governors (BBG).

Tor-Knoten Die Anonymisierung von User-Daten kann nur funktionieren, weil es ein Netzwerk von Internet-Knoten gibt, die Datenverkehr empfangen und an andere Stationen weitergeben. Tor-Knoten werden von Freiwilligen unentgeltlich betrieben. Es gibt etwa 7000 klassische Knoten, deren IP-Adressen bekannt sind. 60 Prozent davon liegen in den vier Ländern Deutschland, Frankreich, Holland und USA, dabei ist die Bundesrepublik mit 1500 Knoten Spitzenreiterin. Hinzu kommen noch etwa 3500 versteckte Bridge-Knoten, die helfen sollen, wenn eine Regierung den Zugang zu Tor blockieren will.

Verschlüsselung Mithilfe mathematischer Verfahren werden Daten so umgeschrieben, dass sie nur mithilfe eines Schlüssels rekonstruierbar sind. Bei der End-zu-End-Verschlüsselung werden Inhalte auf dem jeweiligen Gerät beider Kommunikationspole ver- bzw. entschlüsselt. Wird die Kommunikation zwischendurch abgefangen, ist nur ein unverständliches Daten-Wirrwar zu sehen. Die Kommunikation zwischen Usern und Darknet-Seiten ist End-zu-End-verschlüsselt.

VPN Virtual Private Networks stellen eine Alternative zum Tor-Browser da, wenn man anonym im Netz surfen will. Der eigene Datenverkehr wird nicht direkt, sondern indirekt über den VPN-Anbieter an die Ziel-Webseite geschickt. Die IP-Adresse der User ist somit nicht mehr sichtbar. Ein Manko der meist kostenpflichtigen VPNs ist, dass man den Anbietern vertrauen muss, die stets die IP-Informationen der User kennen und wegen ihrer Datenbündelung attraktive Ziele für Überwachung sind. Bei der Einschätzung von Vor- und Nachteilen von VPNs ist die technische Community gespalten. Auf Darknet-Märkten wird meist eine kombinierte Verwendung von Tor- und VPN-Technologie empfohlen.

ZIT Die Zentralstelle zur Bekämpfung der Internetkriminalität ist eine Abteilung der Generalstaatsanwaltschaft Frankfurt/Main. Sie ist die Partnerbehörde des Bundeskriminalamts bei allen Cybercrime-Fällen und betreut diese so lange, bis bei Straftaten im Darknet oder im Clearnet der Tatort bekannt ist und der Fall an Landesstaatsanwaltschaften abgegeben werden kann.

Zwiebelfreunde   Der 2011 gegründete Verein mit Sitz in Dresden betreibt starke Tor-Knoten in Europa, macht Öffentlichkeitsarbeit zu Tor und .onion und koordiniert über den Verbund Torservers.net Tor-Unterstützungsinitiativen in 15 Ländern.

Die Sache mit dem Sternchen

Wenn mehrere Angehörige einer Personen-Gruppe bezeichnet werden, verwende ich das *-Sternchen. In der Informatik wird es als Platzhalter verwendet. Das drückt aus, dass an einer Stelle verschiedenste Zeichen stehen können. In einer auf Sprache übertragenen Verwendung bedeutet es: Zu der Gruppe können Frauen gehören, Männer sowie auch Menschen, die transgender, transsexuell oder intersexuell sind und mit der Zweiteilung der Geschlechter, wie sie die deutsche Sprache traditionell vorsieht, nichts anfangen können. Das halte ich für eine richtige und faire Lösung. Dabei halte ich mich an folgende Prinzipien: In direkten Zitaten und Interviews behalte ich die Sprechweise der jeweiligen Gesprächspartner*innen bei. Setzt sich eine Gruppe klar nur aus Männern zusammen, verwende ich den männlichen Plural. Und bei aus dem Englischen stammenden Wörtern wie Hacker, Whistleblower oder User gendere ich nicht, da das Problem des grammatikalischen Geschlechts dort nicht in der Form existiert. In allen anderen Fällen verwende ich standardmäßig das *-Sternchen.

Danksagung

Ich danke meinen Eltern, die mir trotz aller Widrigkeiten stets viel Liebe und Vertrauen entgegengebracht haben.

Ich danke (in alphabetischer Reihenfolge) Alex, Anna, Conrad, Dana, David, Fred, Friedrich, Klemens, Martin, Matthias, Raimar, Robert, Stefan und Stephan für ihre Freundschaft sowie die klugen Gespräche und Anregungen zum Buch.

Ich danke Stephen Cave, ohne dessen Vermittlung es das Buch nicht gegeben hätte. Und ich danke den Redaktionen von Heise online, iX, Le Monde Diplomatique, Internet World Business, Ärzteblatt, heute.de und Torial. Aus Recherchen zu Darknet-Artikeln für diese Medien konnte ich bei der Arbeit an dem Buch mit schöpfen.